人性的优点

[美] 卡耐基◎著　夏诺◎编译

图书在版编目（CIP）数据

卡耐基：人性的优点 / (美) 戴尔·卡耐基 (Dale Carnegie) 著；夏诺编译. -- 长春：吉林文史出版社，2016.7

ISBN 978-7-5472-3168-5

Ⅰ. ①卡… Ⅱ. ①戴… ②夏… Ⅲ. ①成功心理－通俗读物 Ⅳ. ① B848.4-49

中国版本图书馆 CIP 数据核字 (2016) 第 124582 号

KANAIJI:RENXINGDEYOUDIAN

书　　名　**卡耐基：人性的优点**

编　　译　夏　诺
责任编辑　吕　莹
封面设计　金刚设计
出版发行　吉林文史出版社
地　　址　长春市人民大街 4646 号　　邮编：130021
网　　址　www.jlws.com.cn
印　　刷　北京凯达印务有限公司
开　　本　889mm × 1194mm　1/32
印　　张　9
字　　数　250 千
版　　次　2016 年 7 月第 1 版　　2016 年 9 月第 2 次印刷
书　　号　ISBN 978-7-5472-3168-5
定　　价　35.00 元

前言

每个人都是一本耐读的无字天书，都面临一场精彩的大戏，必须尽量地演绎好，因为主角就是你。在那没有预案、没有提示的道路上，只有凭着良知，凭着智慧去摸索属于自己的那片天空。

——戴尔·卡耐基

人性中有很多你未能洞悉的优点，这些隐藏在人的本性中的优点，其中很多或许并未被我们发掘。

早在20世纪上半叶，美国现代成人教育之父、人性教父、人际关系学鼻祖美国著名的心理学家和人际关系学家、20世纪最伟大的成功学大师戴尔·卡耐基先生就曾深刻洞悉了人性中的优点。

他一生致力于人性问题的研究，运用心理学和社会学知识，对人类共同的心理特点，进行探索和分析，开创并发展出一套独特的融演讲、推销、为人处世、智能开发于一体的成人教育方式。接受卡耐基教育理念的社会各界人士，其中不乏军政要员，甚至包括几位美国总统。千千万万的人从卡耐基的教育中获益匪浅。卡耐基先生以他对人性的洞见，利用大量普通人不断努力取得成功的故事，通过他的演讲和著作唤起无数陷入迷惘者的斗志，激励他们取得辉煌的成功。

人性中的优点很多，除了在漫长的历史和社会的演变过程中伟大的思想家为我们发掘的和人类在日常生活中自我发现的人性中的闪光点之外，还有一些东西，是我们未曾发现的。你完全可以通过卡耐基先生的引导，了解自己，发现你自身和他人身上的优点，从而为你的事业、家庭和人际关系向更好的方向发展，贡献一分力量。

你觉得自己陌生吗？你曾在工作中遇到烦恼吗？曾经惧怕过生活或创业前路的艰险吗？曾为一件小事而忧虑许久吗？曾苦恼于如何同他人沟通和交流吗？总会觉得你的收支不平衡、入不敷出吗？总会感到生活缺少激情和快乐吗？遇事总是缺少信心和勇气吗？身上有一些难以改掉的坏习惯吗？你会因难改的坏习惯而影响健康吗？

如果你对于以上的某一个或几个问题给出了肯定的答复，那么，这表明你未能发掘到人性在这方面的优点，你并不了解你自己。而本书的功用，简单地说，就是这样一个过程：帮助你发现优点，教你正视眼前的困难，指导你解决目前存在的问题，进而引导你回归快乐生活的本源并取得一定程度上的成功。

成功和快乐，在某些人看来也许遥不可及。其实，是你少了些许发现人性优点的眼光和独到的见解，所以，有时，你会为眼前一时的迷雾所蒙蔽，为已打翻的牛奶而暗自哭泣。我们缺乏的，仅仅是洞察问题的能力，和少许自信、毅力、做事方法和积极的心态而已。有时，我们对自己缺乏了解，缺乏信任，而这一点，往往会被大家忽视。

所以，最重要的，是先了解自身，了解人性中本来存在的优点。

那么，请相信，卡耐基先生的智慧和力量能让你了解自己，相信自己，充分开发蕴藏在身心里而尚未利用的财富，发挥人性的优点，去开拓成功幸福的新生活之路。

目录

第五章　我向你挑战

第六章　迈好步入社会的一步

第七章　习惯影响人的一生

第十章　修身养性，完美人生

第一章　成就一生的资本

一个人要生存在世界上，并且在生活的过程中获得成功和幸福感，找寻到理想并且享受其中，有一些基础性的因素是必不可少的。

卡耐基以其超人的智慧和超前的思想，为我们打开了通往成功的那扇门，并一步步地为我们搭好走向成功的阶梯，而这阶梯的第一步，就是首先要为我们的人生积累一些最起码的资本。

生命、自信、坚忍、贫穷、自学、良好的态度、有条理、有判断力、借助他人、节俭、珍惜时间、健康——这十二个因素构成了通往成功的第一道阶梯，有了这第一道阶梯的坚实基础，我们以后的步伐才有可能更加坚实而有力。

※　无限的生命能量

无人可以否定生命的伟大力量，生命，从开始酝酿那一刻起，就无时无刻不在创造着奇迹。生命，从细胞时期就孕育着非常强大的力量。这是卡耐基要告诉我们地看待生命的最基本也最朴实的道理。生命苦短，但力量是无限的。

天地的万物来到这世上都遵循着起点和终点相同的平等：生不带来，死不带去。

天地间的万物又对我们昭示着这样的一个自然道理：生命虽起点和终点相同，但生命的过程会有所不同，生命的过程就是个性孕育成熟的过程。

生命来到这世上，必不可少的就是要历经这世上风霜的磨难。

树叶面对风霜可以选择在风中哀号、哭泣，然后在风中慢慢地无望地枯去，也可以选择用生命承受的耐力让自己的内心转变成生命一片红色的美丽。这是树面对风霜的选择。树面对自然风霜无情的打击，选择的不同，生命展现的色彩也不同。

卡耐基告诉我们，每一天都是一个新的生命，我们首要去做的事情不是去观望遥远的将来，而是去做手边清晰的事。我们大多数人是这样——为昨天的果酱发愁，为明天的果酱发愁——却不会在我们今天吃的面包上涂上厚厚的果酱。

河蚌对揉在体内的沙带来的痛可以选择让生命在悲泣的泪流中慢慢化去，也可以选择用生命极坚忍的忍耐与克制让体内的顽沙慢慢褪去顽劣的特性，用自己柔弱的身躯的力量使沙柔化为体内的珍珠。这是河蚌面对沙的选择。河蚌面对沙无情的入侵，选择的不同，生命历经磨难后的拥有也不同。

生活中的我们面对生命不可逃避的无情的磨难可以选择用信心和力量战胜它，然后把微笑作为礼物回报给生命；也可以用无奈的失望甚至绝望让生命在这样的情绪中慢慢逝去。这是人的选择。人面对生命无情的磨难，选择的不同，生命历经风霜得到的气质也不同。

生命的过程其实就是一个面对磨难选择的过程。

我们常常感叹生命起点相同和终结点相同，也常常抱怨生命过程对人的不公。生命历经的过程真的是不公的吗？

树可以用它对生命的挚情的心把风霜无情地附加内化为一种力量的色彩挂在枝头，这是树对秋赋予的磨难回赠的最好的礼物。红叶是树战胜自然风霜磨难后展现出的生命色彩的美丽。

河蚌只有拥有内化能力，才能解除揉在体内的沙所带来的痛，才能创造出生命奇迹中珍珠的亮丽。珍珠是河蚌战胜沙对身体的侵揉所奉献出的生命的独有的美丽。

人只有用信心和力量战胜生命历经的磨难，才能把一抹微笑挂在自己的唇边，回馈给生活无限的奇迹。

其实世间万物的生命在生命的过程中都遵循着这样的一种生命规律：看似不平等的生命历程中蕴藏着生命在磨难面前可以选择的、对待磨难态度上的生命平等，而从这种选择中获取的是生命真正意义上的平等。

相信上天赐给世间万物的生命的过程都是色彩纷呈、独一无二的。相信哪怕是我们历经的磨难也是上天赐给生命的最好礼物，只是我们要用一颗善感的心和有耐力的心去读懂它，然后再找出破解它的密码，就能得到我们自己最美的生命的礼物。

所有的来到这个世上走一遭的生命都会不可避免地遭遇生命的磨难。无论是人类还是其他的甚至在人们眼中是卑微的生命，都只有通过在生活的磨难中找到破解属于自己生命磨难的钥匙，才能创造出生命的美丽的奇迹。这就是世上万物在生命过程中的平等。也是生命的力量的伟大之处。

生命历经风霜，却拥有了内蕴的色彩，这是生命战胜磨难后的美丽。

生命战胜磨难后的美丽，也就是生命力量的美丽。

相信生命的伟大力量，这是卡耐基教导我们首先要做的事。

※　自信给你带来奇迹

卡耐基告诉我们：你有信仰就年轻，疑惑就年老；有自信就年轻，畏惧就年老；有希望就年轻，绝望就年老；岁月使你皮肤起皱，但是失去了热忱，就损伤了灵魂。

自信，是成功的第一“秘诀”。

一个人最需要的就是自信，只有充满自信，才能开掘智慧，激发力量，在人生的征途上健步如飞。

有这样一个故事，一位伟大的哲人在风烛残年之际，知道自己时日不多了，就想考验和点化一下他的那位平时看来很不错的助手。他把助手叫到床前说：“我的蜡所剩不多了，得找另一根蜡接着点下去，你明白我的意思吗？”“明白。”那位助手赶忙说，“您的思想光辉是得很好地传承下去……”“可是，”哲人慢悠悠地说，“我需要一位最优秀的承传者，他不但要有相当的智慧，还必须有充分的信心和非凡的勇气……这样的人选直到目前我还未见到，你帮我寻找和挖掘一位吗？”“好的，好的。”助手很温顺很尊重地说，“我一定竭尽全力地去寻找，以不辜负您的栽培和信任。”哲人笑了笑，没再说什么。

那位忠诚而勤奋的助手，不辞辛劳地通过各种渠道开始四处寻找了。可他领来一位又一位，都被哲人一一婉言谢绝了。某一次，当那位助手再次无功而返地回到哲人病床前时，病入膏肓的哲人硬撑着坐起来，抚着那位助手的肩膀说：“真是辛苦你了，不过，你找来的那些人，其实还不如你……”“我一定加倍努力，”助手言辞恳切地说，“找遍城乡各地、找遍五湖四海，我也要把最优秀的人选挖掘出来，举荐给您。”哲人笑笑，不再说话。

半年之后，哲人眼看就要离开人世，最优秀的人选还是没有眉目。助手非常惭愧，泪流满面地坐在病床边，语气沉重地说：“我真对不起您，令您失望了！”“失望的是我，对不起的却是你自己。”哲人说到这里，很失意地闭上了眼睛，停顿了许久，才又不无哀怨地说，“本来，最优秀的就是你自己，只是你不敢相信自己，才把自己给忽略、耽误、丢失了。其实，每个人都是最优秀的，差别就在于如何认识自己、如何发掘和重视自己……”话没说完，一代哲人就永远离开了他曾经深切关注着的这个世界。那位助手非常后悔，甚至后悔、自责了整个后半生。

为了不重蹈那位助手的覆辙，每个向往成功、不甘沉沦者，都应该牢记一位哲人说过的这样一句至理名言：“每个人都有大于自身的力量。不是因为有些事情难以做到我们才失去自信，而是因为我们失去了自信，有些事情才显得难以做到。”我们每个人就是一座金矿，关键是如何发掘自己。

镭的发现者——居里夫人，当初穿着沾满灰尘和油污的工作服，从堆积如山的铀沥青中寻找镭时条件非常艰苦，但她信心百倍。成功之后她对她的朋友说：“无论做什么事情，我们都应该有恒心，特别是自信心。”

由此可见，事业上的成功固然由多种因素组成，但自信心就是成功者的必备特征，自信心也是人性与生俱来的优点之一，拥有了信心就拥有了成功的一半。同样说明这个道理的还有这样的一个故事：

一个纽约的商人看到一个衣衫褴褛的铅笔推销员，顿生一股怜悯之情。他把一美元丢进卖铅笔人的盒子里，就准备走开，但他想了一下，又停下来，从盒子里取了一把铅笔，并对卖铅笔的人说：“你跟我都是商人，只不过经营的商品不同，你卖的是铅笔。”几个月后，在一个社交场合，一位穿着整齐的推销商迎上这位纽约商人，并自我介绍：“你可能已经记不得我了，但我永远忘不了你，是你重新给了我自尊和自信。我一直觉得自己和乞丐没什么两样，直到那天你买了我的铅笔，并告诉我是一个商人为止。”

“推销员”一直做乞丐，因为他一直缺乏自信。从纽约商人的一句话中，“推销员”找到了自尊和自信，并开始了全新的生活，从中不难看出自信心的威力。缺乏自信常常是性格软弱和事业不能成功的主要原因。对此，著名的推销员齐格曾有过切身的体会。齐格曾参加过一个由梅里尔指导的全日制培训课程。培训结束后，梅里尔先生将齐格留下说："你有许多能力，你可以成为一个了不起的人，甚至一个全国优胜者。我绝对相信，如果你真正投入工作，真正相信自己，你能冲破一切困难获得成功。"说真的，齐格细细品味这些话时，他惊呆了。你必须理解齐格当时的处境，才有可能意识到这些话对他有多大的影响。他回忆道："当我是个小男孩时，我长得很小，即使在穿得最多时也没超过120磅。我上学后，从五年级开始，放学后和周六的大部分时间都在工作，运动方面也不是很活跃。另外，我还很胆小，直到17岁才敢和女孩约会，而且还是别人指定给我的一个盲目性约会。一个从小镇中出来的小人物，希望回到小镇上一年赚上5000美元，我的自我意识仅限于此。现在却突然有一个受我尊敬的人对我说'你能成为一个了不起的人'！"所幸的是，齐格相信了梅里尔先生，开始像一个优胜者一样思想、行动，把自己看成优胜者。最后，齐格终于成功了，他说："梅里尔先生并未教很多推销技巧，但那年年底，我在美国一家7000多名推销员的公司中，推销成绩列第二位。我从开大众车变成开豪华小汽车，而且有望获得提升。第二年，我成为全州报酬最高的经理之一，后来我成为全国最年轻的地区主管人。"

齐格遇到梅里尔先生后，并不是获得了一系列全新的推销技巧，也不是他的智商提高了50点，只是梅里尔先生让他确信自己有获得成功的能力，并给了他目标和发挥自己能力的信心。

可见，人只有自信，才能自强不息，才能使人为自己的理想而努力奋斗。只有自信，才能使人在艰苦的事业中保持必胜的信念，才能使人有勇气前进。人如果缺乏自信心，就会对自己的美好理想放弃争取；就会浑浑噩噩、碌碌无为；如果缺乏要干成一番事业的自信心，通向成功之路的航船就要在沙滩搁浅，终生也难以托起成功的巨轮。在现实生活中，自信心是大力之神，它能使弱者变得强大，使侏儒变成巨人。

※ 坚忍的意志是成功的保证

卡耐基曾说过："朝着一定目标走去是'志'，一鼓作气中途绝不停止是'气'，两者合起来就是'志气'。一切事业的成败都取决于此。"而此处说提到的"气"，便是坚忍的意志，它要求我们一鼓作气，无论遇到何种困难，都不退缩，不放弃，坚强勇敢地走下去。

"坚忍"是解除一切困难的钥匙，它可以使人成就一切事情。在成功的道路上，没有任何东西比坚忍不拔的意志更重要。坚忍的意志，是一切成就大事业的人所具有的特征。他们或许缺乏其他良好的品质，或许有各种弱点和缺陷，然而他们具备了坚忍的意志。这是所有成就大事业的人所不可缺少的特质。劳苦不足以使他们灰心，困难不足以使他们丧志。不管处境如何。他们总能坚持与忍耐，因为坚忍是他们的天性。

那么，如何使自己具备坚忍的意志呢？

每一个要克服的障碍，都离不开意志力。面对着所执行的每一个艰难的决定，我们所依靠的是内心的力量。事实上，意志力并非是生来就有或者不可能改变的特性，它是一种能够培养和发展的技能。下面几条有助于增强你的意志力，不妨一试。

1. 积极主动

主动的意志力能让你克服惰性，把注意力集中于未来。在遇到阻力时，想象自己在克服它之后的快乐；积极投身于实现自己目标的具体实践中，你就能坚持到底。美国东海岸的一位商人知道自己喝酒太多，然而他从事的是一种很烦人的工作，而在进餐前喝几杯葡萄酒似乎能让紧张的心情得到放松。可酒和累人的活又使得他时常喝完酒便呼呼大睡。有一天，这位经理意识到自己是在借酒浇愁，浪费时光。于是他不再贪杯，而是把更多的时间放在儿女身上。刚开始时很不容易，常常想起那香气四溢的葡萄酒，但他告诫自己现在所做的事将有所得而不是有所失。后来的事实证明，他越是关心家庭和子女，工作起来的干劲也就越大。

2. 下定决心

美国罗得艾兰大学教授詹姆斯·普罗斯把实现某种转变分为四步：

⑴抵制——不愿意转变；

⑵考虑——权衡转变的得失；

⑶行动——培养意志力来实现转变；

⑷坚持——用意志力来保持转变。

为了下定决心，可以为实现自己的目标规定期限。玛吉·柯林斯是加州的一位教师，对如何使自己臃肿的身材瘦下来十分关心。后来她被选为一个市场组织的主席，便决定减肥 6 公斤。为此她购买了比自己的身材小两号的服装，要在三个月之后的年会上穿起来。由于坚持不懈，柯林斯终于如愿以偿。

3. 目标明确

普罗斯教授曾经研究过一组打算从元旦起改变自己行为的实验对象，结果发现最成功的是那些目标最具体、明确的人。其中一名男子决心每天做到对妻子和颜悦色、平等相待。后来，他果真办到了。而另一个人只是笼统地表示要对家里的人更好，结果没几天又是老样子，照样吵架。

4. 权衡利弊

如果你因为看不到实际好处而对体育锻炼三心二意的话，光有愿望是无法使你心甘情愿地穿上跑鞋的。普罗斯教授对前往他那儿咨询的人劝说，可以在一张纸上画好四个格子，以便填写短期和长期的损失和收获。假如你打算戒烟，可以在顶上两格填上短期损失“我一开始感到很难过”和短期收获“我可以省下一笔钱”；底下两格填上长期收获“我的身体将变得更健康”和长期损失“我将推动一种排忧解闷的方法”。通过这样的仔细比较，聚集起戒烟意志力就更容易了。

5．改变自我

光知道收获是不够的，最根本的动力产生于改变自己形象和把握自己生活的愿望。道理有时可以使人信服，但只有在感情激发起来时，自己才能真正加以响应。

6．注重精神

法国17世纪的著名将领图朗瓦以身先士卒闻名，每次打仗都站在队伍的最前面。在别人问及此事时，他直言不讳道：“我的行动看上去像一个勇敢的人，然而自始至终却害怕极了。我没有向胆怯屈服，而是对身体说：‘老伙计，你虽然在颤抖，可还是得往前冲啊！’”所以他毅然地冲锋在前。大量的事实证明，使自己像具有顽强意志一样地去行动，有助于使自己成为一个具有顽强力的人。

7．磨炼意志

早在1915年，心理学家博伊德·巴雷特提出一套锻炼意志的方法。包括从椅子起身和坐下30次，把一盒火柴全部倒出然后一根一根地装回盒子里，他认为，这些练习可以增强意志力，以便日后去面对更严重更困难的挑战。巴雷特的具体建议似乎有些过时，但他的思路却给人以启发。例如，你可以事先安排星期天上午要干的事情，并下决心不办好就不吃午饭。

8．坚持到底

俗话说“有志者事竟成”，其中含有与困难做斗争并且将其克服的意思。普罗斯在对戒烟后又重新吸烟的人进行研究后发现，许多人原先并没有认真考虑如何去对付香烟的诱惑。所以尽管鼓起力量去戒烟，但是不能坚持到底。当别人递上一支烟时，便又接过去吸了起来。如果你决心戒酒，那么不论在任何场合里都不要去碰酒杯。倘若你要坚持慢跑，即使早晨醒来时天下着暴雨，也要在室内照常锻炼。

9．实事求是

如果规定自己在三个月内减肥25公斤，或者一天必须从事三个小时的体育锻炼，那么对这样一类无法实现的目标，最坚强的意志也无济于事。而且，失败的后果会将自己再试一次的愿望化为乌有。在许多情况下，将单一的大目标分解成许多小目标不失为一种好办法。打算戒酒的鲍勃在自己的房间里贴了一条标语——“每天不喝酒”。由于把戒酒的总目标分解成了一天天具体的行动，因此第二天又可以再次明确自己的决心。到了周末，鲍勃回顾自己多天来的一系列“胜利”时信心百倍，最终与酒“拜拜”了。

10．逐步培养

坚强的意志不是一夜间突然产生的，是逐渐积累的，还会不可避免地遇到挫折和失败，必须找出使自己斗志涣散的原因，才能有针对性地解决。玛丽第一次戒烟时，下了很大的决心，但以失败告终。在分析原因时，她意识到需要做点什么事来代替吸烟。后来她买来了针和毛线，想吸烟时便编织毛衣。几个月之后，玛丽彻底戒了烟，并且还给丈夫编织了一件毛背心，真可谓“一举两得”。

11．乘胜前进

实践证明，每一次成功都将会使意志力进一步增强，如果你用顽强的意志克服了一种不良习惯，那么就能获取获胜的信心。每一次成功都能使自信心增加一分，给你在攀登悬崖的艰苦征途上提供一个坚实的“立足点”。或许面对的新任务更加艰难，但既然以前能成功，这一次以及今后也一定会胜利。

※ 贫穷是一种可贵的资本

有些人可能为曾经或现在的贫穷而扼腕叹息，有些人可能在为摆脱贫穷而做着不懈的努力，但是他们没有意识到，贫穷也是一种可贵的资本。

资本的种类有很多，比如：金钱、知识、友情、爱情、家庭、个人素质（多指品德，还有刻苦耐劳、意志、信念、朴实、有奉献精神等），还有“贫穷”。

我们试着做一个分析：如果贫穷是最大的财富，那么，比尔·盖茨不是世界上最富的人？答案是：这涉及人的价值观问题，财富不完全等于金钱，我们都知道，金钱只是表现财富的一种度量。那么度量财富还有其他东西。精神财富是其中最重要的方面。所谓“人穷志不穷”，志就是一种财富的源泉，虽说“志”不是穷人所独有的，但至少更容易被穷人所有。因为他们更有毅力、更坚强、更有动力，这就是一种精神力量，是一种贫穷的力量，这种力量能够成就一切财富与资本（包括金钱财富）。

穷而不认命，不求奢华，知足常乐，与世无争，是最大的精神财富。贫穷时如果能知足常乐，安贫乐道，不羡慕那些富贵荣华，不抱怨自己命运不济，那么卡耐基会告诉你，你的人生正在跨向一个更高的层次。你的精神和灵魂，也将在此过程中，得到升华。罗马哲学家塞尼逊有句名言：“人最大的财富，是在于无欲。”

其实贫穷与资本，就像小与大、短与长，均是对立的一个问题的两个方面。根据辩证法的逻辑，大与小、长与短均有可变性。穷与财富也不能一成不变，社会上由穷变富者，并非鲜见。

足球巨星罗纳尔多，生长在巴西一个穷人区。母亲失业，吃穿无着落，幼小的罗纳尔多钻进母亲的怀抱说，以后我用踢球养活你。在巴西，足球十分神圣，就是信仰，多少人做着球星梦，而成功者却寥寥无几。罗纳尔多 14 岁就成为一个足球俱乐部的明星，20 岁登上足球巅峰。因为他时刻牢记：只有踢好球，才能养活母亲。

想踢球养活母亲，这是人人不愿见到的生存底线，然而它却是一种无以替代的精神动力，这动力是人生隐藏的巨大财富，这财富是取之不尽、用之不竭的力量源泉。当人们把羡慕的眼光，投向成功者名利的光环时，千万不要忘记他们当初的贫穷，那才是胜利的要素，成功的秘诀。

※ 终生不断的自我教育

有些人认为，学习的最佳年龄是在30岁以前，过了这个年龄，就没有必要也很难继续学习下去，其实，这样的想法是存在偏差的，卡耐基的理论为我们指明了方向：自我学习和自我教育是一辈子的事情。

假如你已经年过三十，还没有受过相当的教育，你大可不必为此而灰心。从前有一个人，从一个生性懒惰、挥霍无度的人手里买到一块田地，等到成交时已经是5月底了。以前那个懒惰的地主，在早春时分，不曾下种、不曾耕耘。许多邻近的人都去告诉这位新地主，说早春已过，除了种蔬菜以外，种别的东西，现在已经太迟了。但是这个新地主是个很有头脑、很能干的人，他下了些长得较晚的谷类种子，并且得到一次很丰盛的收获——一次超过其他邻居所得的收获。这类事实的发生，不仅仅限于耕田，在人生的各方面，都有后来居上的可能。

假使你真有向上的志愿，假使你真想补救早年失学的损失，你该谨记，你每天所遇到的每个人，都能增益你的知识。假使你遇见的是一个印刷师傅，他能灌输你许多印刷的技术；一个泥水匠，能告诉你建筑方面的技巧；一个普通的农夫，有他做人做事的经验，你能从他身上得到许多人情世故。

从每种可能的处所，努力摄取知识，这是使人知识广博的唯一途径。广博的知识，可以使人们胸襟开阔，不至于流于狭隘、鄙陋。这样的人能够从多方面去接触人生，领会人生。

有些家庭困难，或身体残疾而无缘进入大学的人，总认为自己遭受了一种不可复得的损失，以为这在他们的一生中是一个永远无法补救的缺陷。他们会觉得，纵使日后怎样的自修字习，也将无法弥补今日的缺陷。但就事实而论，有学问、有修养、有水平的人中间，很多是那些从未受过大学教育的人，甚至是那些连中学也没跨入过的人。

一个未读完小学的青年，凭着多年孜孜不倦的努力，自学了许多历史书籍，最终成了一个历史学家。他也因此得到了许多人的称赞。

假使你因为有些学科不容易理解，而怀疑你的学习与记忆力不如从前，那么你不必因此而灰心。教育的意义十分广泛，我们可以避免那些自己不感兴趣的课程。对于有些科目，成年人的学习与记忆能力要比青年学生强得多，因为成年人有更多的经验、更成熟的见解、更正确的判断力。

如今，出版市场愈发繁荣，适合各种年龄层次和教育水平的书籍都应运而生，琳琅满目地摆放在书店中，但很多成年人却认为，自己早已过了汲取知识的最佳年龄，已成强弩之末，再受教育已是太迟了。其实，这种想法是不合适的，卡耐基通过他几十年的研究，为我们得出了结论：一个人的一生，应该是一个不间断的自我教育的过程，年龄、受教育程度或其他原因不应成为阻碍自我教育的因素。

※ 态度是你最重要的资本

诚实、自信是一个希望成功的青年所应具备的重要条件，但还有一种更重要的资本我们非具备不可，那就是良好的态度。

态度是你与人见面时最先给人的一个印象，它的重要性不言而喻。一个吊儿郎当或态度粗俗的人，令人一见就会产生反感，其结果必然导致处处碰壁。但一个态度良好的人即使容貌平平，甚至肢体残缺，仍比那眉清目秀、身强力壮但态度粗鲁的人更加受人欢迎。任何商店的老板，都希望自己的员工有能力吸引更多的买主，令店里的顾客一天比一天多，但不希望用强求的方法去逼顾客买他的东西。我们必须知道：任何人一走进我们店门，就是一位新的客人，必须热情地对待，至于他买不买东西，那是他的权利，我们绝对不应加以干涉。我们所应做的，只是代表商店热情而小心翼翼地招待客人。

有许多人，往往因为没有受过良好的培训，养成了一种骄傲、蛮横、粗鲁、生硬的态度，这种人若不自知改善，其人生将会是一片坎坷，做起任何事来，一定不会顺利。

一个人如果从小就有机会受到“态度”的训练，长大之后，他就自然地拥有良好习惯。这种人因为品格高尚、态度良好，将来一定很容易成功。一个和善可亲、才高识广的人，比起那些只有钱而脾气乖戾的人来说，更容易在很多事上获得成功。

良好的态度对于你的社会关系，就像润滑油对于机器一样，能够使整架机器运转良好，各零部件磨合正常。

那么，究竟什么样的态度能够使你获益终生呢？

首先，要学会用积极的思维来替换消极思维，善于与人合作，先去理解别人并且让别人感觉到他们的重要，要随时随地注意自己的形象。

人的思维方式和行为方式，都是完全靠自己支配的。快乐与否、气愤与否、热情与否，都是自己选择的。通过选择那些积极的信息来武装自己的头脑，而不是听任自己的思绪在那些令人不快的事情上徘徊，可以改善自己对待他们的态度，排除那些消极的想法，代之以对目标的思考。

有这样一句谚语：“生活就是由一系列连续不断的问题组成的。”

人们的生活中可能充满大大小小各种问题，如果不加小心，这些问题就可能占据大脑而令你的思维变得消极。为了改变这种消极思维的倾向，可以转而去考虑为自己设定的目标。无论何时，如果发生了令人不愉快的事，就想一想未来的目标，从而改变消极的思维。用第一人称、现在时态的肯定预期来不断对自己重复这个目标。如果遇到问题，不要一遍遍地去想那个问题，想应该责怪谁或谁做了什么不该做的事，相反，应该想一想如何解决问题，想一想下一步该怎么办。一旦开始思考能做些什么来解决自己面对的问题，人就开始冷静、清醒下来，变得积极而有建设性，重新恢复了自制力。

几乎所有的消极思维都与人们曾经经历过的不愉快有关。但当一个人考虑到自己的目标时，他就会以积极的方式来思考问题。所以，必要的时候就强迫自己去畅想未来而不是沉湎于过去。设想一下理想的生活以及美好的前景，使自己振奋，过去的不愉快就被一扫而光了。第二种方法是让自己忙于目标和任务，强迫自己忙起来，有些事情就无暇去想了。

态度决定一切，一个良好的态度，是成功的开端。

※ 养成有条理的习惯

一位商界名家将“做事没有条理”列为许多公司失败的一大重要原因。而养成有条理的习惯，不仅仅是从商所必备的因素，而且是成功人生的最基本的资本积累。

工作没有条理，同时又想把蛋糕做大的人，总会感到手下的人手不够。他们认为，只要人多，事情就可以办好了。其实，你所缺少的，不是更多的人，而是使工作更有条理、更有效率。由于你办事不得当、工作没有计划、缺乏条理，因而浪费了大量员工的精力，但吃力不讨好，最后还是无所成就。

没有条理、做事没有秩序的人，无论做哪一种事业都没有效率可言。而有条理、有秩序的人即使才能不平庸，他的事业也往往有相当的成就。

大自然中，未成熟的柿子都具有涩味。除去柿子涩味的方式有许多种，但是，无论你采用哪一种方式，都需要花一段时间来熬熟。如果你不等一定的时间就打开，就没法使柿子成熟而除去涩味。这么说来，叫猴子去等柿子成熟，似乎不可能。因为猴子会经常打开来瞧瞧，甚至咬一口看看，于是它就没有希望尝到甜柿的滋味了。

任何一件事，从计划到实现的阶段，总有一段所谓时机的存在，需要一些时间让它自然成熟。无论计划是如何正确无误，总要不慌不忙、沉静地等待其他更合适的机会到来。

假如过于急躁而不甘等待的话，那么就经常会遭到破坏性的阻碍。因此，无论如何，我们都要有耐心，压抑那股焦急不安的情绪，才不愧是真正的智者。假若连最起码的等待都做不到的话，那么和猴子也没有两样。

一位企业家曾谈起了他遇到的两种人。

有个性急的人，不管你在什么时候遇见他，他都表现得风风火火的样子。如果想同他谈话，他只能拿出数秒钟的时间，时间长一点，他会伸手把表看了再看，暗示着他的时间很紧张。他公司的业务做得虽然很大，但是开销更大。究其原因，主要是他在工作安排上七颠八倒，毫无秩序。他做起事来，也常为杂乱的东西所阻碍。结果，他的工作一团糟，他的办公桌简直就是一个垃圾堆。他经常很忙碌，从来没有时间来整理自己的东西，即便有时间，他也不知道怎样去整理、安放。

另外有一个人，与上述那个人恰恰相反。他从来不显出忙碌的样子，做事非常镇静，总是很平静祥和。别人不论有什么难事和他商谈，他总是彬彬有礼。在他的公司里，所有员工都寂静无声地埋头苦干，各样东西安放得也有条不紊，各种事务也安排得恰到好处。

他每晚都要整理自己的办公桌，对于重要的信件立即就回复，并且把信件整理得井井有条。所以，尽管他公司经营的规模要大过前述商人，但别人从外表上总看不出他有一丝一毫的慌乱。他做起事来样样办理得清清楚楚，他那富有条理、讲求秩序的作风，影响到他的全公司。于是，他的每一个员工，做起事来也都极有秩序，一片生机盎然之象。

所以，养成有条理的习惯，将有助于你加快办事效率，节省时间，有条理的习惯，也将成为你受用一生的资本。

※ 做事要有很好的判断力

社会上最受欢迎的人是那些有巨大创造力与非凡经营能力的人。有些人往往只知道按部就班地听从别人的吩咐，去做一些已经计划妥当的事情，而且凡事都要有人详细的指示。唯有那些有主张、有独创性、肯研究问题、善于经营管理、有准确的判断力的人才是人类的希望，也正是这种人，充当了人类的开路先锋，促进了人类的进步。

一个有准确迅速而坚决的判断力的人，他的发展机会要比那些犹豫不决、模棱两可的人多得多。所以，请尽快抛弃那种迟疑不决、左右思量的不良习惯吧！这种不良的习惯会使你丧失一切原有的主张，会无谓地消耗你的所有精力。

这也是年轻人最容易染上的可怕习惯，遇到事情时，明明已经详细计划好了，考虑过了，已经确定了，但有些人仍然畏首畏尾、瞻前顾后而不敢采取行动，还要重新从头考虑，还要去征求各处的意见，东看西瞧，左思右量，翻来覆去，没有决断。最后，脑子里各种念头越来越多，自己也就越来越没有信心，不敢决断。后果就是，人的精力逐渐耗尽，终于陷入完全失败的境地。

一个希望取得全面成功的人，一定要有一种坚决的意志，不要染上优柔寡断、迟疑不决的恶习。在工作之前，必须要确信自己已经打定主意，即使遇到任何困难与阻力，即使发生一些错误，也不要轻易产生怀疑的念头。我们处理事情时，事先应该仔细地分析思考，对事情本身和环境下一个正确的判断，然后再做出决策；决定一旦做出之后，就不要再对事情和决策产生怀疑和顾虑。做事的过程中难免会发现一些错误，但不能因此心灰意冷，应该把困难当教训、把挫折当经验，要自信以后会更顺利，成功的希望也就更大。在做出决定后，还心存疑虑、还要反复猜疑的人，无异于把自己推入一种无可拯救的沼泽中，最终只好在痛苦和懊恼中度过一生。

有些人最终无法成功，并不是缺乏创立一番事业的能力，而是因为他们的判断力太差了。他们好像没有自主自立的能力，而只能依赖他人，这些人即使遇到任何一点微不足道的事情，也要东奔西走去询问亲友邻人的意见，自己的脑子里只是胡思乱想，尽管时刻牵挂但并无主见。于是，越和人商量，越不能确定主意，越是迟疑不决，结果就弄得不知所措。

判断力不准确和缺乏判断力的人往往很难决定开始做一件事，即使决定开始做了，最后也往往无法收场。他们一生的大部分精力和时间，都消耗在犹豫和迟疑当中，这种人即便有其他获得成功的条件，也永不会真正获得成功。

大凡成功者须当机立断，把握时机。一旦对事情考察清楚，并制定了周密计划后，他们就不再犹豫、不再怀疑，而是勇敢果断地立刻去做。因此，他们对任何事情往往都能做到驾轻就熟，马到成功。

造船厂里有一种力量强大的机器，能把一些破烂的钢铁毫不费力地压成坚固的钢板。而善于做事的人就与这部机器一般，他们做事异常敏捷，只要他们决心去做，任何复杂困难的问题到了他们手里都会迎刃而解。

一个人如果目标明确、胸有成竹、有自信心，他绝不会把自己的计划拿来与人反复商议，除非他遇到了在见识、能力等各方面都高过他的人。在决策之前，他都会前前后后地仔细研究，然后制定计划，采取行动；这就像前线作战的将军必须仔细研究地形、战略，而后才能拟定作战方案，随后再开始进攻。

一个头脑清晰、判断力很强的人，一定会有自己坚定的主张，他们绝不会糊里糊涂，更不会投机取巧，他们也不会永远处于徘徊当中，或是一遇挫折便赌气退出，前功尽弃。只要做出决策、计划好的事情，他们一定会勇往直前。

英国当代著名军人基钦纳就是一个很好的例子。这位沉默寡言、态度严肃的军人勇猛如狮、出师必胜，他一旦制定好计划，确定了作战方案，就会集中心思运用他那惊人的才干，镇定指挥，他绝不会再三心二意地去与人讨论、向人咨询。在著名的南非之战中，基钦纳率领他的驻军出发时，除了他的参谋长，谁也不知道军队要开赴哪里。他只下令要求预备一辆火车、一队卫士及一批士兵。基钦纳声色不动、滴水不漏，更没有拍电报通知沿线各地。战争开始后的一天早上 6 点钟，他忽然神秘地出现在卡波城的一家旅馆里，他打开这家旅馆的旅客名单，发现几个本该在值夜班的军官的名字。他走进那些违反军纪的军官的房间，一言不发地递给他们一张纸条，上面签署了自己的命令："今天上午 10 点，专车赴前线；下午 4 点，乘船返回伦敦。"基钦纳不听军官们的解释和辩白，更不听他们的求饶，只用这样一张小纸条，就给了所有的军官一个警告，起到了杀一儆百的作用。

基钦纳将军有无比坚定的意志和异常镇静的态度，但他深知自己在战时所负有的重大使命。因此，他为人处世严谨而端正，公正无私，指挥部下时也从不偏袒，做任何事情非至成功决不罢手。从这些地方，就可以看出基钦纳将军的伟大魄力和远大抱负。

基钦纳将军并不看重他人的颂扬，更不接受部下的阿谀奉承。

他从不狂妄自大，在他看来，做人处世应该摒弃名利之心。基钦纳将军做任何事从来胸有成竹，他凡事都能冷静而有计划地去做，因此事事马到成功。

这位驰骋沙场、百战百胜的名将待人诚恳亲切，非常自信，做起事来专心致志，富有创见，也极富判断力，为人机警，反应敏捷，每遇机会都能牢牢把握并充分利用。他真是一个向往获得全面成功者的最好典范！

※ 善于借用别人的力量

一个人，不管他的能耐有多大，他的智慧和才能都是有限的。唯有借助他人的能力和智慧，取长补短，为我所用，才能广采博集，发挥集体的智慧。特别是在全球化迅速发展的今天，更离不开他人的智慧和支持。

蚂蚁是生物界中体形较为弱小的一种，由于个体的弱小，所以蚂蚁们特别懂得与其他生物取食共生，互惠互利。单个的蚂蚁在外面觅食或是侦察时，也从来不逞一时之勇，而是善于借助他人的力量，与他人相互合作。

蚂蚁知道，如果不懂得和他人合作，不懂得借用他人的力量，是无法维持这个庞大的蚂蚁帝国的，更无法促使整个群体得到快速的发展。希腊哲人阿基米德说过："给我一个支点，我就可以撬动整个地球。"对于人类社会来说，这个支点，就是他人的智慧。

比尔·盖茨说过：一个善于借助他人力量的企业家，应该说是一个聪明的企业家。在办事的过程中善于借助他人力量的人也是一个聪明的人。

在自己的力量还没有足够强大的时候，借助他人的力量，是走向成功的捷径。对于一个人来说，要获得进一步发展，更免不了借助他人的力量。

现代社会越来越开放，信息传播越来越快捷，企业的结构越来越庞大，专业分工越来越细致。靠个人单枪匹马独闯天下的时代已经过去。要成功就要借助他人的力量而不是自己一个人的艰苦奋斗。换句话说，就是要调动外界的一切能为我所用的资源，从而提高我们的办事效率，迅速达到我们的预定目标。

借力指的是借他人之力，如名人、亲戚、朋友、同学等的地位、名望、财富或权力等；他人有时是你接近成功或走向成功的桥梁与阶梯，尤其是那些德高望重的名人，他们的力量更能帮你寻到走向成功的捷径。

一个人的力量毕竟是有限的，要想在事业上获得成功，除了靠自己的努力奋斗之外，有时需要借助他人的力量，只有“好风凭借力”，才能“送我上青云”。

关系网中的“借”字是核心。把握了“借力”这一核心，就把握了关系网的精髓。一个人想要顺顺当当把事情办成功，除了靠自己的努力外，有时还要借助他人的力量才能扶摇直上。一般来说，无论引荐者的名望大小、地位高低，只要对你的成功有所帮助，他就是你登上高处的好榜样，他的威信和影响对你都是有用处的。

在借助他人的力量时，一般要遵循以下步骤：

1．要与有影响力的人做朋友

对于一般人来说，应该随时留心周围人的品格、能力及其影响力，要用真心去交朋友。要盯得准，看谁有能力帮助你。

2．努力求得朋友的帮助

朋友能否帮你的忙，还看你平时表现如何。这就要求你与人交往时，目光要放远些，不因小利而不为，亦不因利大而为之。这样看来，借力的功夫完全包含在不时地为人处世之道之中。

3．借助一些有权力的人，或一些知名度较高的人的力量

如著名的专家学者等。因为这些权威人物都有一定的威慑力量。

对方看你有“后台”也会愿意与你合作。

4．要在内心里承认并接受借力的价值

有很多人并不是不会借力，而是难为情而不愿意求人，总觉得这样做有失体面，好像是贬低了自己的能力。其实，这些想法都是不必要存在的。什么时候也别忘了，即使是拿破仑也需要别人帮他架起成功的桥梁，何况你只是一个平常之人呢？

所以，不懂得或不善于利用他人力量，光靠单枪匹马闯天下，在现代社会里是很难大有作为的。借助他人的力量，是现代社会的一条普遍的生存法则。

※ 节俭是你终生受用的佳肴

随着人们生活水平的提高，越来越多的人简朴的观念在日益淡薄，取而代之的是“奢侈观”和“享乐观”，但是，他们忽略掉一点，抛弃节俭的作风，并不仅仅像扔掉几件有用的东西那样简单。因为，节俭是你终生受用的佳肴。

在能成大事人的眼里，一分钱就是资本，是财富得以生长的种子。

有一个人从一无所有变成一个全城最富有的人，许多人就去找他询问致富的方法，富翁说，“假如你有一个篮子，每天早晨在篮子里放进十个鸡蛋，每天晚上再从篮子里拿出九个鸡蛋，最后将会出现什么情况呢？”“总有一天，篮子会满起来，”有人回答，“因为每天放进篮子里的鸡蛋比拿出来的多一个。”富翁笑着说：“致富的原则就是在你放进钱包里的十个硬币中，最多只用掉九个。”

这个故事要说的是：除非养成节俭的习惯，否则你永远不会积聚财富。一元钱对你来说可能微不足道，在能成大事人的眼里，钱就是资本，是财富得以生长的种子。

很多白手起家的大富翁们，在投资、捐赠等方面出手阔绰，但在自身的支出上却又异常俭省。

俭朴是一种美德，也是致富的手段。否则，纵使你有再多的钱，也禁不住无谓的奢侈。

有杰克、鲍勃两位好朋友，他们人口、家底及收入均相当，可是不知什么原因，杰克的日子越过越富裕，鲍勃的日子却越过越贫穷。

鲍勃心里很纳闷，一天早上，他跑去向杰克请教过日子的诀窍。

杰克仔细思索了一会，然后把鲍勃带到一口井边，并要求他打水，打完了水再告诉他过日子的方法。

杰克交给鲍勃两只水桶，叫鲍勃用有底的水桶打上水倒在没底的水桶里，待没有底的水桶倒满了才能回去。鲍勃心里很奇怪，明知没有底的水桶倒不满水，但既然杰克说了，就只好照办。

鲍勃用有底的水桶打上满满一桶水，可是倒进没有底的水桶就漏光了。打到天黑他才回家。杰克叫鲍勃明天再来。

次日，杰克又带着鲍勃到井边打水，这次要他用没有底的水桶打上水往有底的水桶里装。鲍勃心里仍然感到很奇怪：这不是依然打不满水吗？但既然杰克说了，他只好照办。

鲍勃用没底的水桶打水，每次都能带上一点点水，装在有底的水桶里。打到天黑，倒水的次数多了，有底的桶居然盛满了水。

鲍勃高兴极了，急忙跑来告诉杰克，并叫杰克快告诉他过日子的秘诀。

杰克大声笑着说："秘诀不是已经告诉你了吗？打水好比家庭经济收入，漏水好比家庭生活开支！如果不注意节约，你赚得再多也存不下钱；相反，注重节约，你赚得再少，日积月累，也是一笔不小的数目。"

鲍勃恍然大悟，说："知道了，知道了，过日子光靠勤劳还不行，还一定要重视节约！"

如果把生活比作一口缸的话，那么我们生活的目的就是要在这口缸里注满水。在这个过程中，我们常常忘了这口缸既有出口，又有进口，所以在我们拼命往里面灌水的时候，忽略了应该先把出口尽可能开到最小——节约。节约和赚钱应是两条平行的线！

省的就是赚的，节省永远是最简单有效的理财方法。如果连省钱都做不好，那么赚得再多也是没有意义的。所以，我们每一个人都要省下每一分能省的钱，做一个彻头彻尾的“守财奴”和“小气鬼”。

生活中处处充满着不可预知的风险，每个人都应未雨绸缪，为未来多做点打算。年轻的时候不把钱当回事，老年时必然会为钱所累。所以，有钱的人需要理财省钱，没钱的人更需要节俭。

※ 珍惜自己和别人的时间

卡耐基曾经这样说过：“今天太宝贵，不应该为酸苦的忧虑和辛涩的悔恨所销蚀。把下巴抬高，使思想焕发出光彩，像春阳下跳跃的山泉。抓住今天，它不再回来。”世俗有“时间是金钱”的说法，所以窃取他人时间的小偷，当然该加以处罚，即使是那些愉快的好人，还是该如忌讳疾病地躲避他们。

商人最可贵的本领就是与人进行任何来往时都简捷迅速。这是成功者的证明书。

一个人唯有彻底认识时间的重要性，才能够竭尽全力去防范那些爱饶舌的人。

善于应对客人的人，都会在接到来客名单之后，就事先预定花多少时间。

一个成功者应该珍惜自己的时间。世上那些工作紧张忙碌的人，无不设法回避那些消耗他们时间的人，希望自己宝贵的光阴不要因为他们而多浪费一刻。

一个做事有计划的人，无论是老板还是伙计，都应有眼力审视断定顾客对自己生意的价值：对于那些不必要的废话，都应想一个收场的方法，同时他们也绝对不会在别人上班的时间内，和他人东拉西扯地谈些无关紧要的话，因为这样无疑是在妨碍人家的工作效率，损害他人的利益。

善于应对客人的人，都会在接到来客名单之后，就事先预定花多少时间。

老罗斯福总统就是这样一个模范人物：当一个久别重逢只求会见一面的客人到来时，他总是在握手寒暄之后，便很抱歉地说，他还有许多别的客人要接见，这样一来，来客就会很简洁地道明来意，告辞而返了。

有一位大公司的经理，一向待客谦和有礼，他每次与来客把事情商洽妥当之后，便很有礼貌地站起身来，向来客握手道歉，叹惜自己不能有更多的时间再跟他多谈一会儿。那些客人对他的诚恳态度都十分满意，而不会认为他很吝啬地只肯会谈两三分钟。

有无数大银行、大公司的经理以及高级职员，都具有这种经过多年经验学来的本领。有不少实力雄厚、目光远大、判断准确、刻苦耐劳的大事业家，都是沉默寡言而办事迅速敏捷的人，他们所说出来的话，句句都是确切而有所目的的。他们从不在这上面多耗费一点一滴的宝贵时间。现代商界中，与人洽谈生意，能利用最少时间产生最大效力的人，首推美国银行大王摩根。

他每天上午 9 点 30 分来到办公室，下午 5 点回家。有人计算他每分钟的收入是 20 美元——据他自己的统计还不止此数——除了与生意有重要关系的人接洽外，他从来不与人交谈五分钟以上的时间。通常他总是在一间宽敞的办公室里，与无数办事人员一同工作，而不像许多商界要人，只和他的秘书在一个房间里。他随时都在指挥手下的员工，依照他的计划行事。如果你走进那间办公室，你很容易会见他，但如果你没有要紧的事，他绝不会欢迎你。摩根有卓越的眼力，能够猜断一个人要来接洽什么事情。你对他说话，一切转弯抹角的手段都会失去效力，他能够立刻猜出你的真意。为了想找个人谈天，而去耗费工作繁忙的人许多宝贵光阴，对于这种人，摩根是不能容忍的。

商人最可贵的本领就是与人进行任何来往时都简捷迅速。这是成功者的证明书。一个唯有彻底认识时间的重要性，才能够竭尽全力去防范那些爱饶舌的人。

珍惜时间，就是爱护生命。自古以来，大凡取得成就的人，无不是珍惜时间的典范。爱迪生平均三天就有一项发明，正是抓住了分分秒秒的时间进行了仔细的研究。鲁迅先生有句格言，“哪里是天才，我把别人喝咖啡的时间都用在工作上。”陈景润夜以继日，潜心于研究数学难题——哥德巴赫猜想，光是演算的草稿就有几麻袋，最终摘下了数学皇冠上的明珠。世界无产阶级的革命导师马克思，临终前还争分夺秒地写《资本论》。

莎士比亚有言：“放弃时间的人，时间也会放弃他。”“时间会冲破青年人的华丽精致，它会把平行线刻上美人的额角；它会吃掉稀世之珍，天生丽质，什么都逃不过它横扫的镰刀。”所以，珍惜自己和他人的时间，将为你的人生积累下宝贵的财富。

※　健康是成功之本

事业、财富、家庭等等，都是“零”，而健康，才是那永恒的“1”。所以，唯有健康，才是成功之本。

很久以前，一名妇女发现三位蓄着花白胡子的老者坐在家门口。她不认识他们，就说：“我不知道你们是什么人，但各位也许饿了，请进来吃些东西吧。”三位老者问道：“男主人在家吗？”她回答：“不在，他出去了。”老者们答道：“那我们不能进去。”傍晚时分，妻子在丈夫到家后向他讲述了所发生的事。丈夫说：“快去告诉他们我在家，请他们进来。”

妻子出去请三位老者进屋。但他们说："我们不一起进屋。"其中一位老者指着身旁的两位解释："这位的名字是财富，那位叫成功，而我的名字是健康。"接着，他又说："现在回去和你丈夫讨论一下，看你们愿意我们当中的哪一个进去。"妻子回去将此话告诉了丈夫。丈夫说："我们让财富进来吧，这样我们就可以黄金满屋啦！"妻子却不同意："亲爱的，我们还是请成功进来更妙！"他们的女儿在一旁倾听。她建议："请健康进来不好吗？这样一来我们一家人身体健康，就可以幸福地享受生活、享受人生了！"丈夫对妻子说："听我们女儿的吧。去请健康进屋做客。"妻子出去问三位老者："敢问哪位是健康？请进来做客。"健康起身向她家走去，另外两人也站起身来，紧随其后。妻子吃惊地问财富和成功："我只邀请了健康。为什么两位也随同而来？"两位老者道："健康走到什么地方我们就会陪伴他到什么地方，因为我们根本离不开他，如果你没请他进来，我们两个不论是谁进来，很快就会失去活力和生命，所以，我们在哪里都会和他在一起的！"

这是一则流传许久的寓言，其中心意思很明显：健康是一切的基础，没有健康，其他所有的一切都是空谈。所以，应注重你的身体健康，一个好的身体，才是事业和财富的最大保障。

卡耐基有言："一切财富与成功皆源于健康的心态。"在上帝的眼里，显然只有生活与工作实现平衡的人生才是丰富而多彩的。

长期的过度工作必然会有损健康。健康才是长久工作的基石。令人遗憾的是，现在有不少人在年轻的时候，总是不经意地牺牲青春与健康去追求名利与金钱，而年老的时候，又企图用名利与金钱来留住生命与健康。长期来看，这种做法往往得不偿失，大不可取。

亿万富翁约翰·洛克菲勒所拥有的名望不光是钱财，还包括健康与长寿。

由于标准石油公司日常管理的巨大压力，在洛克菲勒的身上出现了一些过度疲劳的早期症状，在医生和家人的奉劝之下，他慢慢地将自己的生活重心从工作转向了日常生活，并为自己总结了一套养生之道。

洛克菲勒在给伊莱扎的信中写道："我现在天天吃芹菜，因为我知道芹菜对神经很有益处。"他尽量把下午的时间消磨在福里斯特山中，"享受伊利湖令人心旷神怡的空气。"洛克菲勒对草药和其他民间疗法表现出强烈的兴趣，还向一位助手建议，每天早餐前吃一片橘子皮会有助于戒烟。

对于 19 世纪 80 年代纽约上层社会风行的购置游艇热，洛克菲勒一贯是持抵制态度，却对装有暖气设备的马厩中的骏马非常喜欢。下班后，他时常与弟弟威廉赛上一圈，身边还坐着兴奋不已的小约翰。洛克菲勒十分喜爱赛马，有一次他对儿子说："昨天我跑了四圈，两天加起来一共跑了大约 80 公里。"

现代社会是一个充分讲求效率的社会，残酷的竞争和快节奏的生活让人们意识到：效率就是生命。很多人为了追求有成就的事业，为了追逐梦想与利益而不停地奔跑，好像上足了弦的发条一样拼命工作。洛克菲勒认为，人的生命应当依附于身体，借此才能展现人生的多姿多彩，不要以为自己的健康体魄是天生使然，并因此毫无忌惮地透支身体能量，牺牲与家人团聚的时间。

西方国家流传着一个故事：三个商人死后见上帝时，讨论他们在尘世中的功绩。

其中一个商人先开了口："尽管我经营的生意接近于倒闭，但我和我的家人并不在意，我们生活得非常快乐。"上帝听罢，给他打了 50 分。

第二个商人说："我很少有时间和家人待在一起，我只关心我的生意。你看，我死之前，是一个亿万富翁！"上帝听罢默不作声，也给他打了 50 分。

这时，第三个商人开口了：“我在尘世时，虽然每天忙着赚钱，但我同时也尽力照顾我的家人，朋友们和我很谈得来，我们经常在钓鱼或打高尔夫球时，就谈成了一笔生意。活着的时候，人生多么有意思啊！”上帝听他讲完，立刻给他打了满分。

在上帝的眼里，显然只有生活与工作实现平衡的人生才可能丰富而多彩。那么按照故事里上帝的标准，你能得多少分呢？

在犹太人的生活中，有这样一个不成文的规定，每个安息日即从星期五的日落到星期六日落的 24 小时中，他们会放下任何事情，给自己放假。有一人对他们的这个规矩很不解，于是问一个犹太人：“你工作一小时可赚钱 80 美元以上，如果每天休息一小时，一个月就少赚 2400 美元，一年就将少赚 2.88 万美元，你认为这样做值得吗？”

这名犹太人的回答令人十分意外：“假如一天工作八小时不休息，一天可赚 640 美元，那我的寿命将减少五年，按每年收入 20 万美元计算，五年我将减少 100 万美元的收入，假如我每天休息一小时，那我除损失每天一小时 80 美元外，将得到五年每天七小时工作所赚的钱，现在我 60 岁，假设我按时休息可活十年，那么我将损失 28.8 万美元，28.8 万美元和 100 万美元谁大呢？”

如果我们还在透支自己的健康，不妨来看看犹太人教给我们的生命与财富的计算方式。没有充分的休息就没有最佳的工作状态，犹太人的精明之处就在于他们懂得如何计算休息与工作之间所产生的最终利弊得失。生活的追求永无止境，真正的智者懂得权衡利弊，做出最恰当的选择。追求固然重要，但在健康面前，它也只能退而居其次。

第二章　把握成功的规律

你是否曾经向自己或别人询问过这样的问题，成功是有规律可循的吗？在卡耐基看来，答案是肯定的。成功当然是有规律的，但是如何把握规律，并且得到成功，这其中也是有着潜在的规律的。

你必须拥有一些内在潜质，这些内在潜质对于把握成功规律来说，是必不可少的。这些潜质，有些是与生俱来的，在你的性格中已有显露；有些是需要在后天形成与培养的；无论如何，伟大的卡耐基先生都明确地指出，想通向成功，这些潜质你必须拥有。

※　明确的目标

通往成功的路途是曲折艰险的，在做任何事情之前，明确的目标就成为你前行的灯塔，指引着你前进的方向；反之，目标不明确，也就容易丧失前进的动力，进而止步不前或走了弯路，离成功的结果越来越远。

在卡耐基的一生中，他时时刻刻都提醒自己，确立明确的奋斗目标并为之努力。这个目标，或许是一件具体的事情，或许是一个他奉为奋斗楷模的伟人，林肯就是其中之一。

在卡耐基的一生中，林肯对他的影响非常重要。他把林肯视为自己的楷模，汲取林肯的生活经验和奋斗精神，鼓起自己战胜困难、走向成功的勇气。

卡耐基对林肯的认识都记述在他所写的一本林肯传记中。我们从卡耐基对林肯人生的描写中，能够感受到卡耐基对林肯的崇拜之情，能够看到卡耐基理解林肯的独特视角。

在卡耐基课程中，他多次提到林肯的故事，仿佛林肯就是他的一面镜子。我们从下面的叙述中，能够体会到这一点。

林肯的童年与卡耐基非常相似，难怪卡耐基把林肯的奋斗历程看作是人生的经典。

卡耐基从林肯的生活经历中看到了忧郁对人生的不利影响，所以当他在卡耐基课程中发现不少学员的生活也有强烈的忧郁感时，他迫切地感到必须引导人们走出忧郁的困惑，由此而引发了他对克服忧郁的研究和讲演。同时，卡耐基也认识到，即便是伟人也有失意的时候，关键在于如何迎接生活的挑战。林肯做到了，成功了，卡耐基本人也同样如此。

卡耐基从林肯的奋斗历程中汲取了有益的经验，每当他遇到困难时，他便想起了林肯，浑身就充满着必胜的信念。

美国原副总统戈尔家里发生过这样的一件趣事。

有一天，戈尔夫妇得到了一只狗，不禁喜出望外。美国人养狗素来很讲究，不是随便当成一个宠物就行了，必须得有人专门对狗进行训练，才能成为一只合格的狗，戈尔家的狗自然也不例外。

于是，夫妇俩带上这只讨人喜欢的狗，直奔戈尔的一个好朋友，也是一个专业驯狗师的住所，说要让他给自己的狗训练一下。

驯狗师看了看戈尔，然后把目光停留在狗的身上，问道："那么，这只狗的目标是什么？"戈尔夫妇一听，有点儿摸不着头脑，狗有目标吗？我怎么不知道啊？于是便耸耸肩，双手一摆，用美式幽默回答："也许它的目标是努力成为一只狗，而不是猫啊什么的吧。"

"对不起，我不能帮一只没有目标的狗来进行训练。"对方摆出一副爱莫能助的样子。

戈尔夫妇俩只好带着他们的宝贝狗儿，悻悻而归。

整整一个下午，戈尔把自己关在书房里，满脑子想的都是这个狗的目标究竟是什么，但想不出个所以然来，于是到院子花园里透透气。在他们家的小花园里，他的四个孩子在一起嬉戏打闹，玩得不亦乐乎。他突然灵光一闪，有了，狗的目标有了。

他马上帮狗订了两个目标：第一就是和孩子们打成一片，做孩子们亲密的玩伴和朋友；第二是晚上看家护院，当孩子们及自己的守护神。

戈尔再一次把狗送到驯狗师朋友那里，由于有了明确的目标，驯狗师马上对这只狗进行专门训练。不久，一条训练有素的狗出现在戈尔家，它不光成了孩子们最忠实的玩伴和朋友，晚上还肩负起了看家护院的职责。

狗有目标后才能成为一只好狗，人自然就更不用说了。

哲学家黑格尔说过："一个有哈佛大学曾经做了一个跟踪调查，在人群中目标清晰高远的人占 3%，最终他们成为精英和各行各业的领袖；目标清晰短暂的占 12%，他们是各行各业的成功人士；目标模糊的占 60%，他们生活在社会底层，事业平平；还有根本没有目标的 27%，最终其生活很不如意，总是一副怨天尤人的样子。"

有品格的人即是一个有理智的人，由于他心中有确定的目标，并且坚定不移的以求达到他的目标，他就必须如歌德所说，知道限制自己，反之，什么都不能做，而最终归于失败。

人要有明确的目标，如果你能对自己的工作、身体及毅力都完全的信任，并且努力工作全心投入的话，你已经找到了自己的强项，无论目标如何的遥不可及，你也必能排除万难，实现愿望。一只不知向何处漂泊的小船，风对于它来说就失去了意义，它的航向不取决于风从哪里来，而是船上的帆张向哪一边。别忘记牢牢地把握住你的船舵，对确立的目标，要坚定不移地执行到底，不要摇摆不定。一艘轮船在海中失去了舵手，只会在海上打转，最终会耗尽燃料，永远到达不了彼岸，但事实上，它所耗尽的燃料足以使它往返于海岸和大海好几次了。

有了目标，内心的力量才会找到方向。茫然无目标的漂荡终归会迷路，而你心中那一座无价的金矿，也因不开采而与平凡的尘土无异。过去或现在的情况并不重要，你将来想要获得什么成就才最重要。

如果你还没有一个明确的目标，那你就应该放下手上的一切，坐下来，认真思考一下适合自己的目标。

※ 自信心

卡耐基教育我们：自信的一个好处就是——肯定自己，并成为敦促自己不断进步的动力。但是要切记，自信而不要自满。自信心，是保持你的身心维持在年轻状态的一个重要因素。

成功者就是那些拥有坚强信念的普通人。成功的程度决定于你的信念程度。永远不要总被自己的缺点所迷惑。信心多一分，成功多十分。你应该学会自信。

有一个寓言，某小镇上有一个非常穷困的女孩子，她失去了父亲，跟妈妈相依为命，靠做手工维持生活。她非常自卑，因为从来没穿戴过漂亮的衣服和首饰。在这样极为贫寒的生活中，她长到了18岁。

在她18岁那年的圣诞节，妈妈破天荒给了她20美元，让她用这个钱给自己买一份圣诞礼物。

她大喜过望，但是还没有勇气从大路上大大方方地走过。她捏着这点钱，绕开人群，贴着墙角朝商店走。

一路上她看见所有人的生活都比自己好，心中不无遗憾地想，我是这个小镇上最抬不起头来、最寒碜的女孩子。看到自己特别心仪的小伙子，她又酸溜溜地想，今天晚上盛大的舞会上，不知道谁会成为他的舞伴呢？

她就这样一路嘀嘀咕咕躲着人群来到了商店。一进门，她感觉自己的眼睛都被刺痛了，她看到柜台上摆着一批特别漂亮的缎子做的头花、发饰。

正当她站在那里发呆的时候，售货员对她说，小姑娘，你的亚麻色的头发真漂亮！如果配上一朵淡绿色的头花，肯定美极了。她看到价签上写着16美元，就说买不起，还是不试了。但这个时候售货员已经把头花戴在了她的头上。

售货员拿起镜子让她看看自己。当这个姑娘看到镜子里的自己时，突然惊呆了，她从来没看到过自己这个样子，她觉得这一朵头花使她变得像天使一样容光焕发！

她不再迟疑，掏出钱来买下了这朵头花。她的内心无比陶醉、无比激动，接过售货员找的4美元后，转身就往外跑，结果在一个刚刚进门的老绅士身上撞了一下。她仿佛听到那个老人叫她，但已经顾不上这些，就一路飘飘忽忽地往前跑。

她不知不觉就跑到了小镇最中间的大路上，她看到所有人投给她的都是惊讶的目光，她听到人们在议论说，没想到这个镇子上还有如此漂亮的女孩子，她是谁家的孩子呢？她又一次遇到了自己暗暗喜欢的那个男孩，那个男孩竟然叫住她说：不知今天晚上我能不能荣幸地请你做我圣诞舞会的舞伴？

这个女孩子简直心花怒放！她想我索性就奢侈一回，用剩下的这四块钱回去再给自己买点东西吧。于是她又一路飘飘然地回到了小店。

刚一进门，那个老绅士就微笑着对她说，孩子，我就知道你会回来的，你刚才撞到我的时候，这个头花也掉下来了，我一直在等着你来取。

这个故事结束了。真的是一朵头花弥补了这个女孩生命中的缺憾吗？其实，弥补缺憾的是她自信心的回归。

而一个人的自信心来自哪里？应该如何树立自信心？卡耐基指出：让信仰的力量和心安的感觉充满心中，就是获得自信的秘诀，也是去除疑惑、克服缺乏信心的最佳方法。

1. 认识自己不自信的来源

总觉得有人在背后责骂你？总是对什么事情感到羞耻？找到这些使自己不自信的来源，给它们一个称号，认识它。将这些来源告诉给朋友和爱人，大胆地表达出来。对别人说出来就是对自己勇气的提高，同时也可以获取他们的帮助，找到问题的根源。

2. 认识自己的长处和优点

为什么要沉迷于自己失败的一面呢？没有一个人是完美的，但是每个人都有自己优秀的地方。为你拥有的特长和优点感到自豪，毕竟自己还是挺厉害的嘛。

3. 对着镜子笑一笑，人生是积极的

给自己一个笑脸，不要对生活感到怜悯，也不要厌恶或者轻视自己。常常对镜子笑一笑，让你感到更快乐更自信。

4. 展现自己优秀的一面

让别人认可你，让他们觉得你很厉害，你的自信就会慢慢提升的，所以去展现你自己的才艺和优点。朝着自己热情的方向前进，多培养一些爱好，多交一些良友，让你变得自信满满。

5. 设定目标，做好准备

设定一个目标，贯注信念，专注其中。并且做好充分的准备，这样更容易让你达到目标。要经常鼓励自己，因为你就要成功了！

6．不要逃避和不敢面对失败

只有弱小的自卑者才会盯着自己的失败和缺点不放手，他们逃避现实，不敢自我肯定。有句名言说“现实中的恐惧，远比不上想象中的恐惧那么可怕”，所以敢于面对挑战，鼓起勇气，多试几次，你的自信心就会慢慢高涨起来。

7．为自己订下约束

给自己一点压力，制定一些约束，遵守这些约束。每逢在参加生存训练时，就这么对自己说：不管怎么样的活动，什么都得给我尝试一遍。结果可想而知，不仅享受了其中的乐趣，还提高了自己的自信心。所以为自己订下约束，遵守约束和自我信赖，随着时间的推移你的信心就会成为你的勇气和力量。

※　储蓄的习惯

多数人心中的烦恼，不是他们手中没有足够的钱，而是不知道怎样合理支配手中的钱。所以，清楚怎样支配钱财，是当务之急。

卡耐基教育我们：我们必须为自己设计一个花钱的计划，然后根据计划来花钱。然而，我们大多数人不是这样。大多数人在处理金钱时，会表现得十分盲目。有一个公司的会计，在公司时，他对数字十分敏感，账目做得清清楚楚。而他在处理个人账目时，喜欢什么就买什么，根本不考虑还要交房租、电费和其他一些费用。不过，这个人倒是很清楚地知道，如果他供职的那家公司像他这样毫无计划地花钱，公司迟早会关门。因此，有件事情是你必须要考虑的：当涉及你的金钱时，你就是在经营自己的事业。而你在支配自己的金钱时，这也是你自己的家事，外人是无法帮忙的。在预算中必须有这样一项开支，至少把每年收入的十分之一存入银行，或者拿去投资。这样你可以建立一笔额外资金，用作特殊用途，譬如买房子或汽车。

拿破仑·希尔指出对所有的人来说，存钱是成功的基本条件之一，但是在那些未曾存钱者的心目中，最迫切的一个大问题则是："我要怎样做才能存钱？"

存钱纯粹是习惯的问题。人经由习惯的法则，塑造了自己的个性，这个说法是极为正确的。任何行为在重复做过几次之后，就变成一种习惯。而人的意志也只不过是从我们的日常习惯中成长出来的一种推动力量。

一种习惯一旦在脑中固定形成之后，这个习惯就会自动驱使一个人采取行动。例如，如果遵循你每天上班或经常前往的某处地点的固定路线，过不了多久，这个习惯就会养成，不用你花脑筋去思考，你的头脑自然会引你走上这种路线。更好玩的是，即使你在动身之初是想前往另一方向，但是如果你不提醒自己改变路线的话，那么你将会发现自己不知不觉又走上原来的路线了。

养成储蓄的习惯，并不表示你将会限制你的赚钱能力。正好相反——你在应用这项法则后，不仅将把你所赚的钱有系统地保存下来，也使你步上更大机会之途，并将增强你的观察力，自信心、想象力、进取心及领导才能，真正增加你的赚钱能力。

光是贫穷本身就足以毁掉进取心，破坏自信心，毁掉希望，但如果再在贫穷之上加上债务，那么，成为这两位残酷无情监工的奴隶的人，注定失败无疑。

只要头上顶着沉重的债务，任何人都无法把事情办得完美，任何人都无法受到尊重，任何人都不能创造或实现生命中的任何明确目标。

拿破仑·希尔有一位很亲密的朋友，他的收入是每个月 10000

美元。他的妻子喜爱社交，企图以12000美元的收入来装作2万美元的样子，结果造成这位可怜的家伙经常背着大约8000美元的债务。他家里的每个孩子也从他们的母亲那里学会了“花钱的习惯”。这些孩子们现在已经到了考虑上大学的年龄，但由于这位父亲负债累累，他们想上大学已经是不可能的事了。结果造成父亲与孩子们发生争吵，使整个家庭陷于冲突与悲哀之中。

很多年轻人在结婚之初就负担了不必要的债务，而且，从来不曾想到要设法摆脱这笔负担。在婚姻的新奇味道开始消退之后，小夫妇们将开始感受到物质匮乏的压力，这种感觉不断扩大，经常导致夫妻彼此公开相互指责，最后终于走上离婚法庭。

一个被债务缠身的人，一定没有时间，也没有心情去创造或实现理想，结果是随着时间流逝，最后开始在自己的意识里对自己做了种种的限制，使自己被包围在恐惧与怀疑的高墙之中，永远逃不出去。

“想想看，你自己及家人是否欠了别人什么，然后下定决心不欠任何人的债。”这是一位成功的人士所提出的忠告，因为他早期有很多很好的机会，结束都被债务所断送了。这个人很快地觉醒过来，改掉乱买东西的坏习惯，最后终于摆脱了债务的控制。

大多数已经养成债务习惯的人，将不会如此幸运地及时清醒及时挽救自己，因为债务就像流沙，能够把它的受害者一步一步地拉进泥浆。

一个人如果负了债，而又想要克服对贫穷的恐惧，他必须采取三项十分明确的步骤：第一，停止借钱购物的习惯；第二，立即逐步还清原有的债务；第三，养成储蓄的习惯。

要养成储蓄的习惯，我们应该从以下方面着手：

1. 学会记账

“月光族”得先了解自己的收支情况，记账就是最好的方法。无论是手工记账还是电脑记账都要遵循三个规则：

①分账户——资产类和负债类。资产类指现金、活期存款、定期存款、股票、基金、债券、房产等；负债类是信用卡、贷款等。

②分类目——收入类和支出类。依照个人的实际情况，建立自己的收入和支出分类，分门别类地进行记录。

③及时准确——减少利息支出或罚款。对余额比较敏感的账户，如信用卡、贷款账户，及时记账可以减少不必要的利息支出。

为了记账方便，有条件的可以下载专门的记账软件。目前国内比较全面的理财软件有“家财通”和“财智”理财软件。这样的记账方式持续三个月就可以全面了解自己的财务，对不该支出的项目做适当控制。

2．换零储蓄

喂养“小金猪”（储蓄罐），操作简单效果也好。你可以到市场买一只“小金猪”，然后每天都用“粮食”（一元的硬币）来喂养它。一个月下来能存500多个。

3．存折存储

要更好地储蓄，最好只有一张银行卡，而且尽量在卡里存少量的钱，其余的都选择存折存储。因为存折的取款方式相对来说比较麻烦，对控制取款有一定效果。

※ 进取心与领导才能

卡耐基认为，有了进取的人生态度，才能化解生命中的坎坷，塑造自身的完美形象，走出人生的困惑。而具有优质的领导才能，才能在平日成功地栽培属下，这样的属下有朝一日将给你带来意想不到的巨大收益。只有最愚笨的领导人才想尽办法，去奴役他人，希望别人毫无条件地为他尽力。

衡量一个领导人物的成就大小，要看他的信念的深度、雄心的高度、理想的广度和他对下属关爱的程度。领导才能指的不是挥舞手中的权力，而是授权别人去干。

下面是使用“人性化管理”方式使你成为更好的领导人的两个方法。

第一，遇到跟人事有关的难题时，要及时反问自己：“处理这件事最合乎人性的方法是什么？”

当你的部属不能胜任工作，或某一个员工制造相当棘手的问题时，请记住：千万不要讽刺他们，不可做刻薄鬼，也不可把别人说得一文不值，更不可当场骂人。处理人事问题时多想想“合乎人性的方法”，一定会有回报，不管快慢，都会使你喜出望外。

第二个帮你使用“人性化管理”的方法是：把别人看得都很重要。要关心部属的业余成就。时常想到，一个人活着的最主要的目的，就是享受生活。

这是一个很普通的原则：你愈关心一个人，他愈会努力为你服务，你的成就也愈大。

尽量在每一个场合称赞你的部属，在你的上司面前称赞他的能力。设法夸奖地位比你低的人，这正是古老的习俗所特别强调的，这样不但不会降低你在上司眼中的地位，反而会使你成为一个伟大又谦虚的人，比那些轻浮的人更受人尊敬。所以，即使是小小的谦虚都对你非常有用。

抓住每一个机会赞美部属的个人成就，赞美他的合作，嘉奖他们额外的努力或尝试。赞美本身就是对于人最大、最好、最方便的鼓励，而且又不花钱，何乐而不为呢。所以，请练习赞美的艺术。

“领导才能”是获得成功的基本条件，而“进取心”则是建立“领导才能”这个基本条件的基础。两者的关系就有如轮辐与车轴。

拿破仑·希尔告诉我们，进取心是一种极为难得的美德，它能驱使一个人在不被吩咐应该去做什么事之前，就能主动地去做应该做的事。胡巴特对“进取心”作了如下的说明：

“这个世界愿对一件事情赠予大奖，包括金钱与荣誉，那就是‘进取心’。”

“什么是进取心？我告诉你，那就是主动去做应该做的事情。”

“仅次于主动去做应该做的事情的，就是当有人告诉你怎么做时，要立刻去做。”

“更次等的人，只在被人从后面踢时，才会去做他应该做的事，这种人大半辈子都在辛苦工作，却又抱怨运气不佳。”

“最后还有更糟的一种人，这种人根本不会去做他应该做的事，即使有人跑过来向他示范怎样做，并留下来陪着他做，他也不会去做。他大部分时间都在失业中，因此，易遭人轻视，除非他有位有钱的老爸。但如果是这个情形，命运之神也会拿着一根大木棍躲在街头拐角处，耐心地等待着。”

“你属于上面的哪一种人呢？”

如果你想成为一个具备进取心的人，你必须克服拖延的习惯，把它从你的个性中除掉。这种把你应该在上星期、去年或甚至于十几年前就要做的事情拖到明天去做的习惯，正在啃噬你意志中的重要部分，除非你革除了这个坏习惯，否则你将难经取得任何成就。

克服拖延的习惯，可以使用下列方法：

每天从事一件明确的工作，而且不必等待别人的指示就要能够主动去完成。

到处去寻找，每天至少要找出一件对其他人有价值的事情来做，而且不要期望一定要获得报酬。

每天要把养成这种主动工作习惯的价值告诉别人，至少也要告诉一个人。

为了鼓励你的上进心，有两件事情要做：

每一件事情都要研究如何改善。

每一件事情都要订出更高的标准。

有一家公司的董事长要拿破仑·希尔帮他拿主意。他一手开创了公司，并兼任销售经理。现在他的公司聘用了七个销售员，下一个步骤是要提升一个销售员担任经理职务。他把可能的人选缩减成三个，这三人各方面的成绩都不相上下，拿破仑·希尔的任务就是花一整天来了解每一个人，看看哪一个才是最佳人选。他告诉这三个人，会有一个顾问来拜访他们，目的是讨论公司的整体行销计划。他显然不让他们知道真正的目的。

其中两个人的反应差不多，都有点不自在、不是滋味。他们好像注意到拿破仑·希尔“别有目的”，想要“耍什么花招”。这两个人都是顽固的保守派，都想证明“该做的都已经做了”。拿破仑·希尔问他们“销售责任区是怎么划分的”“薪水调整计划需不需要修改”，以及“如何取得促销资料”等等与行销密切相关的问题，他们的反应都是：“事情都很正常，毋庸过虑。”对某些论点更是振振有词地解释，目前的方法为什么不能也不应当改变。总之，维持现状就够了。其中一个在离开拿破仑·希尔下榻的饭店时说：“我真的不知道你为何要花一整天和我讨论，请你告诉我们的老板，每一件事情都很顺利，不要小题大做。”

第三个人就不同了。他对公司很满意，也以公司的成就为荣，但又不是绝对的满意。他还希望力求改进。他一整天大部分的时间都在告诉拿破仑·希尔各式各样的新点子。例如“开拓新市场的做法”“改善服务质量的做法”“节约时间的做法”“对员工鼓励更大的调整薪资做法”等等，都是为他自己和整个公司的长远利益打算。他早就拟好一个想要推出的宣传活动。当我们分手时，他的临别赠言是："我很高兴有机会把我的构想跟你谈谈。我们已经有了一个相当良好的初步沟通，相信一定可以做得更好。"

当然，拿破仑·希尔最后推荐的正是第三位，跟董事长的想法不谋而合。

他认为第三位推销员确实相信公司会继续成长，更有效率、推出更新的产品。

另外一条关键的领导原则：拨出一点时间和自己交谈、商量或从事有益的思考。

我们都以为领导人特别忙碌，实际上他们真的很忙，但是我们往往疏忽了这一点，那就是领导人每天都要花很多时间来单独思考。

看看那些伟大的宗教领袖的生平，就知道他们每一个人都花了许多时间来独处深思。摩西经常一个人独居，耶稣也是如此；其他如释迦牟尼、穆罕默德、甘地等等，几乎历史上每一个杰出的宗教领袖，都在摒除世俗的干扰下，花了无数的时间独居冥思。

领导阶层最主要的工作就是思考，迈向领导之路的最佳准备也是思考。因此请你每天都要花点时间来练习合理的单独思考，并且往成功的方向去想。

※ 想象力

卡耐基认为，拥有充分的想象力能够使你的理想插上成功的翅膀，为你的成功增添胜利的砝码。

人生需要想象，有了想象，便也有了希望与努力的方向，快乐的源泉。

有这样一个小故事：两个园林工人吃饭时闲聊。甲说：整天挖坑种树的，真让人烦透了！乙听后就说：如果你想着我们是在建设一个美丽的新花园，想着这个新花园建成后的那些美好景象，这样你的心情或许就会好很多的！甲听后不置可否，乙却坚持他的“自我陶醉”。多年以后，甲依旧还是在花园里挖坑种树，乙却成了一名建筑设计师！

故事虽短，道理却很明显，那就是，生活需要想象。爱因斯坦说过：“想象力远比知识更重要，因为知识是有限的，而想象力概括着世界上的一切，并推动着进步。想象才是知识进化的源泉”。因为想象力，艺术成就了一道道奇异的风景。安徒生用他的想象力铸造了童话的世界；贝多芬用他的想象力谱写了命运交响曲；因为想象力，一位普通的园林工人成了一名描绘宏图的建筑设计师。

或许，由于岁月的磨砺，我们丧失了不少思维的棱角与想象的空间。觉得生活太现实，总是看着眼前的事情，忘了想象带给人的享受。请记住：想象在生活里也是不可缺少的一种感受。如果一个人总是沉迷在眼前的烦恼和小事中，看不到未来，生活就会像一池永远平静的湖水，无法体会到大海的波澜、壮阔与美丽。冷眼看生活，看到的只能是生活的骨架，当你面临现实生活中一些情景，看到纸醉金迷充斥了尘埃，看到理想的天空为无知的羽翼遮蔽时，请不要无奈地叹息。很多绚丽多彩的内容有时是需要想象的，它会给你带来不一样的心情，让你体会到隐藏在生活深处的精彩。

所以，改变自己的办法很简单，那就是，让我们的心中多一点想象。不管是年轻还是衰老，千万不要折断了想象的翅膀。

注意培养自己的想象力，还应注意下面的问题：

很多人在某个领域极具想象力，而在其他领域内却显得很一般甚至很笨拙。

比较典型的例子是家庭主妇，她们在布置家庭时显得极有灵气、极有创意，许多不起眼的东西经过她们的手便能化腐朽为神奇，成为装点家庭的很好饰物，她们的想象力在家庭的方寸空间内显现得淋漓尽致，这使得小家庭因为她们的想象力而变得温馨十足。还有她们织毛衣时，所采用的针法、毛线以及色彩图案搭配，甚至在开始织毛衣前所做的整体规划，其所表现的想象力都达到了很高的程度。然而，大部分家庭主妇对于自己的工作则没什么想象力，她们刻板地按照既定规程从事着日复一日的工作，在工作后则赶快返回家，不愿在工作岗位上多待一分钟。

我们也经常听说过许多科学家的例子，他们在自己的领域内才气纵横，新鲜大胆有创意的想法层出不穷，而他们在生活方面则显得很差，不会对家居布置有任何想法。对于服饰搭配也毫无想象力，反正老婆让穿什么就穿什么。

另外，许多小说家在小说的创作上也非常有想象力，故事情节的引人入胜，语言的新鲜别致，整体结构的别出心裁，这都体现了他们非凡的想象力。然而他们中的很多人面对一道需要想象力的智力题时，却常常会手足无措。

为什么会出现这种现象呢？我认为，原因有如下四点：

兴趣的因素。比如女人更关注于家庭，而男人对于工作则考虑得更多。另外很多人只对自己擅长的领域感兴趣，而对其他领域则兴致不高。而想象力必须要有较强的热情才能得到良好的发展，如果对某事没什么兴趣，则很显然想象力不会得到什么良好的发展。

逻辑思维的欠缺。逻辑思维会对一个人的想象力进行规范，这会使得他构想的方案更加合理。而反之，如果构想出的方案不合情理，在执行中得到失败的结果，这会压抑一个人的创造热情。

学习能力的欠缺。生活中有很多心灵手巧的人，但他们的想象力却不能在更高的层次以及更广阔的范围内进行，这是由于学习能力不强所致。学习能力不强使得他们不能获得精深的专业知识，从而他们的想象力所表现出来的也仅是小发明小创造。

没有意识到在各个领域内想象力其实是相通的。也就是说，不同领域虽然需要不同类型的专业知识，但是对于“在头脑中反复做实验”这样一种思维能力的需要却是共同的。如果没有意识到这一点，人们就不大可能将在自身擅长的领域内所具有的想象力有效地迁移到另外一个领域内。显然，只在某个领域内具有较强的想象力，而在其他领域内想象力贫乏，这会极大地束缚一个人的发展。

从前三点可以看出，想象力与兴趣热情、逻辑思维及学习能力是密切相关的。如果想使自身的想象力得到良好的培养，就要保持自己的情绪处于积极的状态，并且非常重视逻辑思维及学习能力的培养。

对于第四点，我们则应该意识到，应尽量拓宽知识面，这里说的知识面不仅是指专业知识的知识面，同时还包括生活经验、人际交往等方面的知识等等。知识面开阔则会使人的想象力形式更为丰富，也会使自身在某个领域内的发达想象力很容易地应用到另外一个领域内。这无疑是对一个人的发展极为有利的因素。

※ 充满热忱

卡耐基说：要想获得这个世界上的最大奖赏，你必须拥有过去最伟大的开拓者将梦想转化为全部价值的献身热情，以此来发展和销售自己的才能。

要想获得这个世界上的最大奖赏，你必须拥有开拓者那种将梦想转化为行动的献身热情，以此来发展和销售自己的才能。

1926 年，卡耐基自己编写的书在各方面的努力下终于出版了。这还是一本教科书，名字叫《公众演说——商用课程》。

《公众演说——商用课程》这本书提到了一个全新的内容，即证明热忱是有效的演说的关键，而内在精神则是公共演说的重点。

如何发挥自己的勇气及自信心也是一个重要问题。

热忱是发自演讲者内心的兴奋，并把这种兴奋洋溢在全身，使自己充满感染力。如果某人一上台演讲，便能将这种热忱感染给四周的听众，再通过一些必要的演讲技巧，便能赢得听众们的支持。

卡耐基在教学过程中，给学生灌输的便是这种热忱的精神。他自己身体力行，首先用自己的热忱影响着他的学生，学生们掌握了这种方法后，在每次训练及正式场合中都会取得或多或少的成功。当卡耐基先生看到学生们因拥有热忱而取得进步时，内心感到异常的激动，他更加发奋地工作，常常在学校里和他的同事们积极讨论下一步的工作计划，直到深夜。

实际上，热忱与内在精神的含义基本上是一致的。一个真正热忱的人，他内心的光辉熠熠发光，一种炙热的精神实质就会深深地植根于人的内在思想中。

无论是谁心中都会有一些热忱，而那些渴望成功的人们的内心世界更像火焰一样熊熊燃烧，这种热忱实际上是一种可贵的能量，用你的火焰去点燃别人内心热忱的火种，那么你又向成功迈向了一大步。

卡耐基在课堂上比较喜欢引用纽约中央铁路公司前总经理的人生名言："我愈老愈更加确认热忱是胜利的秘诀。成功的人和失败的人在技术、能力和智慧上的差别并不会很大，但如果两个人各方面都差不多，拥有热忱的人将会拥有更多如愿以偿的机会。一个人能力不够，但是如果具有热忱，往往一定会胜过能力比自己强却缺乏热忱的人。"卡耐基觉得这句话清晰明白地反映了自己的观点，他在总结前人经验的基础上，把热忱注入了学员的灵魂中。

不过，热忱不是面子上的功夫，如果只是把热忱溢于表面而不是发自内心，那便是虚伪的表现，如果这样，往往不能使自己获得成功，反而会导致自己失去成功的机会。

因此，训练热忱的方法是订出一份详细的计划，并依照计划执行，培养对热忱的持久感受，尽量使人的热忱上升，不使人的热忱逐渐下坠。这是对热忱最好的赞词。培养并发挥热忱的特性，我们就可以对我们所做的每件事情，加上火花和趣味。

一个热忱的人，无论是在挖土，或者经营大公司，都会认为自己的工作是一项神圣的天职，并怀着深切的兴趣。对自己的工作热忱的人，不论工作有多少困难，或需要多少的努力，始终会用不急不躁的态度去进行。只要抱着这种态度，任何人一定会成功，一定会达到目标。爱默生说过："有史以来，没有任何一件伟大的事业不是因为热忱而成功的。"事实上，这不是一段单纯而美丽的话语，而是迈向成功之路的路标。

热忱是股伟大的力量，你可以利用它来补充你身体的精力，并发展出一种坚强的个性。有些人很幸运地天生即拥有热忱，其他人却必须努力才能获得。发展热忱的过程十分简单。首先，从事你最喜欢的工作，或提供你最喜欢的服务。如果你因情况特殊，目前无法从事你最喜欢的工作，那么，你也可以选择另一项十分有效的方法，那就是，把将来从事你最喜欢的这项工作，当作是你的明确的目标。

缺乏资金以及其他许多种你无法当即予以克服的环境因素，可能迫使你从事你所不喜欢的工作，但没有人能够阻止你在自己的脑海中决定你一生中明确的目标，也没有任何人能够阻止你将这个目标变成事实，更没有任何人能够阻止你把热忱注入你的计划之中。

热忱并不是一个空洞的名词；它是一种重要的力量，你可以予以利用，使自己获得好处。没有了它，你就像一个已经没有电的电池。

只要保持乐观进取的态度，生活中的失意和挫折都将是暂时的。

一个人的生活态度，会反映在生活的方方面面，就像乐观的人，面对工作与生活必定乐观；反之，悲观的人的生活了无生趣，必定充满灰暗。

英国一家食品厂登出了招聘启事，许多人得到消息，纷纷赶来应征。

考核的时间还没到，外面却飘起了雨，这时在外面急着将货品搬上车的工人跑了进来，向招聘的负责人求援，希望能找几位应征的人到仓库帮忙。人事主管于是向大家询问：“有没有人愿意帮忙？”

只见一堆人纷纷站了起来，表现出服务的热情，他们跟上前去，个个都非常卖力地帮忙搬货上车。

过了一会儿，厂长来到仓库，发现这么多人聚集在这里，立即找来负责的人问明原因，而负责招聘的人便如实告知。

没想到厂长却大发雷霆，怒斥道：“乱七八糟！我不是说过了，要再过一段时间才招聘吗？”

这时正愉快地帮忙搬货的应征者，听见厂长这么说，不少人当场发火说：“这么说来，你们不是在骗人吗？搞什么名堂啊！”

他们气愤地说着，并气呼呼地将手上的货物随地一扔，一大群人便急匆匆地往外走去。

此时，雨越下越大，仓库的负责人眼看着货物全堆在外面，焦急地请求他们帮忙，并允诺会给予报酬，但是大家仍不为所动，只有一个人在大家的嘲笑声中留了下来。

货物搬完后，这个人没领报酬就往大门走去。

然而，就在这个时候，人事主管忽然跑了过来，用力地握住他的手说：“恭喜你，你已经通过本公司的考核，请你明天就开始上班。”

这个年轻人听了满头雾水，正在纳闷时，只见厂长站在前方，用赞许与肯定的目光，向他点头致意。

当故事中的其他面试者，为了求职而抱着现实的“交易”心态，期待在付出后会有必然的收获时，聪明的老板只以一句话，便直接拒绝了那些工作心态不正确的求职者。

毕竟，在有求于人的情况下，大家都会尽量表现出卖力的一面，然而，这些人只顾及一己之私，却不会为别人着想，日后自然也不会尽心尽力为公司付出。因此，在这个考验的过程中，老板清楚地看见多数人刻意的“企图”，而不是服务的“热情”。

如此一来，更加突显出那个年轻人乐于助人、不问收获的热情，也因为这份服务的热情，让他轻松赢得工作的机会。

你一直找不到理想的工作吗？何不先停下脚步，好好审视自己抱着什么心态求职呢？心中充满着交易与排斥、自卑或自大，你的脸上也必定传递出这样的信息，那么，面试官看了自然要退避三舍。

因此，寻找工作时，不妨投入“热情”与“积极”，这样很快就会找到自己想要的机会。

※ 自制力

遇到诱惑时，你有足够的自制力吗？做一样工作时，你容易被外部的力量所打扰吗？

自制力是指一个人在意志行动中善于控制自己的情绪，约束自己的言行。既善于激励自己勇敢地去执行采取的决定，又善于抑制那些不符合既定目的的愿望、动机、行为和情绪。自制力是坚强的重要标志。与之相反是任性，对自己持放纵态度，对自己的言行不加约束。任意胡为，不考虑行为的后果。人区别于动物的根本点之一，就在于人是有思想的，因而可以按照一定的目的，理智地控制自己的感情和行动。

有一本专门描写打猎的书，其中写到有一只红狐狸，它为了捕获野鸭子，常常连续几天潜伏在冰天雪地的沼泽地，顽强而有耐心，慢慢地毫无声息地贴在地上接近野鸭子。当野鸭子无意中游开了，红狐狸就用舌头舔一下嘴唇，失望地退回原处等候着。为了填饱饥饿的肚子，红狐狸可以这样往返几十次、连续好几天，直到野鸭子由于一时疏忽，终于被它逮住为止。这只红狐狸不是很善于控制自己的行为吗？

实际上，这只是狐狸在漫长的进化过程中逐步形成的一种猎获食物的本能。如果说，连动物有时候为了达到某种目的都能控制自己，对于有思想感情的人来说不更应该善于驾驭自己吗？

自制力强的人，往往意志比较坚强。控制自己需要意志。意志和思想一样，不是与生俱来的，而是在社会实践中逐步培养和锻炼出来的。要增强自己的自制力，就要从日常生活的一点一滴做起，加强磨炼。

自制力主要表现在两个方面：一方面使自己在实际工作、学习中努力克服不利于自己的恐惧、犹豫、懒惰等；一方面应善于在实际行动中抑制冲动行为。

自制力对人走向成功起着十分重要的作用。从古代百科全书式科学家亚里士多德，到近代的哲学家，大家都注意到："美好的人生建立在自我控制的基础上。"

1．加强思想修养

人的自制力在一定程度上取决于他们的思想素质。因此，要提高自制力最根本的方法是树立正确的人生观、世界观，保持乐观向上的健康情绪。

2．提高文化素养

文化素质比较高的人往往能够比较全面正确认识事物，认识自我和他人的关系，自觉地进行自我控制、自我完善。

3．稳定情绪

用合理发泄、注意力转移、迁移环境等方法，把将要引发冲动的情绪宣泄和释放出来，保持情绪稳定，避免冲动。

4. 要强化自我意识

遇事要沉着冷静，自己开动脑筋，排除外界干扰或暗示，学会自主决断。要彻底摆脱那种依赖别人的心理，克服自卑，培养自信心和独立性。

5. 要强化实践锻炼

一方面要加强学习，积累知识，开阔视野，用知识来武装和充实自己，提高自己分析问题和解决问题的水平，并通过学习别人经验来扩展自己决断事情的能力；另一方面，要积极投身到部队生活实践中去，刻苦锻炼，不断丰富经验，提高自己的适应能力。

6. 要强化意志力量

要培养自己性格中意志独立性的良好品质。对自己奋斗的目标要有高度的自觉。只要经过自己的实践认准的事，就应义无反顾地走下去，想方设法达到预期目的。不必追求任何事情都做得十全十美，不必苛求自己没有一点失败，不必过多地注意别人怎样议论你。

7. 调整好需要结构

当需要不能同时兼顾时，抑制一些不可能实现的需要。

8. 要强化积极思维

俗话说：“凡事预则立，不预则废。”平时注意经常思考问题，增强预见性，关键时刻才能及时、果断、准确地做出选择。

任劳任怨，不计酬劳。

卡耐基首先希望大家不要财迷心窍，要堂堂正正地做人。

“不管别人如何，你本人千万不可被利欲所困。绝不可财迷心窍。”这不只是奉劝别人的话，他还经常以此训诫着自己。

金钱是与劳力自然结合而成的。换句话说，即你必须尽忠职守，拼命地工作。千万不能以赚钱为出发点来从事任何工作。卡耐基说：

“当我开始工作时，常想‘假如完成这项产品，将会带给人们很大的快乐。’我常因为这种念头而拼命工作。”

任劳任怨是发自内心的真诚，是不计名利报酬的无私奉献，是风雨无阻地为工作而奋斗。

人在世间生活，不能不做事，做事不但讲求能力，讲求机智，尤其要“任劳任怨”。一般人任劳容易，任怨就很难了；能够任劳又任怨，那才是难能可贵的。

有的人做事很耐劳，起早待晚，从不抱怨辛苦；忍受饥饿，也不诉说怨尤，为了把事情做好，冒险犯难、牺牲奉献、废寝忘食、殚精竭虑，种种的辛苦，从不计较。

一个家庭主妇，煮饭洗衣、洒扫庭院、花园浇水，尤其生儿育女，推干就湿，用一生的岁月，换来全家的快乐。

一个部属随从，跟随长官领导，不计烦琐，不论晨昏，为主效忠；尽管任务艰巨，前途障碍，一样尽忠职守，不生退心。

农夫在田里耕耘，太阳下的炎热，暴风雨的侵袭，从不畏苦，也不喊累，只要农田的收成良好；工人在工厂上班，增加生产，提高品质，不计加班熬夜，不论待遇菲薄，总是感念老板的知遇之恩，种种辛劳，毫无怨言。

但是，一个人在耐劳之外，假如有怨言，就不容易接受了。而怨言随时随处都能加之于你，所谓“当家三年狗也嫌”，所以，做任何事都难以给人十分的满意。所以，“任怨”很难。能够做到“任劳”和“任怨”这两者的，其人生境界就会有一次升华了。

自古以来任劳任怨都是中华民族的传统美德。在现代社会中，无论是在生活还是工作，任劳任怨的人都为人们所爱戴。任劳任怨就个体来说，是生存之本，是为自己的生存着想，为今后的长远打算着想，面对竞争日益激烈的岗位压力，没有任劳任怨的精神很难生存下去。

身处如今的职场，做到任劳任怨不容易，可以说每个员工工作压力都很大，也很累。也有的人这样认为，工作这么辛苦，如果还不让领导和同事知道的话，岂不是冤枉了。不声不响地工作，任劳任怨就会成为领导遗忘的角落。只要不是为得到别人的感恩或赏识，时常提起和强调一下，也不为过。

你所做过的每一件事，别人都看在眼里，无论说与不说，在心里都会对你这个人有一个客观的评价，正所谓群众的眼睛是雪亮的，你的任劳任怨和勤勤恳恳，超强的忍耐力和心理承受力，甘愿自己吃亏，从不计较个人得失的做人态度，大家都会在心中对你形成客观的评价。

任劳任怨，不计报酬，是一个成功人士所必须具备的潜质，安于工作现状，全身心投入其中，不去计较回报，才是工作的最高境界。

※ 吸引人的个性

有些人可能会认为，一个人的个性，是与生俱来的，来自于遗传，所以无法改变。人生的美丽在于人情的美好，人情的美好在于人性的美丽，人性的美丽在于人的迷人的个性。把他人吸引到你身边，你首先要使自己“被吸引”到他们身边去。

卡耐基认为，先天的东西固然难以改变，但是后天的修为则能够在先天的基础上对原有的性格进行一定程度上的改变和润色。

20 世纪 80 年代，心理学家运用统计学的方法，归纳出性格的主要五大特征，包括：

神经质——时常经历到负面情绪，如焦虑、忧郁。

外向型——喜欢寻求刺激和社交生活，对外在环境感兴趣。

和悦型——倾向对人友善，有同情心及较易信任别人，相对的敌意较少。

负责型——倾向自律、负责任和有上进心。

开放型——倾向喜欢创意和思维的刺激，好奇心强。

每个人可同时拥有以上五种性格特征，只是可能某一个特征比较明显，形成主要性格。神经质特征为主的人，常出现焦虑和抑郁症状，他们外向性较低，负责性却过高。

美国精神疾病诊断准则手册（DSM-IV）把病态性格分为10种，其中强迫式、依赖式、逃避式的人格都与焦虑和抑郁情绪症状有关。可见性格与心理健康息息相关。

性格的构成，40%源自先天，剩下的60%，则与童年的家庭生活、成长经验有关。英国心理学家约翰波比指出，如果至亲例如父母，时常在婴儿身边，留心他的需要，婴儿会感到被爱、有安全感和自信。在行为上，会较喜欢接触外界环境、愿意和别人玩耍，社交能力强，这称之为安全型。反之，如果父母对孩子的需要不敏感，孩子会经历焦虑，对父母有抗拒（焦虑型），或避免与父母有接触（逃避型）。人际关系和婚姻关系，都受性格影响。如焦虑型的孩子，长大后与人太亲密时会感到不安，很难完全相信别人，也会担心爱侣不爱自己，因而对关系充满失望和愤怒。至于逃避型的，不在意有没有亲密关系，不会依赖别人，也不想别人依赖自己。

假如你对周遭的人们有着热诚的兴趣，你必然想拥有一份吸引人的个性。后天的因素对形成一个吸引人的个性是有所帮助的，那么，如果你想拥有一个吸引人的个性，应该注意些什么呢？

做事的原则并非为了讨好别人而干；应该做的就去做。

除非你亲自证明那是正确的，切勿盲目接受任何观念。

必须解脱各种恐惧和忧虑，保持心灵自由。

必须建立充分信心，以开朗的心情去恭迎每一件事情之降临。

保持自我；无须过分委曲自己的心意去附从别人；就只因为对

方似乎很有信心。

知足常乐正是人格成熟的象征，自然会吸引别人；也唯有如此，才充分证明你人格的独立、完整和成熟！

能与他自己内在心灵世界和平共处的人，如同拥有了一种神奇的吸引力量，他的内在光辉自然而然地发射到周围的人，令他们都感觉到很舒畅，总想同他靠得更近。

※ 正确的思想

卡耐基说过：只要我们选择正确的思想，就能解决生活中的所有问题。睡觉是一种习惯，是一种休息状态。如果你常常无法正常入睡，那只不过是你觉得自己患上了失眠症。因为没有人知道一个人每天需要几个小时的睡眠，也不清楚我们是不是非睡觉不可。所以，你的思想左右着一切。

现在是知识爆炸的时代，人类思想的累积量过几年就增加一倍。所以当我们不会判断是与非，善与恶的时候，所接触的讯息越多，知识量就越多，头脑可能会被搞得越混乱。而这一些思想有没有经过历史的考验？有没有经过不同地域的实践证明？这些我们或许都未考虑过。

再如，现在很多人喜欢研究心理学。有些人一开始先接触苏联的理论，就拿苏联的来教育孩子；改天又觉得意大利的不错，又用意大利的来试验看看；过几天又听说美国的好，又去拿美国的教育理论来教育孩子，孩子就这样变成试验品。现在孩子的教育用这样的理论来指导，很可能试验到最后，才感到错了。想重新再来，已经不可能了。所以做出抉择时，一定要很理智。到底什么样的思想观念才能让我们一生幸福美满，成为一个真正的好人？我们要去思考、要懂得去分辨。人生最难、最重要的是要做出正确的抉择，我们究竟应该依据什么思想观念来经营人生？替自己和孩子扎下正确的人生根基？这是一个非常重要的问题。

真正的智慧，绝对不是人云亦云，经过了千百年的洗礼而愈加在历史的长河中闪亮光彩，照亮你人生的道路的，才是真正的智慧。

真理是超越时间跟空间的。当一些思想观念还没有经过时间和空间的检验时，不要随便轻信，更不能将这些理论观念，当作自己做人处事的原理原则。

成功＝正确的思考方法＋信念＋行动。你最好在心理上做个准备，使自己了解，要成为一个思想方法正确的人，必须具备顽强坚定的性格。思想方法正确，有时会受到某种力量的暂时性惩罚，但是，由于思想方法正确所获得的补偿性报酬将是如此大，因此，你将会很乐意接受这项惩罚。

正确的思想，能够照亮你人生的前路。在接受新鲜的思想观念时，一定要擦亮双眼，辨明真伪，对于某些思想，应去粗取精、去伪存真，留下其中精华的东西，不被糟粕所累。

※ 专心一致

卡耐基说过，我的座右铭是：第一是诚实，第二是勤勉，第三是专心工作。专心一致，是成功的必要条件之一，没有专心致志的精神，很多事情都难以办成。

一个人的精力是有限的，把精力分散在好几件事情上，不是明智的选择，而是不切实际的考虑。在这里，我们提出“一件事原则”，即专心地做好一件事，就能有所收益、能突破人生困境。这样做的好处是不至于因为一下想做太多的事，反而一件事都做不好，结果两手空空。

想成大事者不能把精力同时集中于几件事上，而只能关注其中之一。也就是说，我们不能因为从事分外工作而分散了我们的精力。

如果大多数人集中精力专注于一项工作，他们都能把这项工作做得很好。

在对 100 多位在其本行业获得杰出成就的男女人士的商业哲学观点进行分析之后，卡耐基发现了这个事实：他们每个人都具有专心致志和明确果断的优点。

做事有明确的目标，不仅会帮助你培养出能够迅速做出决定的习惯，还会帮助你把全部的注意力集中在一项工作上，直到你完成了这项工作为止。

能成大事者的商人都是能够迅速而果断做出决定的人，他们总是首先确定一个明确的目标，并集中精力、专心致志地朝这个目标努力。

伍尔沃斯的目标是在全国各地设立一连串的“廉价连锁商店”，于是他把全部精力花在这件工作上，最后终于完成了此项目标，而这项目标也使他获得了巨大成就。

林肯专心致力于解放黑奴，并因此成为美国最伟大的总统。

李斯特在听过一次演说后，内心充满了成为一名伟大律师的欲望，他把一切心力专注于这项工作，结果成为美国最伟大的律师之一。

伊斯特曼致力于生产柯达相机，这为他赚进了数不清的金钱，也为全球数百万人带来无比的乐趣。

海伦·凯勒专注于学习说话，因此，尽管她身有残疾，但她还是实现了她的明确目标。

可以看出，所有成大事者，都把某种明确而特殊的目标当作他们努力的主要推动力。

专心就是把意识集中在某一个特定欲望上的行为，并一直集中到已经找出实现这项欲望的方法，而且坚决地将之付诸实际行动。

自信心和欲望是构成成大事者的“专心”行为的主要因素。没有这些因素，专心致志的神奇力量将毫无用处。为什么只有很少数的人能够拥有这种神奇的力量，其主要原因是大多数人缺乏自信心，而且没有什么特别的欲望。

对于任何东西，你都可以渴望得到，而且，只要你的需求合乎理性，并且十分热烈，那么，“专心”这种力量将会帮助你得到它。

假设你准备成为一位伟大的作家，或是一位杰出的演说家，或是一位成功的商界主管，或是一位能力高超的金融家，那么你最好在每天就寝前及起床后，花上 10 分钟，把你的思想集中在这项愿望上，以决定应该如何进行，这样才有可能把它变成事实。

当你要专心致志地集中你的思想时，就应该把你的眼光投向一年、三年、五年甚至十年后，幻想你自己是这个时代最有力量的演说家；假设你拥有相当不错的收入；假想你利用演说的报酬购买了自己的房子；幻想你在银行里有一笔数目可观的存款，准备将来退休养老之用；想象你自己是位极有影响的人物；假想你自己正从事一项永远不用害怕失去地位的工作……唯有专注于这些想象，才有可能付出努力、美梦成真。

一次只专心地做一件事，全身心地投入并积极地希望它成功，这样你的心里就不会感到筋疲力尽。不要让你的思维转到别的事情、别的需要或别的想法上去。专心于你已经决定去做的那个重要项目，放弃其他所有的事。

把你需要做的事想象成一大排抽屉中的一个小抽屉。你的工作只是一次拉开一个抽屉，令人满意地完成抽屉内的工作，然后将抽屉推回去。不要总想着所有的抽屉，而要将精力集中于你已经打开的那个抽屉。一旦你把一个抽屉推回去了，就不要再去想它。

了解你在每次任务中所需担负的责任，了解你的极限。如果你把自己弄得筋疲力尽，那你就是在浪费你的效率、健康和快乐。选择最重要的事先做，把其他的事放在一边。做得少一点，做得好一点，才能在工作中得到更多的快乐。

可以看出，专心的力量是多么神奇！在激烈的竞争中，如果你能向一个目标集中注意力，成功的机会将大大增加。

没有专注，就不能应付生活，生活要求专注，头脑必须专注。凡事专注必能成功。

合作精神

人生存在世界上，不是孤立的，而是同他周围的群体或个体有着紧密联系的。在与他人的交往和沟通中，合作精神就显得尤为重要。集体的力量永远大于个体的力量，所以，具有合作精神，有时能够成就个人无法完成的大事。

合作精神，广义上讲就是互相协作完成一项工作，如再深入下去想想，便可以发现合作精神的重要性，它是完成任何一项工作的基础，“一根筷子一折就断，十根筷子几折不断”。这句话充分说明了合作精神的重要。

一个国王临终前，命人把他的三个儿子叫到身旁，又叫人拿来一把木棍，他先让三个儿子每人折断其中一根，三个儿子轻而易举地便折断了，最后，他又叫三个儿子分别折一把木棍，三个儿子个个费了九牛二虎之力，还是折不断，国王意味深长地说了一句：“这就是合作的力量。”国王死后，三个儿子团结一心，终于使他们的国家强盛起来。

这是一个微不足道的故事，但它却毫不含糊地告诉我们：“合作精神是成功的基础。”

其实，生活中处处充满着合作，合作得好，便会收到事半功倍的效果，合作得不好，歪曲了它的真正意义，只会受害无穷。

体育比赛中也是如此，获得冠军的是一个人，但是，在冠军的背后，凝结了很多人的汗水：教练辛苦编排他的动作，队医为他作的治疗，队友们的加油与鼓励，当然还有他本人艰苦的训练，所有人的力量之和，塑造了这个世界冠军。

反之，有的人总有些个人英雄主义，凡事自己一个人做，闭门造车，从不吸取外界的好东西，也从不听取别人的意见，这样，无异于自己在通往成功的路上增添了艰难险阻。

因此，我们要有合作精神，合作能使人获得成功，能让人的思想到得进步，能令人的品质得到提高，既然合作如此重要，就让我们把握它的真正含义，在生活、学习之中发扬合作精神，朝着自己理想的目标冲刺。

※ 面对失败

卡耐基说过：我们若已接受最坏的，就再没什么损失。这句话的深层含义是告诫人们，面对失败和痛苦，要有一个正确的态度。

失败是正常的，颓废是可耻的，重复失败则是灾难性的。

人的一生中会遇到各种各样的困难和折磨，逃避是解决不了问题的，唯有以乐观的精神去迎接生活的挑战。卡耐基便是生活的强者，他不仅克服了生活中的种种障碍，而且在自己的演讲生涯中创造了非凡的业绩。

在戴尔·卡耐基的生活中始终充满着乐观的情绪，每一次失败不会带给他痛苦，反而增强了他与困难做斗争的信心和经验。他的乐观感染着他周围的人，包括他的朋友、同学和学生，甚至只见过他一面的人，也会为他的乐观情绪所鼓舞。

面对失败我们要“卷土重来”。我们遇到挫折时不应该气馁，要微笑着打败它，战胜它。换个角度看，其实失败对我们来讲未必就完全是一个厄运，倒有可能是磨炼我们意志的一块难得的砺石。常言道：失败乃成功之母。

人生在世，谁能不失败呢？有谁又是常胜将军呢？

人们都知道，爱因斯坦一生中有许多重大发现，但又有多少人知道他经历过多少艰难挫折。他小时曾经被认为是笨小孩，在很长时间里也没有人发现他身上有天才的影子。他是经历了数不清的挫折和失败之后才成为了20世纪最伟大的科学家。他为什么成功？因为他微笑着把失败当作成功的“垫脚石”。有了这样的心态，我们就应该享受失败，感谢失败，树立信心，迎接成功。

有位成功人士说过：“人一辈子都在高潮—低潮中浮沉，唯有庸碌的人，生活才如死水一般平静。”每个人都有一条人生路。这条路并不是洒满阳光，充满诗意，铺满鲜花，而经常会遇上沼泽或荆棘丛生的小道。有人摔倒了，便从此一蹶不振；有人尽管屡战屡败，但屡败屡战，最终人生光彩夺目。

我们应求心态平衡。所以，在干一件事之前，我们首先要想好以下几个问题：

为什么干这件事？

干的目的是什么？

失败了怎么办？胜利了怎么办？

只要我们把这三个问题想通了，那么这件事就有99%的成功率。而剩下的1%，失败的原因是没有信心或没有用心去做。

失败了，要学会微笑着面对它。面对失败，微笑着面对它，微笑的力量可以战胜一切。一位英国的著名学者，他的文章很受读者欢迎。当然也有人反对。一天，他到公园散步恰巧遇到了一位反对他的同行，那人高傲地抬着头大声地说道：“我从不给傻子让路。”

可这位学者听后却给那人深鞠一躬，让到小路的一旁，微笑着说："而我却恰恰相反。"结果，那个人低头飞快地离开了公园。这，就是微笑，睿智和理智的微笑。

失败是生命中最基本的滋味，害怕失败的人是软弱的。失败不可怕，真正可怕的是我们对失败缺乏承受的勇气。让我们面对失败坦然地微笑吧。

当然，我们经受失败之后不会一无所得，从失败中会体会到生命中最本质的东西。失败让我们在感受人生的艰难和曲折的同时，也领略到了它的悲壮。而且，失败和成功也是相对而言的，没有经受过失败的人，也难享受到真正的成功的快乐。人生之路其实也就是一个失败与成功交替的过程。我们应该从失败中，从生活中体会出人生的哲理。我们应该在工作上或学习上找到自己的起点，去追求、去探索、去拼搏、去奋斗，走上自己特色的光辉灿烂的人生之路。

※ 宽容他人

戴尔·卡耐基在电台上介绍《小妇人》的作者时心不在焉地说错了地理位置。其中一位听众就狠狠地写信来骂他，把他骂得体无完肤。他当时真想回信告诉她："我把区域位置说错了，但从来没有见过像你这么粗鲁无礼的女人。"但他控制住自己，没有向她回击。他鼓励自己将敌意化解为友谊。他自问："如果我是她的话，可能也会像她一样愤怒吗？"他尽量站在她的立场上来思索这件事情。他打了个电话给她，再三向她承认错误并表达道歉。理解可以打破人们之间的阻隔，这位太太终于表示了对他的敬佩，希望能与他进一步深交。

宽容是大度的，责备是狭隘的。卡耐基指出，宽容的意义是：即使对方错了，也要尊重他。

伽利略说："你不可能教会一个人任何事情，你只能帮助他自己学会这件事情。"

苏格拉底在雅典一再告诫门徒："我只知道一件事，那就是我一无所知。"

别以为自己比别人多点智慧。

一个人一旦说出了"不"字，就无异走上了一条相反的道路。

如果你想树立一个敌人，那很好办，你拼命地超越他，挤压他就行了。但是，如果你想赢得些朋友，必须得做出点小小的牺牲，那就是让朋友超越你，在你的前面。

没有人喜欢受人责怪，受人指使。

无礼的命令只会导致长久的怨仇。

保留他人的面子！这是一个何等重要的问题！而我们却很少会考虑到这个问题。

赞美和鼓励可以成为惊人的力量。

与我们本来应有的成就相比较，我们不过是半醒着。我们现在只利用我们身心资源的一小部分。广义地说，人类的个人就这样生活着，远在他应有的极限之内；他有着各种力量，但习惯地未被利用。

如果他得到你的尊重，并且你对他的某种能力表示认可，他就很容易受到引导。

别将自己的意见强加于人。

每个人对自己的事和与己有关的问题一定比你知道得多，所以不如问他一些问题，让他给你讲述有关的一些事情。

如果你不同意他人的意见，你或许想阻止他，但最好不要这样，这样做没有什么效果。

还有一次，卡耐基演讲之后回到办公室，秘书莫莉笑吟吟地迎上来说："卡耐基先生，演讲成功吗？""非常成功，掌声四起。”“那太祝贺你了。”莫莉由衷地笑着说。“莫莉，你知道吗？我今天去给人家讲的是《如何摆脱忧郁创造和谐》，我从公文袋里取出讲稿，刚一开口，下面便哄堂大笑。”“那一定是你讲得太精彩了。”“的确精彩，我读的是一段如何让奶牛产奶的新闻。”说着将手中的材料递给莫莉。莫莉的脸唰地红了，喃喃地说：“昨天我太粗心了，卡耐基先生，这不会让您丢脸吧。”“当然没有，你这样做使我自由发挥得更好，还得谢谢你呢！”卡耐基先生的宽容和“艺术”的批评教育，即使莫莉认识到自己的过失，也使她的人格得到尊重，从此以后，莫莉再也没有出现过因粗心而造成的工作失误。

卡耐基先生没有直截了当地指出莫莉的失误，对莫莉进行严厉的批评和指责，而是用“将教育的意图掩盖起来”“润物细无声”的方法使莫莉意识到自己的失误。不仅体现了高超的教育艺术和超凡的教育智慧，更表现了他的教育充满人性关怀。

世界上有许多悲剧，都是因为人和人不能相互容忍而导致的。不能容忍，实在是和愚昧同义，而且这种愚昧是野蛮人和暴徒的愚昧。因为他们先是不了解这个世界，然后由隔膜而产生误会，最终由误会而发怒。

法国人有句老话：“能够了解一切，就能宽恕一切。”

在儿童的眼里，对的反面是错，白的反面是黑，而在成年人的眼里，对和错不过是站在不同的立场看事物罢了，而黑与白也不过是颜色的两个层次。而那些狭隘的人，他们的心智和小孩子相差无几，鼠目寸光，头脑简单。当看到有新的思想，新的人物试图和自己接近时，他们便感到害怕和不安，甚至想方设法去破坏这些新事物。其实，他们不光是顽固不化，而且异常可恶。

一次，有一个夫人去赴宴会，席间主人邀请了一位年轻的女钢琴家来弹琴。演奏之后，主人问这位夫人是否喜欢，不料她答道："曲子倒是弹得不错，可是，亲爱的，你难道没有看到她穿的衣服吗？噢，实在太不体面了！"在这位夫人的心里，年轻音乐家的演奏水平和身份因为她的衣服而降低了。其实，这位夫人的人品肯定也会因她的刻薄而在朋友的心中大打折扣。

另一个例子是，小玛莉在妈妈请客的时候，当着客人的面，不小心把菜汤泼在了自己的新衣服上；对这种当众出丑的事，玛莉当然觉得非常难堪，并在心里狠狠地骂了自己一顿；可是她的妈妈还不愿就此罢休，她把这样一件小事看成是自己社交生活的一次失败，于是当着客人的面，将玛莉大大地叱责了一番。这位母亲只顾自己的感受，却全然不顾女儿的痛苦，是很自私的行为。

生活中不时会遇到出人意料的状况，这时，宽容就显得尤其重要。这时，你何不一笑置之呢？笑，不仅能化解干戈，也能给自己带来愉悦的心情。

有容乃大。一个人只有敞开胸怀，接受新鲜事物，才能提升自己的生活品质；只有宽容别人，也才能宽容自己，这样快乐也就不是那样可遇而不可求了。

第三章　寻找生命的钻石

生命的钻石，听起来像是很难找到，有些人花了一辈子的时间，也未必能找得到。其实，那仅仅是因为，他并不懂得钻石的真正含义，而把一些并非钻石的东西，当作了一辈子追求和奋斗的目标。

其实，一个人生命的钻石，就在你家后院，你只要注意发掘，总能找到属于你生命的钻石。“钻石”归结起来，其实是你经过慎重选择的职业、经验、学识、经商之道，还有充足的精力。

钻石就在你家后院。

卡耐基指出，每一份工作都是一座宝贵的钻石矿。年轻人在展望未来的时候不要浮躁，务必要认识到自己正在拥有的一切。

从前有位名叫阿里·哈法德的波斯人，住在距离印度河不远的地方，他拥有大片的兰花花园、稻谷良田和繁盛的园林。他是一位知足而富有的人。有一天，一位年老的佛教僧侣前来拜访这位老农夫，他坐在阿里·哈法德的火炉边，向这位老农夫讲述钻石是如何形成的。最后，这位僧侣说：“如果一个人拥有满满一手的钻石，他就可以买下整个国家的土地。要是他拥有一座钻石矿场，他就可以利用这笔巨额财富，把孩子送至王位。”那天晚上上床时，阿里·哈法德变成了一个穷人——不是因为他失去了一切，而是因为他开始变得不满足。他想：“我要拥有一座钻石矿。”他整夜难以入眠，第二天一大早就跑去询问那位僧侣在什么地方可以找到钻石。

“只要你能在高山之间找到一条河流，而这条河流是流淌在白沙之上的，那么，你就可以在白沙中找到钻石。”僧侣说。

于是他卖掉了农场，将利息收回，把家交给了一位邻居照看，然后就出发去寻找钻石了。

在人们看来，他最初寻找的方向是十分正确的，他先是前往月亮山区寻找，然后来到巴勒斯坦地区，接着又流浪到了欧洲，最后他身上带的钱全部花光了，衣服又脏又破。

在旅途中的最后一站，这位历经沧桑、痛苦万分的可怜人站在西班牙巴塞罗那海湾的岸边，怀揣着那位僧侣所激起的得到庞大财富的诱惑，将自己投入了迎面而来的巨浪中，从此永沉海底。

几十年后的一天，当阿里·哈法德的继承人（继承并居住在阿里·哈法德的庄园）牵着他的骆驼到花园里饮水时，他突然发现，在那浅浅的溪底白沙中闪烁着一道奇异的光芒，他伸手下去，摸起了一块黑石头，石头上有一处闪亮的地方，发出彩虹般的美丽色彩。他把这块怪异的石头拿进屋里，放在壁炉的架子上，继续去忙他的工作，把这件事给完全忘掉了。

几天后，那位曾经告诉阿里·哈法德钻石是如何形成的僧侣，前来拜访阿里·哈法德的继承人。当看到架子上的石头所发出的光芒时，他立即奔上前去，惊奇地叫道："这是一颗钻石！这是一颗钻石！阿里·哈法德已经回来了吗？""没有，还没有，阿里·哈法德还没回来。那块石头是在我家的后花园里发现的。""我只要看一眼，就知道它是不是钻石，"这位僧侣说，"这确实是一颗钻石！"

然后，他们一起奔向花园，用手捧起河底的白沙，发现了许多比第一颗更漂亮更有价值的钻石。

这就是印度戈尔康达钻石矿被发现的经过。

你是不是也经常希望别人的草地就是自己的，却很少去整治自家的草地？你仔细看过自己脚下的土地了吗？你注意自己手头的工作了吗？认真分析过手头工作可能给自己带来的机遇和巨大财富了吗？还是每天都在羡慕朋友的工作，甚至感叹成功者的机遇之可遇不可求？

“如果一个年轻人在他的工作和生活中不能发现任何机会，而他认为自己可以在其他地方做得更好，那么他会感到非常的灰心失望。”这是著名成功学家奥格森·马登给年轻人的忠告。

大部分年轻人不能清晰地意识到，自己手头的平凡工作就是一座宝贵的钻石矿，只要好好挖掘——全力以赴，尽职尽责地做好目前所做的工作，就能找到属于自己的“钻石”——包括职位的上升和财富的增加。

※ 慎重选择自己的职业

卡耐基认为，选择职业，尤其是第一份职业时，一定要慎重决定。应多方面权衡各种因素，做出理性的决定。

职业或岗位的选择，是否与自身的特点吻合，直接关系到人生事业的成败。那么，如何才能使自身特点与职业或岗位吻合呢？通常应注意以下几点：

首先，性格与职业的匹配。

近年来，国外用人单位在选人时出现一种新观念。他们认为，性格比能力重要。其原因是，如果一个人能力不足，可通过培训提高，总可以开发出来。但一个人的性格与职业不匹配，要改变起来，就困难多了。

所以，在招聘新人时，将性格的测试放在首位，当性格与职业相匹配时，才对其能力进行测试检查。

单位选人重视人的性格，个人选择职业或岗位时更应对性格加以重视。你的事业成功与否，与你的性格与职业的匹配密切相关。简单地说，如果你是一位典型性格内向的人，见人就脸红，说话就紧张，选择营销工作，就难以做成生意，是不会有好业绩的。如果你的情绪易激动，起伏波动较大，控制力较弱，就不能去玩股票。

其次，兴趣与职业的匹配。

在选择职业或岗位时，不仅需要了解自己的性格，还要了解自己的兴趣，有的人对研究自然知识感兴趣。如天文、地理、物理、化学等；有的人兴趣倾向于感性世界，活跃于人际关系领域；有的人则倾向于理性世界，在数学、公式领域内自由翱翔；有的人对智力操作感兴趣，对读书、写作、演算、设计乐而不疲；有的人则对技能感兴趣，对修理、车、钳、刨、洗、摄影、琴、棋、书、画津津乐道。不同的职业也需要不同的兴趣特征，一个擅长技能操作的人，靠他灵活的双手，在技能操作领域得心应手，如果硬把他的兴趣转移到书本理论上来，他就会感到无用武之地。正是这种兴趣上的差异，构成人们选择职业的重要依据。

更为重要的是，如果一个人选择的职业与自己兴趣吻合，那么枯燥的工作也会觉得丰富多彩、趣味无穷，就会产生一种动力，就如同装有强力电池的电子表一样，自动运转，自动钻研，甚至有时能达到痴迷的程度。痴迷就能深入，深入就能钻透，钻透就有惊人发现，就会有丰硕的成果，就会有成功的人生。

如果一个人的兴趣与职业不吻合，那么这个人的工作始终就是被动的，领导让干多少，就干多少，一点也不会多干。因为他对工作不感兴趣，工作是为了完成任务。一切都是应付的，应付是不会有好业绩的，更不会有成功的人生。

再次，特长与职业的匹配。

在职业选择时，要特别注意特长与职业的匹配。因为不少人往往将兴趣误认为是特长。比如有的人喜欢唱歌，就认为自己的特长是唱歌，其实并非如此。喜欢唱歌，仅是自己的兴趣，而不是特长，你的嗓音、音质才是你的特长。这一点要搞清楚。

否则，你将进入误区，事业难以成功。也就是说，你不辞辛苦地白天唱、晚上唱、拼命地唱，也难以成为歌星。

所以，要想获得事业的成功，还要注意发现你的特长，并将你的特长与职业相匹配。但要注意，一个人的特长，往往具有隐蔽性，不易被发现，这就要求自己在自我分析时，或在日常生活与工作中多加留心。

再次，职业的兴趣类别。

职业的兴趣类别表明的是在相应的职业中包含哪些活动或任务。社会上存在着很多种职业，不同的职业包含着不同的活动或任务。哪些职业或者哪些活动会引起你的兴趣呢？你能把哪些任务完成得更好呢？

为了确定哪些种类的职业能引起你的兴趣，可以通过以下方法来进行测试：第一，对各种职业中的每一种，想象自己去做这种工作，然后确定它是否会引起你的兴趣。例如，想象自己做办公室中的事务性工作，通过考虑自己是否喜欢每天做一些例行事务来确定办公室中的事务性工作是否会引起自己的兴趣；第二，考察自己生活的其他领域，以设法确定自己感兴趣的事情。例如，在学校期间自己最喜欢的科目是什么？自己在业余时间做什么？有什么特别的爱好或天分？获得过什么样的奖励或证书？等等。这些都可以成为确定引起你的兴趣的职业的依据；第三，如果以往做过其他工作，把它们汇总起来，分析在每一种工作中你特别喜欢及特别不喜欢的事情，把特别喜欢的事情和不喜欢的事情分别列到一起。在各种职业中，哪一种更多地包含你特别喜欢的事情，可能就是能引起你兴趣的职业。相应地，哪种职业更多地包含你特别不喜欢的事情，可能就是不能引起你兴趣的职业；第四，可以在各种职业中先找出自己不喜欢或不能引起自己兴趣的职业，剩下的可能就是能引起自己兴趣的职业，这样做往往更容易一些。

通过运用以上方法来对自我进行测试，能够找出哪些职业会引起自己的兴趣。确定出对哪些职业感兴趣是正确选择职业的一个基础。

最后，职业的性别种类。

职业的性别种类是指相应的职业被视为只适合男性或女性的职业。许多人对适合于男性或女性往往有一个非常确定的想法。在过去，以技术操作或理性分析为基础的工作，以及需要较高技能和带有很大风险的工作，往往被看作适合男子做的工作。而需要提供关爱、帮助和具有主动性的工作往往被看作适合于女性做的工作。当然，这种适合于男性或女子做的工作种类的想法在不断地发生变化。然而，许多人在选择职业时仍把职业的性别种类作为重要的因素来考虑，即作为男子应该做某些种类的工作，而作为女子则应该做其他一些种类的工作。当然，有些种类的职业被看作男子和女子做都没有什么，区别职业的兴趣类别、等级水平和性别种类是人们选择职业的三个基础依据。在你选择适合自己的职业时，首先要确定自己在这三个方面的基本状况，据此来进行选择，这样所选择的职业才有正确的依据。

总而言之，选择职业是一门深奥的学问，切不可轻易做出决定，要结合自身和现实情况，慎重做出选择。

※ 经验与学识助你成功

卡耐基指出，一个人的经验多少，直接影响到他做事的判断力和影响力。学识是一个人积累和发展的原动力。良好的学识基础，能开阔一个人的眼界，提高人的品位和层次，增加胆识。经验与学识对于成功来说，都是必要的因素。

经验，对人们来说，是十分重要的。一个人的进步，一个企业的发展，一个国家的强盛，都离不开从实践中获得的成功经验作指导。

任何人只要做一点有用的事，总会有一点报酬，这种报酬是经验，这是最有价值的东西，也是人家抢不去的东西。成功者与失败者之间的区别，常在于成功者能由经验中获得益处，并以不同的方式再尝试。

一个人，做一件事能否做得好，能否成功，其中的成因会很多。包括有本身个人的 IQ，对事情的专注等，当然更重要就是对事情的熟练程度，其实也就是经验。

如果两个人一起做一件事，一个是做了十年这件事而比较愚钝的人，另一个则是在这个领域毫无经验的极为聪明的人，毫无疑问，前者肯定会优胜。

其实每个人是否聪明。并不在于那个人第一次做一件事是否做得好，而是看他经过第一次之后得到了经验，改变的是什么。

总之，人一定会跌倒，必须总结为什么会跌倒，才能避免下次犯同样的错误。经验是每个人做完一件事之后都会得到的东西。关键是如何去利用得到的经验获得更好的结果。

从前，在一个城市里有两个市民发生了争端：一个是贫穷的人，很有学问；一个是富有的人，可是很无知。那个富有的人想胜过他的对手，认为凡是明智的人都应该尊敬他。“我的朋友，”富有的市民时常对那位有学问的市民说，“你自以为了不起，可你告诉我，你是不是按时宴请宾客？你孜孜不倦地研读，对你的同辈有什么用处？你们永远住在三层楼的屋顶下，6 月天穿的衣服同 12 月穿的一样，走在路上只有自己的影子相随，国家根本不需要没有钱的人。我认为只有生活豪华，施用许多多恩惠的那种人，才是国家需要的人。上帝知道我们是多么阔气呵！我们的享乐养活了技工、商人；做裙子的人，还有穿裙子的人；还有你们，因为你们将不值一读的书，献给了财政家而得到了厚酬。”

这些狂妄无礼的话得到了应有的报应。那位学者没说话，他要说的话太多了。战争替他报了仇，远比一篇讽刺文章来得痛快。战神把这两位市民居住的地方毁灭了，他们都离开了城市。愚昧无知的市民流离失所，到处受到鄙视，另一位则到处受到新的款待。这便解决了他们的争端。

所以，学识自有它的价值。拥有了经验和学识两样东西，就等于为你的成功之路增添了砝码。

※ 经商要懂生意经

卡耐基对于经商策略的研究，是非常深刻的，这一领域的研究成果也成为构成他“成功学”理论的基本框架之一。譬如，卡耐基对于避免在商场树敌，有过这样的高论：

怎样才能使商场避免树立仇敌，以免在以后的交往中遭到报复，这是我们所遇到的一个问题。卡耐基认为首先要谦虚和自信。“虚怀若谷，方能容纳百川。”

对工作的自信固然重要，但必须建立在谦虚的态度上。

在执行自己的任务时，一定要有信心，但惟有建立在谦虚上的信心，才能变成卓越的信念，把你导向成功。做事失败者，大多是不够谦虚，而在不知不觉中陷入固执己见、不谦让的境地。

这种情形，愈是居于高位的人，愈是要小心。一般从业员有前辈或上司的领导指正，故较有机会改正。但身为主管，恐怕很难有人会纠正你，这时你只有自我指导，经常自问是否保持谦虚的胸怀？这么一来，你就会了解，并非自己的地位比别人高，就比别人有更多的能力。当你觉得自己的部属差，你就是没有那一份谦虚的胸襟。

当然也有比自己能力差的部属，但只要你用谦虚的眼光去看他，你就会慢慢发掘到他的长处。这样，一旦部属有什么适当的提案，你也能立即接受，迅速做决定。所以做起事来，也能如同流水般顺畅，否则，如果每一样事情都要向部属打破砂锅问到底时，就必定延误裁决的时机。

卡耐基认为，经营公司也是一样，看了人家的公司，能觉得“经营得不错”的人，就会吸取对方的经营方法，用来发展自己的公司。也可能诚恳地去请教：“贵公司的经营很成功，有什么秘诀？能告诉我吗？”对这种虚心求教的人，除非特别机密，对方都会坦白回答你的。

卡耐基常说，无论做什么事情，“虚心”很重要。当然不能迷失自己，让人牵着鼻子走。要一方面坚持“主体性”“自主性”，一方面虚心接受人家的意见，才能走向成功的路。

卡耐基刚开始做生意时，几乎什么都不懂。开发了一件新产品，往往不知道该定价多少？那时他的办法是跑到零售商那里去请教。因为他认为如何定恰当的价钱，去问常与消费者接触的零售商最清楚。

到零售商那里，出示新产品，问他们：“像这样的东西可以卖多少钱”他们都会坦诚地告诉你行情是多少，照他们的话去做就没错。不必付学费，也不要伤脑筋，没有比这个更划算的了。

当然，不是什么事情都这么简单，这是基本的原则。能虚心接受人家的意见，能虚心去请教他人，才能集思广益；比一个人独自暗中摸索要好得多。

但愿我们都能培养这种“虚心”。能虚心接受他人的意见，虚心向他人学习，这样离成功就不远了。

下面八条，是你一定要懂的生意经：

第一，与人打交道要有警惕，不要过分地相信人。在生意场上的朋友仅仅是买卖关系的朋友，一旦买卖关系结束，这种朋友的感情也会淡薄。有位作家说过，政治家下台了还有一群追随的人，商人经理下台了（失败），是不会有多少人追随的。胜者为王败者寇，商场如战场。

第二，在没有了解对方之前，不要赊账出去，以免收不到货款“钱货两亏”。

第三，要懂得市场行情，该出手时就出手。

第四，货源要充足，要备好货，客人来了不会因为没有货而扫兴。如果客人来几次没有买上货，以后他可能就不会来了。

第五，要诚实守信，不要卖假货差货。要对客人说清楚货的规格质量。要热情大方，要让利益给客户，不要斤斤计较。任何客人都厌恨短斤少两的。

第六，谈生意时，不要让客人感觉到你想把东西卖给他，这时他就会跌你的价。

第七，求买不求卖。要求进好货，便宜货，在进货上下苦功夫，找产地找资源。

第八，选择铺面要入行，最好选在人气旺的地方。铺面要整洁干净，畅销商品要摆放在显眼的地方。要熟悉店内的商品。防止商品变质损坏。

※ 保持充沛的精力

充沛的精力，是从事任何事情的基础，精力充沛，才有可能在你所从事的事情上自如地发挥。

在思想上，我们应该做到：

首先，自我激励。

用生活中的哲理、榜样或明智的思想、观念来激励自己。

第一，相信未来是美好的；

第二，遇事不惊，一旦有意外事件出现，不要被接踵而至的惊慌、焦急等情绪控制，要鼓励自己遇事不惊，开动脑筋，想各种有利对策；

第三，要知足常乐，经常想到自己是幸福而充足的，保持心情舒畅，从而增加获得成功的可能性。

其次，自我暗示。

语言暗示对人的情绪及行为有奇妙的影响和调整作用。在遇到挫折时，需要自我暗示。首先，要自己不要紧张，相信自己定能闯过难关；还要自己不慌乱，语言暗示可以通过自言自语，也可将提示语写在本上，贴在墙壁、床头等可以经常看到的地方，以便鞭策自己。

再次，转移注意力。

苦闷烦恼时，去听音乐，看看喜剧；初次登台演讲，把注意力集中到讲话的内容上；晚上大脑兴奋失眠，可把注意力集中到默数单调的数字上等等。这些方法如运用得当，可起到稳定情绪的作用。

最后，倾诉法。

人的情绪处于压抑状态时，应该允许有节制的发泄。即使是畅快地哭一场，也有利于调节机体平衡。

保持精力充沛，还要以身体强壮为基础。因此，加强体育锻炼，也是调整情绪的较佳选择。

此外，在生活中，要保持充沛的精力，我们还应做到：

及时补充能量。即在正常的一日三餐之外每隔 2 ～ 3 小时即少量进餐，目的是使血糖维持在能保证满足身体能量需求的水平。从生理上讲，血糖代谢是人体能量的主要来源，健康成年人每天需 1500 卡路里的能量，工作量大者则需要 2000 卡路里的热量。因此不断补充血糖是保持精力充沛的前提，过度节食者难免精疲力竭。

所以选择食物时应富含碳水化合物，同时有适量的纤维素（避免血糖波动）和少量的脂肪（减缓饥饿感）。国外盛行迷你食品即适应了这种需要，如一杯脱脂奶和麦片，几片面包或几块甜点心。避免使用肉类，脂肪太多也会使人昏昏欲睡。

多做深呼吸运动。深呼吸不仅可以摄取更多的氧气，同时能刺激副交感神经系统，有助于放松。深呼吸时可以躺下或端坐，一只手放于体侧，另一只手放于腹部，用鼻子吸气，同时排除杂念，想象胸部充分扩展、肺内正充满氧气，然后感觉二氧化碳从体内排出，同时颈肩放松。每次不少于 3 ～ 5 分钟。

试试香味提神。实验表明吸入含有薄荷和百花香味的气体能使计算机操作人员明显减少操作失误。具体选择哪种香味并无特殊限制，只要你喜欢，能带来愉悦感觉的气味都有助于提高大脑的觉醒程度。

健身。定期锻炼的最大受益者是你的心脏。所以有“完美的体形意味着完美的心脏”之说。另外，积极的锻炼能够提高肌体产能的效率。当快节奏、高强度的工作需要你付出更大能量时，健康的身体能够游刃有余地释放潜能。在假期和周末远离喧嚣的都市。现在城市空气污染严重，对人体危害不浅，每隔一段时间到林木茂盛的风景区踏青，可以令人体吐故纳新、调和呼吸、阴阳协调。在绿色植物密集的公园、森林，空气里的负离子浓度较高。负离子有大气中的“长寿素”的美称。在负离子充沛的地方，人们感到心旷神怡、精神振奋。空气中的负离子不仅能调节神经系统。而且可以促进胃肠消化、加深肺部的呼吸。

补充维生素和矿物质。维生素和矿物质不具有立竿见影的提神醒脑功效，却是肌体正常新陈代谢不可缺乏的营养物质，其中 B 族维生素、镁、铁尤其重要。医学调查发现相当部分的妇女缺乏某些种类的维生素和矿物质。可每日服用复合维生素药物，但注意不能超过人体实际需要量。

了解自己的生物钟规律。每个人的精力充沛程度在一天中不断变化，有高峰，也有低谷。大多数人在午后达到精力的高峰，但也不乏个人差异。可连续记录自己一天的心理状态、感觉程度、反应速度和所进行的活动，找出自己的精力变化曲线，然后合理安排每日的活动。

充沛的精力，是你人生中最大一块钻石，所以，一定要想办法紧紧抓住，才有可能取得更大的成功。

第四章　有钱人的理财守则

想成为一个成功的人，一个拥有财富的人，有一些理财守则是必须遵守的。懂得理财的人，财富才会永远地保值并适时增值。所以，掌握理财的技能，才能够真正成为一个富有的人，一个成功的人。最基本的理财技能是通向富有之路的必要条件之一，它同一个人其他方面的能力共同为富有和成功打下了基础。

以下的八条，是卡耐基给我们留下的关于理财的宝贵的忠告，相信你读过之后，会从中得到很多启迪。

※　先让你的口袋鼓起来

理财的首要条件是先让自己的口袋鼓起来，有了钱才能涉及下面要提到的一些理财问题。

卡耐基说过：有件事你需要考虑，当牵涉到你的金钱时，你就等于是在为自己经营事业。而你如何处理你的金钱，实际上也确实是你“自家”的事，别人无法帮忙。

但是，“处理”金钱的基础，是你应该拥有相当数量的钱。所以，想办法在工作或经商中，首先积累起一定的财富。一定数量的金钱，是生活和继续奋斗最基本的保证。

另外，增加你的收入的方法还有：

第二职业。选择你喜欢做的任何事情，当作你的第二职业。例如，你喜欢钓鱼，那么你可以试着去渔具商店找个兼职。

网络营销。你可以在网上代理销售一些大公司的产品，从中得到提成。你也可以在周末的跳蚤市场买这些产品。

给自己的 Blog 或者网站挂广告。把你觉得有趣的事情记录到你的 Blog，利用浏览点击率来赚取广告收入

网上开店。把你不用的东西放在网上拍卖。记住：对于你来说，某些东西可能是垃圾，当对于别人就可能是宝贝。

做自由撰稿人。可以给杂志、报社，甚至某些活动撰写文章，投稿来获得收入。

※ 控制支出

对于怎样管理我们的金钱，卡耐基有一条最首要的建议，那就是：把花钱的事记在纸上。

我们只有知道自己错在哪里的时候，才能知道需要改正什么，否则我们无法进行任何改变。如果我们不知道哪些钱是必须要花的，哪些钱是不必要花的，那么节约就是一件毫无意义的事情了。因此，我们应该在一段时间内，记下自己的开销。比如，记录三个月看看。当然你不用记录一辈子，财务专家们建议，至少做三个月的记录，要把花的每一分钱作准确的记录。使我们知道钱都花在哪去了，然后我们就可依次做一份预算出来。

另外，你还要做一份适合自己的预算。

通过记录，你可以准确地算出你每一年的固定的开销 —— 房费、食物、水电费、保险费。然后在计算出其他必要的开支 —— 服装费、交通费、医药费、教育费等等。

当然有一点需要指出的是，预算的意义，并不是剥夺生活的乐趣。它真正的意义在于物质安全感——在很多情形下，安全感就等于精神安全和不会忧虑。专家们说过，依据预算来生活的人，他们都活得比较快乐。

再次，应该把每年收入的10%储蓄起来。

下面再提供一些实际可行的控制支出的方法：

1. 想一下，你为什么想要攒钱把你为什么要攒钱的原因都写下来。你的原因可能有：上学，买房，旅行，买车等等。其他一些原因，比如：入不敷出，想帮助别人，只是想理财，或者其他一些不太明确的目的。明确那些原因能让你坚持不懈地攒钱。把这些原因写下来，时刻提醒自己。

2. 了解自己的收入来源

了解自己每月准确的纯收入。有时我们只愿意想当然地认为自己每月会拿多少钱，因为这可能会让你感觉良好。但是我们需要了解扣除了税和福利以外的纯收入。

3. 做一个支出账单

把你每月的开支记下来，或者借助Excel表格工具。观察几个月，计算每月平均支出多少钱。

4. 计算每月的净收入或亏损

用你每月的纯收入减去每月的纯花费，这个值反映了你是攒了钱还是亏了钱。知道了这个数，你就可以做下面的事情了。

5. 做一个开支预算

网上有很多可以生成开支预算及个人财务管理的软件，例如：Microsoft Money（共享软件）。或者如果你使用Excel熟练的话，可以用Excel表格。这样做的目的是为了分配每月的支出上限和你要攒钱的收入下限。

6. 缩减开支

仔细看看你的每项支出账单，哪些地方是可以缩减的？例如，你的手机费、网费等。你会发觉每月下来真的能缩减一部分开支。

7. 先还信用卡

如果你使用信用卡，并且通过信用卡支付比例超过使用储蓄账户的支付比例，那么最好的决定是每月先还信用卡的账务。即使不能全部还清，至少要还清每月最低的还款额度。如果你依旧不能很好控制你的花费，还是建议你把信用卡销户，使用你的储蓄账户进行支出。

※ 保住和增加财富的价值

一个人的财富不在于他钱包的铜板有多少，而在于他所累积的收入，源源不绝流入口袋的财源，并常保口袋饱满。动用每一分钱，让它们像农田聚物一样，辗转生出利息，帮你带来收入，使财富源源不断流入你的口袋。

所以，学会保住你手上财富的价值，并想办法让它增值，才是恰当的理财之道。

有人说，30 岁以前要靠体力智力赚钱，30 岁以后要靠钱赚钱。不过说着容易做起来难，很多人在30岁时有了一笔可观的财富积累，甚至有人会使财富积累达到人生的顶峰，但并不是所有的人都会让钱为自己赚钱。有钱却舍不得用等于没钱。家有积蓄，手中有钱，但总是舍不得花，节衣缩食，生活拮据，不能用钱享受美好的人生，即使有再多的钱也是枉然。钱本身只是一个价值符号，只有使用才能体现其价值，不去使用等于没有价值。赚同样的钱，生活可能千差万别。

资本市场并不都是“大鳄”“朝闻田舍郎，暮登天子堂”的毕竟属于极少数，更多人默默无闻，但他们是组成资本这个市场的基本力量，市场的神经也牵动着他们的喜怒哀乐。

保住和增加财富的价值，也就是用钱赚钱。用钱赚钱并不是要你一次性的投资一大笔金钱，而是让你理解到：这个现代发达的社会里用体力赚钱永远都不会实现你的梦想，而且辛辛苦苦的最终结果只可能换来三餐温饱。只有学会怎样用钱赚钱的道理用滚雪球的方法积少成多。迟早可以滚出一座“雪山”。用钱赚钱的技巧在于以下几点：遇乱不惊、冷静面对、胆大心细、不贪不燥、眼光独到。

如何“遇乱不惊”呢？通常投资市场中越乱的时候机会越多。不要随便相信小道消息，道听途说往往会害己不浅。以静应乱是投资的基本功。

“冷静面对”是人生中的一堂必修之课。投资中亏大钱的人多数是不够冷静，一听到什么不利的消息就大量抛售，结果风平浪静后只好眼巴巴地看着已抛售了的投资节节高升。

“胆大心细”也是投资中的一重要一环。当你做足功课看准的目标就不要害怕，三心二意或举棋不定往往错失良机。

“不贪不躁”是投资中最考人的一课。投资过程中当你达到你定下的目标后就应放手，不要因小失大。很多人往往想再赚多一些结果连原来已赚到的那部分都拿不到。这就告诉你——不可贪。何为“不躁”呢？当你赚了钱卖了一只股票后它还继续上升，你不要因此而急躁，因为你已经赚到了。做到“不贪不燥”是你将来成功的必修课。

说到“眼光独到”，那你必须先修好“五行生肖论”，因为五行生肖论中你可以预测到每一年将会上升或兴旺的行业，然后你就可以利用这些行业来开始“滚雪球”。

不要让财富流失。

卡耐基认为，应该学会聪明地花钱。不要让财富白白流失。如何使你花出去的金钱得到最高价值？这是每个人都应该学习的东西。就像大公司的那些专门的采购人员一样，他们总是设法替公司买到最合理的东西。你也应该这样做。

学会聪明地花钱同时，不让财富白白流失的另一个好的办法，是学会节俭。

一个人若想获得财富，首先要善于克制自己的欲望，自我克制的力量必不可少。我们经营的事业、资本往往有赖于自己往日的积蓄，举债创业总是一件比较危险的事情。

通常，人们习惯把吝啬看成节俭的孪生兄弟，这其实是一个很大的错误。实际上，节俭的真正含义是：当用则用，当省则省；也就是说，花费一定要恰到好处。但吝啬的含义就不同了，它是指当用时不用，不当省时也要省。

美国著名文学家罗斯金说过："通常人们认为，节俭这两个字的含义应该是'省钱的方法'。其实应该解释为'用钱的方法'。也就是说，我们应该怎样去购置必要的家具；怎样把钱花在最恰当的用途上；怎样安排自己的衣、食、住、行以及生育和娱乐等等方面的花费。总而言之，我们应该把钱用在最为恰当，最为有效的地方，这才是真正的节俭。"

托马斯·利普顿爵士说："有许多人来向我请教成功的诀窍，我告诉他们，最重要的就是节俭。成功者大都有节俭的好习惯。任何好朋友对他的援助，鼓励，都比不上一个薄薄的小存折。唯有储蓄，才是一个人成功的基础，才具有使人自立的力量。储蓄能够使一个青年人站稳脚跟，能使他鼓起巨大的勇气，振作全副的精神，拿出完全的力量，来达到成功的目标。如果每个年轻人都有储蓄的习惯，世界上就不知要少多少个伤天害理的人！"

约翰·阿斯特先生在晚年说，如今他赚 10 万美元并不比以前赚 1000 美元难。但是，如果没有当初的 1000 美元，他也许早已饿死在贫民窑里了。

很多人只因为用钱没有计划性，所以，在不知不觉中使大量的钱财无意中从指缝里流走。如果养成了记账的良好习惯，能把每次的花费都记入账簿，能够仔细核算，好好筹划。这样，对于一个人未来的事业发展，会有巨大的帮助。这样不但能学会记账的方法，还可以熟悉金钱往来的各种手续，从而获得宝贵的经验。账本能够清清楚楚地告诉你，过去的钱都用到哪里去了，什么地方是完全可以节省的，什么地方是一定要用的。

富兰克林这样说："致富的唯一方法就是赚得多，花得少。"他还说："如果你不想因有人讨债而气恼，想不受饥饿和寒冷的痛苦，那么你最好和忠、信、勤、苦四个字交朋友。同时，不要让你赚得的任何一分钱从你的手中轻易地流走。"

以前有一个年轻人到印刷厂里去学习技术，其实他的经济状况很好，他父亲要求他每晚必须住在自己家里，但要每月付家里一笔住宿费。一开始，那个年轻人觉得这样太苛刻了，因为他当时每月的收入，就刚够支付这笔住宿费。几年以后，当这个年轻人自己准备开设印刷厂的时候，他的父亲把他叫到跟前，对他说："好孩子，现在你可以把每年陆续付给家里的住宿费拿回去了。我这样做的目的，是为了让你积蓄这笔钱，并非真的向你要住宿费。好啊，现在你可以拿这笔钱去发展你的事业了。"那年轻人至此才明白父亲的一番苦心，对父亲的圣明感谢不尽。如今，那青年已经成了美国一家著名印刷厂的老板，而他当年的同伴们却因自小就挥霍无度，如今仍然穷苦不堪。

以上所述是一个富有教育意义的真实故事。它给你的启示是：唯有养成储蓄的习惯，将来才有希望享受成功与财富。

你须明白一个道理：节俭其实是一件很简单，极容易的事，谁都可以立即去实行。你愿意处在穷困的境地吗？你愿意让债主时时来逼你还钱吗？你愿意因负债而坐牢吃苦吗？你愿意一生屈居人下，不得翻身吗？你当然不愿意，那么你就一定要养成这个简单易行的节俭习惯。

一部著名小说里有一段话说得很有意思："宁愿因饥饿而倒地，也不要去向人借钱！"暂时忍受一下饥饿，寒冷和贫困，牺牲暂时的一些快乐和幸福，为了心中的那个目标。千万不能为了图一时的享受，而抛弃了光明的前途，把廉耻踩在脚下，使信用丧失殆尽，使志气消磨，使名誉败坏，使人格断送，这就会使你的生命像驶入漫无边际海洋的一叶孤舟，失去方向。

所以，轻易不要让财富从你的手边轻轻流走，养成节俭的习惯，并清楚你手中每一分钱的去向，是非常重要的。

※ 寻找获利性的投资

卡耐基指出，寻找一门获利性的投资，是有钱人最基本的理财守则。投资是一门很深奥的学问，如何独具慧眼，寻找到获利性的投资并获取利润？

凭良心生财。君子爱财，取之有道。获得多少利益，也要付出多少耕耘；取之于大众，用之于大众。一切可观的利益，都由良心换得。若生财之道不违背良心，则所生之财自然持久。争取利益时，勿违背良心。

世界上每个人的利益与社会的利益牢不可分，所以每个人在追求自己的利益时，都要有"利他"的良心，这样才会得到"人助"及"天助"。

不贪一时之财。做生意的人眼光要远大，不可贪图一时的利益而失去长久的顾客，用诚实的信誉，出售优良的货物，自然会吸引众多的客户，生意自然好做，自然会红火。贪小便宜吃大亏的事千万别去做。

老板用财之道。经商者在筹集资金后，最终是要用财并达到生财的目的。用财的合理与否直接决定了生财的多少。决策正确，合理用财，就能生财；反之，决策失误，用财不当，就会造成损失。因此，生财的关键是合理正确地用财。

一个商户在筹集了 10 万元资金后，准备用于服装生产，他把 10 万元资金全部用于厂房、设备和原材料的投资。结果，生产是很顺利，但由于没有重视销售，产品积压，资金不能收回，导致了经营困难。而另一个商户同样筹集了 10 万元资金用于服装生产，但他只把 8 万元资金用于厂房、设备和原材料投资，其余 2 万元资金则用于推销和广告，虽然生产规模小了点，但是他的产品销售顺利，资金回收快，结果获利很多。从这里我们看到，合理用财就是把资金投入到有效益的地方去，实现资金的增值。为此，我们必须认真分析市场环境和自身能力，明确哪些地方不要花钱，哪些地方要花钱，花钱多少。

不断投资。看上去某人很有钱，其实他只不过勤于周转而已。他总是让钱在银行、股票市场等地方不断流动，以赚取利息和红利。这样资本就在这个周转不息的境况下，逐渐增加。很多保守派人士，都喜欢把钱存在那里不动，他们总觉得存款的数目多能给人带来一种安全感。事实上，这种做法白白失去了许多赚钱的良机。

下面，我们再来看看巴菲特的例子。

作为一家拥有 2800 亿美元总资产的公司主席，沃伦·巴菲特的投资决定自然与其他绝大多数投资者有些小小的不同。

由于其投资的资产规模及金额庞大，巴菲特的伯克希尔·哈撒韦公司一般来说关注非常大的公司：可口可乐、美国运通、强生公司以及富国银行是他们主要持股对象中的一部分。

但是如果他不受伯克希尔规模的限制？如果他在与我们绝大多

数人一样的投资环境中工作？他会买些什么股票呢？

8月早些时候伯克希尔公司的年度会议上，有人（巴菲特的外号）顺着这条思路向“奥马哈神谕”提出了问题。一名投资者问他如果只有数百万美元需要应付，伯克希尔的投资将有怎样的不同，巴菲特回答说绝大部分机会可能在小公司的股票当中，或者是在悲观的证券市场环境之中。

得分特别高的一只股票是陆星系统公司，它位于佛罗里达州的杰克逊维尔，提供专业化的运输和后勤服务，主要是卡车运输，遍及全美，还有加拿大、墨西哥和其他国家。

陆星公司市值为28.5亿美元，拥有数项“巴菲特式”的品质。首先，公司的每股盈利在过去的10年当中每年都在增长，从0.39美元增长至1.99美元。这是巴菲特方法的关键所在。他一直都是稳妥派，喜欢那些盈利可以预期的公司，而连续10年的每股盈利增长已经是你最可以预期的股票。

巴菲特瞄准优秀而稳妥的目标股票的另外一个方法是观察债务。巴菲特偏爱那些能够产出足够盈利，并且在需要的情况下可以在两年之内还清所有债务的公司。陆星公司的总债务是1.242亿美元，而每年度的盈利是1.092亿美元。它实际上可以在不到两年的时间里用自己的盈利偿清所有的债务，这是个不错的信号。

大家都知道巴菲特寻找他称为拥有针对竞争对手的“可持续竞争优势”的公司，强大的品牌、最低的价格，这令其他公司很难与之竞争。有这样优势的公司的一个标志就是有高净资产回报率。

另外一个巴菲特式的品质是强大的管理。他衡量的办法之一就是检视管理层使用公司的未分配利润成效如何。在过去的10年当中，陆星公司在每股收益中已经存下10.38美元的未分配利润，而它的盈利在这段时间里增加了每股1.60美元。这意味着公司为持股人的留存利润赚取了 15.4% 的年度回报。任何超过 15% 的回报率都将进入我巴菲特模型的最佳个例视野，所以看起来陆星的管理层完成了伟大的工作。

寻找获利性的投资，要求你的眼光独到、具有创造力和相当的胆识，这是作为一个商人最起码的理财能力。在不断的实践和训练中，相信你寻找获利性投资的能力会不断提高。

※ 保障未来生活无忧

卡耐基理财基本理念中，很重要的一条是为未来的生活提供保障。他说："你可以买一些医疗、意外保险，对于各种意外不幸都有小额的保险可供投保，否则，万一出事，那可是令人烦恼的事情。而这些保险的费用都很便宜。"

但是，买保险也是一门学问，其中有很多误区。

误区一：买保险先看投资回报率有多高，是不是还本。

其实，买保险的首要目的应当是取得风险保障，投资增值是第二位的。风险保障程度高的保险是不能返还保险费的；具有返还保险费功能的保险，风险保障程度会比较低。

万能险、投资联结类保险投资功能较强，但缴纳的保险费也比较高；投资收益以及分红保险的分红收益，随保险资金运用成果而定，有时高有时低，也是不固定的。因此，比较好的办法是根据自己的缴费能力，先安排保障，再考虑投资，将两类保险组合购买。

误区二：买了保险，只要发生事故，保险公司都管。

其实，各种保险都有明确的保障责任范围，超出责任范围的事情，保险公司是不负责赔偿的。需要特别注意，有些保险责任范围内的特殊情况，保险公司也不承担赔偿或给付保险金责任。这是因为，保险责任过宽，保户缴纳的保险费就要很高；有些特殊情况列入赔偿范围会助长道德风险，如醉酒驾车造成的事故等。

误区三：买了几年保险没出事，保险费白交了。

其实，买保险是防万一，不出事最好。有了保险，随时都处在保险保障之下。不出事，我为人人；出了事，人人为我，这才是保险的作用。

误区四：只要给孩子买上保险就行了。

实际上，大人孩子都需要保险，但是买保险应遵循“先大人后孩子”的原则，先把“家庭支柱”保障好，这其中也包含有对孩子的保障。

误区五：保险与储蓄没啥区别，只要存了钱，没必要再买保险。

保险和储蓄虽然都是应对风险的办法，但是它们之间的区别还是很大：储蓄可随时存取，灵活性很大；保险的保险费是不能随意取回的。储蓄是一种自救行为，没有把风险转移出去，“万一”的事来了，钱还没攒够，难免陷入困境。而保险是一种集体互助行为，能把风险转移给保险公司，利用获得的保险金渡过难关。

误区六：有了社保就不用再买保险。

社会保险是由政府主办的一种基本生活保障，覆盖面比较广，应当积极推行。但社保注重平等，保障水平比较低，而商业保险的保障范围比较广泛，保障程度可以由投保人与保险公司协商确定，能够满足各种人的不同需要。因此，有了社会保险也还需要商业保险作补充。

另外，买保险就是买未来生活的保障。下面六要六不要的准则，看看能否对你有帮助：

要放下成见，不要偏听偏信。保险公司是经营风险的金融企业，《保险法》规定保险公司可以采取股份有限公司和国有独资公司两种形式，除了分立、合并外，都不允许解散。所以，大可放下门第之见入保险，要比较险种，不要盲目购买。每个人在购买贵重商品时，都会货比三家，买保险也应如此。尽管各家保险公司的条款和费率都是经过中国人民银行批准的，但比较一下却有所不同。如同是大病医疗保险，有的是包括28种大病，有的只防10种。

要研究条款，不要光听介绍。保险不是无所不保，对于投保人来说，应该先研究条款中的保险责任和责任免除这两部分，以明确这些保险单能为您提供什么样的保障，再和您的保险需求相对照，要严防个别营销员的误导。没根没据的承诺或解释是没有任何法律效力的。

要确定需要，不要心血来潮买保险。首先考虑自己或家庭的需求是什么，比如担心患病时医疗费负担太重而难以承受的人，可以考虑购买医疗保险；为年老退休后生活担忧的人可以选择养老金保险。所以，弄清保险需要再去投保是非常重要的。

要考虑保障，不要考虑人情。保险是一种特殊商品。一件衣服或一套家具买来了，如不喜欢可以不穿不用，也可以送人，而保险则不能转送。有些人买保险，只因营销员是熟人或亲友，本不想买，但出于情面，还没搞清条款，就硬着头皮买下，以后发现买到的是不完全适合自己需要的保险险种，结果是不退难受，退了经济受损失也难受。

要考虑责任，不要只图便宜。俗话说："一分钱一分货"，保险也是如此，不能光看买一份保险花了多少钱，而要搞清楚这一份保险的保险金是多少，保障范围有多大，要全方位地考虑保险责任。

适当而明智地买一些保险，能够在一定程度上保证你和你的子女未来的生活无忧。同时，保险在一定程度上起到理财的作用，帮你为明天存住今天的钱。

※ 增进你赚钱的能力

预算毕竟是预算，它难免会有遗漏或不完善的地方。卡耐基说，假如你在拟好开支预算后，仍发现入不敷出。这时你可以有两种选择：你可以咒骂、埋怨、发愁、担心或者是你想办法赚一点钱。所以，还是增进你赚钱的能力吧。

卡耐基曾经这样教育学员们：

今天我要告诉各位的，是一个解决贫困最直截有效的方法。但是我谈的不是关于黄金，而是关于在座各位本身的问题。我将告诉你们一些在工作上取得成功或遭遇失败的人，以及他们各自的所思所行。

不久以前，有个年轻人跑来向我借钱。我问他借钱做什么用，他抱怨说自己总是入不敷出。我便告诉他，这种情况显示他是一个偿债能力很差的借款人，因为他可能永远都没有余钱可以偿还贷款。

我告诉他："年轻人，你所需要的是去赚取更多的钱。你想如何提高自己的赚钱能力呢？"他回答说："我所能做的，只是两个月内六度要求老板给我加薪，但是一直没有成功。我觉得没有人像我那样勤快地向老板要求加薪了。"

我们可能会嘲笑他把事情弄得过于简单了。但是，他确实拥有一个增加收入的关键条件，那就是他内心里强烈渴望赚取更多的钱，这种愿望是完全正当而且可取的。

要想成功致富，必须首先拥有这样的渴望。而且，你的渴望必须是非常强烈和明确的，普普通通的愿望不过是虚弱的念头罢了。一个人若只是巴望着但愿能成为富翁，那这个目标就太过虚弱和模糊了。假如他内心真正具体地渴望拥有 5 块黄金，我相信他可以实现这愿望。在他想得到的 5 块黄金如愿以偿，而且坚守住这些金子之后，接下来他便能找到类似的方法获得 10 块、20 块黄金，终至

1000 块黄金，看啊！这样他已经在不知不觉中成了一名富翁。他在学习达成每一个小小的明确的愿望过程里，已逐渐训练自己获得更多财富的能力了。这便是积累财富的真实路径。先由小额收入开始，赚回来一些，最后才能赚得更多。

所以，你的任何欲望都必须简单明了。如果欲望太繁多、太杂乱或者超乎个人的能力所及，必然就无法实现。

当一个人能够辛勤工作，不断提升自己的职业水平时，他赚钱的能力也就会跟着提高。从前有一个泥板刻写员，每天只赚进几个铜钱时，他就观察到许多同事的确刻得既比他多又比他好，薪水也比他高。因此，他决心要超越其他所有的同事，而且他很快就发现那些人比较成功的原因。于是，他投入了更多的兴趣、专心和毅力在刻泥板上面，最后果然很少有人刻写泥板的数量和质量能够超过他。当他因工作技巧变得敏捷娴熟，而获得较高报酬时，他再也不用要求老板确定工作能力，以便给他加薪了。

我们获得的智慧和技能越多，能赚的钱财也就越多。在自己的工作技能上多多学习和钻研的人，他所获得的报偿也就会超越他人。假如他是一个工匠，他可以向同行中那些技艺最精湛的前辈学到许多技巧和方法。假如他是一名律师或者医生，他可以向其他同行咨询、交换心得，以提高自己的专业水平。假如他是一个商人，他就应该不断研究更好的方法去寻求成本低廉的好货。

其实，各行各业的人都在不断改变和追求进步，因为热心而辛勤工作的人总是在追求更出色的技能，以便为他们赖以为生的雇主做出更好的服务和贡献。因此，我敦促各位一定要走在进步的前端，绝不要停滞不前，以免落伍而被淘汰。

显然，有许多环节是有成功理财经验者之所以富裕的关键。这些事情如下所述，一个人若能够自尊自重的话，就至少应该做到以下几件事：

尽一切可能偿还自己的债务，不要购买自己的钱财力不能及的物品；

有能力照料好家人，让家人一想到或提到他的时候，净是赞赏和夸耀；

预先立好遗嘱，以防万一蒙神宠召，他的财产能做恰当而合理的分配；

对遭受厄运打击的困苦之人具有怜悯之心，适度帮助他们，也为自己的亲人设想周到。

因此，这便是治愈贫穷的——也是最后一个重要的妙方：培养你自身的赚钱能力，通过勤奋学习和努力，成为一名富有智慧的人，一名更加多才多艺，能够自尊自重的人。

以上就是我根据自己长久以来成功的理财经验，所整理出来的治愈贫穷的妙方，我敦促所有渴望致富的人们都能遵照执行。如此，你将充满自信，早日实现你梦寐以求的致富愿望。

诸位，巴比伦的金子比你们梦想中的还要多。这些黄金多得不可胜数，所有人来分也分不完，理财致富本身就是你们的愿望，更是你们的权利。尽管勇往直前吧，实践这些理财之道，你就将会像我一样变得富裕自得。

最重要的还是，你能够发现机会并把握机会，这就是赚钱的能力。

皮尔夫人的丈夫去世后，她自己一个人住在纽约市郊区的一栋公寓里。有一天，她去一家餐馆的柜台买冰激凌时发现那儿同时也卖水果饼，不过那些水果饼做得实在是太差了。她问老板愿不愿意向她买一些真正的手工制作的水果饼。老板向她订了两块水果饼。虽然皮尔认为自己是一个很好的厨师，但以前这些都是由女佣来干的，自己亲手烘制饼干，也仅仅几次而已。在那家餐馆的老板向他预订了两个水果饼之后，她向一位邻居认真学习了制作水果的方法。结果，餐厅的顾客对她做的那两份水果饼赞不绝口。于是，餐厅又订制了五块，不就，其他餐馆又来向她订货。在接下来的两年之中，来订饼的人越来越多，她每年必须烘制出五千张饼——这些都是她一人在自家的厨房中完成的。现在皮尔夫人一年的收入可以达到一万元，除了购买了一些制饼的原料之外，一分钱也没有多花。

随着需求量的不断攀升，皮尔夫人不得不把她的工作时间从厨房里搬出去——她租了一间店铺，还雇用了两个人帮忙。

皮尔夫人认为，其他的家庭主妇也可以以同样的方式赚钱。从自家的厨房开始，积极进取，不为金钱而烦恼——没有租金、没有广告费。在这种情况下，开始她的创业并取得了辉煌的成果。

仔细观察你的周围，你将会发现有许多尚未达到饱和的行业，不管男人还是女人，都有很多工作机会。

※ 合理运用你的金钱

在本章第二节我们讲过，控制你自己的支出，应该把花钱的事记在纸上，做一份适合自己的预算并把每年收入的10%储蓄起来。除此之外，卡耐基认为，合理运用你的金钱，还应该做到：

不要让保险公司将人寿保险金一次性给付你的受益人。如果买人寿保险，是为了在你死后，让你的家人得到照顾，那么也绝不能让保险公司一次将大笔钞票付给你指定的受益人。丽温·爱莱明夫人是纽约人寿保险研究所的主任，她指出让寡妇领取人寿保险金不如改为让她领取终身收入。

卡耐基建议每个家庭在买人寿保险时应该先弄明白以下这些问题：

你的家庭成员买人寿保险，能够满足什么基本需要？你是否知道，关于付款的方法有多种选择？你知道一次性付款和分期付款的区别在哪里吗？你是否知道，人寿保险具有双重目的？假如家中的男人很早就去世了，保险就可以保护他的家庭，如果他能够安享晚年，人寿保险可以给他生活的保障。

此外还有许多类似的问题，对于你的家庭都是非常重要的。家庭中男人和女人都必须知道有关人寿保险的知识。特别是如何支取保险金，值得每一个家庭重视。

让子女养成对金钱负责的态度。有一本杂志上刊登过这样一篇文章，内容是关于如何教导子女养成对金钱的责任感。下面就是文章中所载的方法：

作者库特从银行取得一本特别储金簿，送给她九岁的女儿。每次女儿在得到每周的零花钱的时候，就把钱存进那本储金簿中，母亲则充当银行的角色。在那个星期内，女儿每使用一分钱，都从账簿中提取，然后把余款详细记录下来。母亲用这种方法让女儿学会了如何处理对金钱的责任感，这是一个很好的办法。如果你是一位未成年子女的父母，你不妨用上述的方法，培养他们对金钱的责任，这对你们来说是非常有益的。

千万别赌博。千万别想从牌九及轮盘、色子上赢钱。对那些妄想从赌博中发家致富的人，人们除了轻视之外，别无同情。

要学会宽恕自己。如果我们不能改变我们的经济状况，但我们可以改变心理态度。你要知道，大部分人都会有财务烦恼——林肯和华盛顿都还需要向别人借钱，才能启程前往首都就任总统。

虽然我们得不到我们想要的东西，但是却不要让忧虑和悔恨跑到我们的生活中来。让我们宽恕自己，心胸豁达一些。按照古希腊哲学家爱科林蒂塔的观点，哲学的精华就是：一个人生活上的快乐，应该来自尽可能减少对未来事物的倚赖。

有人总结了运用黄金的五大定律，对于我们理财很有帮助：

凡把所得的十分之一或更多的黄金储存起来，用在自己和家庭之未来的人，黄金将乐意进他家门，且快速增加。

凡发现了以黄金为获利工具且善加利用的聪明主人，黄金将殷勤且甘心地为他工作，而且获利的速度甚至比田地的产出高好几倍。

凡谨慎保护黄金，且依聪明人的意见好好使用黄金的人，黄金会乖乖待在他手里。

在自己不熟悉的行业上投资，或是在投资老手所不赞成的用途上进行投资的人，都将使黄金溜走。

凡将黄金运用在不可能的利得上，以及凡听从骗子诱人的建议，或凭自己毫无经验和天真的投资概念而付出黄金的人，将使黄金一去不回。

切记：要想让自己不为金钱问题而苦恼，那就永远握住对金钱的主动权。这样，你的快乐就增加了一个稳定而充足的理由。

第五章　我向你挑战

面对人生前路的荆棘与挑战，你是如何做出应对抉择的呢？是选择信心饱满，迎接挑战，还是畏首畏尾，怯懦退缩？

此时，自信心的巨大作用就凸显了出来。卡耐基告诉你，如果你充分相信自己，你实际上，已经获得了成功。可见，信心对于人们从事的事业或其他活动，都具有决定性的作用。所以，你要相信，你可以做得更好，你可以成为一位精英，你可以冒险，你可以让自己更强壮，你也可以塑造吸引人的个性和良好的品性。

※　你能比现在做得更好

卡耐基认为，如果你充分相信自己有能力进行任何活动，那么，你实际上就能获得成功。一旦你敢于探索那些陌生的领域，便有可能体验到人世间的种种乐趣。想想那些被称为“天才”的人，那些在生活中颇有作为的成功者，他们并不仅仅是某方面的专家，也不是试图回避困难的人。富兰克林、贝多芬、达·芬奇、爱因斯坦、伽利略、罗素、萧伯纳、丘吉尔以及许多其他伟人，他们大多是敢于探索未知的先驱者，在许多方面与普通的人一样平常，唯一区别只不过是他们敢于走他人不敢走的路罢了。另一位文艺复兴式人物施魏策尔曾经说过：“人类的一切都不会使我感到陌生。”人们可以用新的眼光重新看待自己，打开心灵的窗口，进行那些自己一向认为力所不能及的活动；否则，就只会以同样的方式重复进行同样的活动，直到生命终结。而伟人之所以伟大，往往体现在其探索的品质以及探索未知的勇气上。

相信你自己能做得更好，首先要消除自卑感。每个人在某个阶段或多或少都会有自卑感。若能采取积极的措施克服自卑感，就能从失败和绝望中走向成功。

有一天，富兰克斯对他的同学说："我准备在我出生的地方开创自己一生中最大的事业，如果创业成功，将对我的一生又无比重要的意义。但若失败，我将会失去一切，甚至死亡！"

听了富兰克林的这番话，他的同学感到十分的吃惊，为了安抚他，帮助他放松心情，同学委婉地对他说："并非每件事都能达到自己预期的理想结果，明天的风仍然继续地吹着，希望依然存在，奋斗不能停止。"

富兰克斯听了同学的话依然愁眉苦脸地说："我最苦恼的是我始终无法对自己产生信心。确切地说是成功的信心，对于要做的事我没有把握，也无法相信自己是否能够成功，但我又非常想做这件事，很多事情尚未开始做之前，我的信心就开始丧失，意志不由自主地消沉。这次也是一样，虽然觉得此事关系重大，但是信心却不足，我已经是快四十的人了，却受困于自卑的烦恼，对自己总是持有否定态度，我怎样才能对自己产生自信与肯定？"

同学告诉富兰克斯，有两个方案可以解决他的问题，第一是探讨无力感的来源，当然要找出源头，必得花费不少的时间分析，找出根源，以科学的态度对待与治疗。不过，这不可能立竿见影，需要一个过程，只要认真对待终会解决问题。其二，今天晚上，当你走在街上时，重复默念一句话；等你回答家后，躺在床上时，反复说三遍。如果你虔诚地做这件事，你将会获得足够的能力面对这个问题。

这句话的内容是："虔诚的信仰给了我无比的力量，凡事我都能做，而且一定能做好！”

富兰克斯的同学把这句话写在一张卡片上送给了他，并请他立刻大声读三次。富兰克斯按照同学的方法认真做了三次。

当弗兰克斯做完后，站起身来时，他先是静静地站在原地，一动也不动，片刻后，他带着激动的表情与口吻对同学说：“我知道该怎么做了！”

同学看到了富兰克斯昂首阔步的身影渐渐消失，尽管那身影仍有些悲伤，但却是昂首而去的，信仰和自信已在他心中。

后来这位同学激动地说：“这个简单的处方太灵了，简直令人难以相信，想不到这么一句话竟能给人带来这么大的作用。”

在此之后，弗兰克斯又用科学的方法努力研究和探索自己自卑的原因所在，终于除去了长期的自卑感。最重要的是，他学会了如何拥有信仰。他很快就拥有了强大、坚定不移的信心，现在，任何事情对他来说都已不再是难以解决的困难了，而变成了一切在他掌控之中。他再也没有原来的悲伤和恐惧，他从此对生活和事业充满了信心。

一个人成功的程度往往取决于他自信的程度。拿破仑曾经说过：我成功是因为我志在成功。如果没有这种毅然的决心和坚定信心，相信成功也会与他无缘。关于信心的威力，实际上并没有什么神奇或神秘可言。信心起作用的过程是这样的：当你有了相信“我能做到”的态度，产生了能力、技巧与精力这些必备的条件，自然就会想出如何去做。反之，你将放弃努力。秀才之所以考上了探花，就在于他没有放弃。

很多年轻人有一种眼高手低的毛病，他们一方面希望能够登上最高的阶层，享受尊贵的生活，但同时又对自己缺乏足够的信心，因而只能停留在一般人的水平。例如很多销售人员一心想做销售冠军，但信心的匮乏又使得他们在客户面前畏畏缩缩，说话都不敢大声，甚至没有勇气敲开客户的大门，他们怎么能够登上冠军的宝座？还有一些人，做梦都想做一个经理，但是他们从来不敢向这个位置挑战，就连应（竞）聘的勇气都没有，试问他们又如何能够做到经理的位置？事实上，成功与失败最大的分野，往往就在于面对一项工作你有没有信心去干。没有信心，成功永远都与你无缘。因此，从今往后，只要你相信你的公司，相信你的产品，相信你自己的能力，你的工作一定能够做得更好！

※ 你也能成为一位精英

自信主动，相信自己能够成为一位精英，这样，成功的概率的大大增加。为什么自信主动才能成功？卡耐基认为，因为唯有自信主动意识才能使人重视、发挥和强化人的主体性与能动性。但根本和核心并不等于整体结构。自信主动意识不可能孤立地存在。那么，成功心理的整体结构是由哪些要素构成的呢？

就心理态度本身来讲，基本上有三种要素，即积极的自我意识、明确的价值观念和良好的自我状态。如果要联系支配影响外部表现和交际能力的心理机制，那就还要加上这样四项要素：即有效交流的反馈意识、求美创新的吸引意识、双方皆赢的互利意识、求同存异的容纳意识。

在构成成功心理的三种要素之中，心态积极的自我认识、自我评价和自我期望与要求，其实质也就是自信主动意识。如何认识评价自己，如何要求自己，必然会对我们生活的各个方面，从具体的言谈举止以及重要的人生选择产生决定性的影响。因此说，自信主动意识即积极的自我意识是成功心理、积极心态的根本和核心。

价值观念是指一个人认为什么是最重要、最喜欢、最需要的。

它反映了一个人最主要的欲望、动机、追求的目标，所以它对一个人如何认识、评价、期望和要求自己的自我意识具有紧密的联系和重要的影响。当然，一个人的价值观念的形成和改变，又取决于自身的处境和自我意识。所以，价值观念与自我意识是密切相连、相互影响和制约的，成为心理态度最基本和最重要的有机组成部分。

卡耐基说，在现实生活中，许多人的价值观念不是不正确，而是不明确；更准确地说，是由于自我意识淡薄而造成价值观念模糊不清。如果一个人习惯于随大流常常不能做出自己的选择，怎么会有标新立异而又明确的价值观念呢？所以说许多人的价值观念不够正确往往是由于不够明确，因而更有必要强调“明确”。一个人没有属于自己的价值观念，那就不可能发展积极心态，树立成功心理。

美国艾士隆公司董事长布希耐一次在郊外散步，偶然看到几个小孩在玩一种又丑又脏的昆虫，爱不释手。他顿时联想到：市面上销售的玩具一般都是造型优美，色彩鲜艳的，为什么不能生产一些丑陋的玩具给孩子们玩呢？他于是安排研制，果然一炮打响，收益很大，丑陋玩具在市场上形成了一股热潮。

美国联合碳化钙总公司在纽约新盖了一座高达 52 层的总部大楼。老板和有关人士正在考虑如何广为宣传之时，这一天，成千上万的鸽子不知何故飞进了楼里，把正在装修的各个房间弄得一塌糊涂。公司里一部分人正要把鸽子一赶了之，而公关顾问却立刻下令关闭所有的门窗，不让鸽子飞走。

然后他指示有关人员与动物保护委员会和新闻机构联系，请专家来指导抓鸽子，请记者前来采访报道……结果新闻媒介三天三夜连续报道这家公司的新鲜事，公司搞了一次不花钱却又让公众家喻户晓的公关活动，得到了意想不到的效果。

这些人为什么会如此聪明，灵机一动便生意兴隆，发财致富？

因为在刺激与反应之间，他们的意识十分积极和敏锐，这就再一次证明了人只有处在自信主动的状态中才是聪明能干，最具有能动性和创造力的，而且还由于他们都有明确的价值观念和良好的自我状态。试想如果他们不认为自己的事业具有价值，如果他们当时焦躁不安，心情烦闷，他们还会想出如此好的策略吗？

下面所谈的是自我激励与创富成功之间的秘密。

所谓激励就是激发、鼓励的意思。心理学上激励的含义，主要是指激发人的动机，使人具有一股内在的动力，朝向所期望目标前进的心理活动过程。美国哈佛大学的心理学家威廉·詹姆士研究发现，一个没有受激励的人，仅能发挥其能力的20%～30%，而当他受到激励时，其能力可以发挥至80%～90%。这就是说，同样一个人，在通过充分激励后，所发挥的作用相当于激励前的3～4倍。相信你也能成为一名精英，并不断用这个信念来激励自己，能够更有效发挥你的潜能。

创富过程必须是一个自觉激励的过程，否则，即便是有完善的个性，由于缺乏了前进的动力，也很难实现创富的目标。自我激励对创富是如此重要，下面我们就介绍几种被学术界肯定了的激励理论。

著名宗教领袖马丁·路德曾说过："世界上所做的每一件事都是抱着希望而做成的。"对此，心理学家弗洛姆认为，当人们有需要，又有达到目标的可能，其积极性才能得到提高。激励水平决定于期望值和效价的乘积。由于这种主观概率要受每个人的个性、情感、动机的影响。因而人们对这种可能性的估计也不一样，有人趋于保守，有人趋向冒险。

激励自己创富是对自己价值体系和自信心、抱负水平、自我能力评价、对环境把握能力的一个综合体现。

心理学家马尔慈说，人的潜意识就是一部"服务机制"，即一个有目标的电脑系统。而人的自我意象，就有如电脑程序，直接影响这一机制运作的结果。如果你的自我意象是一个失败的人，你就会不断地在自己内心那“荧光屏”上看到一个垂头丧气、难当大任的自我，听到“我是没出息、没有长进”之类负面的信息；然后感到沮丧、自卑、无奈与无能，那么你在现实生活中便会“注定”失败。

另一方面，如果你的自我意象是一个成功人士，你会不断地在你内心的“荧光屏”上见到一个趾高气扬、不断进取、敢于经受挫折和承受强大压力的自我；听到“我做得很好，而我以后还会做得更好”之类的鼓舞信息，然后感受到喜悦、自尊、快慰与卓越，那么你在现实生活中便会“注定”成功。

某老师在一堂咨询课上讲了两个故事：

其一，有人去买警犬，甲要 10 万元，而乙要 100 万元。到底有什么区别呢？买主拿了一包海洛因给它们闻，然后藏起来。两条警犬同时被放出，它们同时找出了海洛因。

“10 万元和 100 万元也差不多嘛。”买主说。但卖警犬的人提议再试一次。同样是藏海洛因，但这次在路上出现了一条母狗。两条警犬被放出后，同样直奔海洛因所在地。区别出来了：甲的警犬开始注意母狗，越跑越慢，并且与母狗亲热起来了。而乙的警犬置若罔闻，狂奔至终点。

所以，10 万与 100 万还是有本质区别的，即目标明确后，能否经受住各种诱惑。能够经受各种诱惑，始终如一地朝着目标进发，才能真正完成好任务。而老是受到各种干扰，完成任务的时间、质量就要打折扣。

其二，如果你每年年底存 1.4 万元，并且将存下的钱都投资到股票或房地产上，因而获得平均每年 20% 的投资回报率，那么 10 年后，是 36 万元。

老师询问如果存 40 年后是多少？大家纷纷说出自己的答案，不过最多的猜是二三百万元。

老师一步一步地演算给大家看，最后却是 1.0281 亿元！

全场的人都惊呆了！

所以，成功的关键是目标明确后，就在于坚持、坚持、再坚持。但坚持 10 年就已经不易了，而要坚持 40 年真是难上加难，奇迹就是这样创造的。

老师最后总结：成为精英级人物是完全可能的。不过一要目标明确，要经得起各种诱惑，心无旁骛。二要不管是办企业，还是做生意，哪怕只是存钱，在确定目标后，比的就是耐力、毅力，看谁能坚持住，坚持到极限，就能成为亿万富翁。

※ 你也敢于冒险

拥有冒险精神并努力去做，是一个争取机遇、创造机遇的过程，卡耐基认为，看清前路并果断坚决地敢于冒险，是成功向你打开的一扇隐蔽的门。

你可以为自己的生活带来更多的变化，比如到一个新的地方居住，去新的环境生活，换一份自己更加喜爱的工作，换掉已经成为你的标志性的衣服，改变一下你的饮食习惯，做一些你从前从没做过甚至从没想到过的事情，这样，你会感到高兴，并且也会让你自己得到锻炼，而更重要的，是你得到了一份安全，而且是真正的安全。

你的生活缺乏活力，你应该放弃“安逸”，走出你的安全圈，做一次冒险的旅行。不要惧怕前途未卜，没有一个人知道未来是什么样，如果你不去冒险，那么你的未来将会是一潭死水。要想让未来这潭水活起来，你就必须打破你的现状，把你的冒险精神表现出来。

比尔·盖茨说：“所谓机会，就是去尝试新的、没做过的事。

可惜在微软神话下，许多人要做的，仅仅是去重复微软的一切。这些不敢创新、不敢冒险的人，要不了多久就会丧失竞争力，又哪来成功的机会呢？”

微软只青睐具有冒险精神的人。他们宁愿冒失败的危险选用曾经失败过的人，也不愿意录用一个处处谨慎却毫无建树的人。在微软，大家的共识是，最好是去尝试机会，即使失败，也比不尝试任何机会好得多。

敢于冒险，是成功人士的基本素质，也是职场中人应该具有的基本素质，只有敢于冒险，你才有成功的可能。假如你连股市都不敢进，你当然不会有赚钱的机会，你敢进了，你就有了 50% 的机会，另外 50% 是失败的机会。

没有风险，就没有收获。

人生本身就是一场冒险。那些希望一生宁静、平安的人不敢冒险，也不会冒险，这样的人永远也不会成功。

很多时候，成功的机会是同风险叠合在一起的。要想抓住成功的机会，就得冒一点风险，否则，就会丧失许多可能是人生重大转折的机会，从而使自己的一生平淡无奇，毫无建树。

世界的改变、生意的成功，常常属于那些敢于抓住时机，敢于冒险的人。生命运动从本质上说就是一次探险，如果不是主动地迎接风险的挑战，便是被动地等待风险的降临，冒险总比墨守成规让你更有机会出头。

吉姆·伯克晋升为约翰森公司新产品部主任后的第一件事，就是开发研制一种儿童所使用的胸部按摩器。然而，这种新产品的试制失败了，伯克心想这下可要被老板炒鱿鱼了。

伯克被召去见公司的总裁，然而，他受到了意想不到的接待。“你就是那位让我们公司赔了大钱的人吗？”罗伯特·伍德·约翰森总裁问道，“好，我倒要向你表示祝贺。你能犯错误，说明你勇于冒险。我们公司就需要你这种有冒险精神的人，这样公司才有发展的机会。”数年之后，伯克本人成了约翰森公司的总经理，他仍然牢记着前总裁的这句话。

美国一家大公司的总裁说得好：“冒险精神具备与否，实际上是一个员工思考能力和人格魅力的表现。”作为一个员工，只有你把冒险精神投入到工作中去，你的老板才会感觉到你的努力。

冒险是表现在人身上的一种勇气和魅力。经验告诉我们：冒险与收获常常是结伴而行的。哥伦布如不航海探险，能登上新大陆吗？达尔文不亲身探险，搜集资料，能完成巨著《进化论》吗？股市风云中，没有接受挑战的行动，能获得巨额财富吗？是的，险中有夷，危中有利，要想有卓越成就就应当敢冒险。作为职场中的一名员工，既有成功的欲望，又敢于冒险，怎么说不能够实现伟大的目标呢？风险与机遇总是联系在一起，在关键时刻把握机遇，必能成功。如你总是希望成功又怕风险，那么对不起，成功将会从你身边一次次地溜走。

风险的另一面就是机会。

在任何事业中，把所有风险都消除掉的话，自然也把所有潜在的机会都丢掉了。风险中孕育着机会，敢于正视风险、敢于冒险，那无疑就更容易抓住成功的机会。

日本的大都不动产公司创始人渡边正雄曾是一个小商人，他发现不动产业是个有前途的行业，想去经营，但一没资金，二没经险，他决定去大藏不动产公司去工作，以便学习经验为自己创业打下基础。可大藏公司不愿接受他，无奈之下，他要求在大藏公司免薪工作一年。这一年渡边拼命工作，掌握了大量的信息和经验。在大藏公司高薪聘用他时，他却离开了。他千方百计筹得了一些资金，开始从事经营房地产生意。

渡边免薪工作之举，看起来好像不算什么，但对于十分贫穷的渡边来说，却是冒着极大的风险的。

创业之初，有人向渡边推荐土地，那是一块有几百万平方米、价格便宜的土地，当时人迹罕至，没有道路，没有公共设施，但这块土地与天皇御用地邻近，能让人感觉好像与帝王生活在同一环境里，能提高个人的身份，满足自尊心。

但这块地向所有的地产公司推销过，没人愿意买。渡边倾力筹借资金，先付部分押金果断地把地买了下来。同行们都嘲笑他是傻瓜，亲戚朋友也为他的冒险担心。渡边毫不介意，而是紧紧地抓住这个机会不放。

战后的日本，经济开始迅速发展。人们的收入增加，大家逐步对城市的噪音和污染感到厌恶，对大自然开始羡慕。渡边买下的这块山地充满了泥土的气息和宁静的景色，逐步有人感兴趣了。渡边乘势在报刊上大肆宣传那里的优美环境，招引一些富裕阶层前往订购别墅和果园。一些经营耕作的庄稼人，看到那里有民房出租和有耕地租用，大部分前来定居和从事种植蔬菜、果树。

一年左右的时间，渡边就把这块几百万平方米的山地卖掉了八成，一下子使他赚到50亿日元。他利用赚来的钱投资修建道路、整地，并将剩下的二成土地盖成一栋栋别墅。经过三年时间，那块山地变成了一个漂亮的别墅城市，渡边所赚的钱也达到了数百亿日元之多。

渡边在总结自己的成功经验时说："我之所以能成功，就是因为我敢于冒险。我在选择一个投资项目时，如果别人都说可行，这就不是机会——别人都能看见的机会不是机会。我每次选择的都是别人说不行的项目，只有别人还没有发现而你却发现的机会才是黄金机会，尽管这样做冒险，但不冒险就没有赢，只要有50%的希望就值得冒险。”

在现代公司里，一个人的才华和能力，只有通过冒险，通过克服一道道难关才能锻炼和展现出来。而安于现状不思进取的人、没有危机感的人、不愿参与竞争和拼搏的人，他得到的奖赏不是成功，而是彻头彻尾的失败。

你需要离开你自己规定的这个安全区，去发展真正牢固的安全感，一旦你拥有了这种内在的安全，那么即使生活发生了一些意外事件需要你改变自己的生活方式，你也不至于因此而担心自己的生活遭遇毁灭。

冒险可以给你带来一些全新的体验，一些你所未知的领域的体验，可以说，冒险的体验正是你生活中进步和快乐的本源，因此对于未知的事物完全不必心怀恐惧，也不必费心做那种无谓的尝试，试图把生活中的方方面面都规划好。如果你想让你的生活丰富多彩的话，那么就让你的生活多一些意外，多一些弹性。事实上，无论是你的工作，还是你的生活，如果总是重复同一个内容，你又怎么能有新的收获呢？你应该清楚，生活并不是可以预先设计的，所以对于不可预知的未来，你没有必要担心惧怕，你应该具有敢为人先的冒险精神，打破你的规矩，突破你的闭锁，去体验冒险给你带来的快乐。

敢于冒险，是挑战成功的第一步，敢冒最大风险的人，才能抓住成功的机遇，才能在众多的员工中脱颖而出，才能为自己的事业成功打下牢固的基础，才能进一步实现自己人生最大的价值。

※　你能让自己变得更加强壮

今天，有很多年轻人踏上了一条他希望可以通向成功的道路，他们追随那些走在前面的人，并且试图模仿他们的一些特征，期望这些特征可以将其领入那个迷人的成功人士的圈子。

某杂志上有一篇文章，它简单地描述了通用汽车的十几位领导人物。每一个人都有明显的性格特征，没有两个是来自于同一环境，但是，他们每个人都具有同一个特征，这就是活力。如果你要在这些成功经理人身上找寻某种潜在力量，那么你就会发现，这种潜在的推动他们获取成功的力量就是活力。确实是这样，在 20 或 30 个人因为拥有活力而取得成功的同时，也许你只会偶然碰到一个没有活力的人取得成功的案例。

有些问题你必须加深思考：

你有努力工作的能力吗？你能将它一直持续下去吗？你拥有活力和斗志吗？你有很高的成功率吗？你冲刺的力量靠什么？

但是，不要忽视重要的一点，没有健康，如何能保持活力？没有健康，就算成为成功人士了，又能将成功这顶皇冠戴多久呢？没有健康，成功对你和你的家人又有多大的意义？

在这里给大家一些建议，他们帮助我保持健康的状态，同时他们也是些简单的规则，易于实行：

* 8 小时的睡眠

* 打开窗户

* 早晨和晚上适当进行锻炼

* 吃合自己胃口的东西，但不要过量

* 每天走上一段路

* 每天中午和假期去享受无限的空气和阳光

* 时常对家人和朋友微笑，特别是在镜中对自己微笑

健康的维持，使自己更强壮，有赖于身体中各部分的均衡，而“成功”的取得，又有赖于身体与精神两方面的均衡发展。所以我们必须尽一切努力，以求得到身体上的平衡，而身体上的平衡得到以后，

精神上的平衡，也就容易得到了。人们得病的部分原因，是由于身体各部分的发展程度不平衡。例如：对某一部分的细胞不需要过度的刺激与活动；而某些细胞则需要经常锻炼。均衡的发展才是正道。

身心不断地活动，是祛病健身、使身体强壮的最好方法。要强壮，必要的活动是前提。

人体的各部分，如不经常活动，就不能保持康健。人类的犯罪行为，大都是在空闲时间发生的。一个在正当事务上忙碌的人，能避免许多可能在空闲时候误入歧途的诱惑。

以为著名的英国医师曾说，人要得享长寿，必须要做到除了睡眠时间以外脑部是不断活动的。每个人必须在工作、学习之外找到一种适合自己的爱好。职业带给他生活资本，爱好则带给他生活乐趣。使身体和精神处于时刻的运动中，才能保持健康。

健康是个人成功的基石，健康是企业的最大财富，健康也是国家进步的基础。你应该像关心你的眼睛一样关心你自己的身体，你能让你变得更加强壮。

※ 你可以创造性地思考

卡耐基在进行成功学培训时，非常注重培养学生的创造性思维。他认为，创造性的思考方式对于一个人挣脱传统枷锁的束缚、寻找生活的新意、敢于积极面对和选择挑战是非常有益的。

在圣路易斯有一个非常杰出的脑科大夫，他是华盛顿大学脑科手术室的主任，他所做的手术几乎就是奇迹，有许多人千里迢迢地来找他求医。“他只不过是个幸运儿”，年轻的医科学生可能会这样说，“他只不过幸运的有这种才能”，但是请别太早下结论，让我们看看这位欧内斯特·塞克斯大夫的过去吧。

许多年以前，当他还是一个实习医生，在纽约的一家医院实习的时候，一位上级医师因为无法拯救病人而感到痛心，因为大多数的脑瘤都是无法治愈的，但他相信有一天，一定有一些医生有勇气去挑战病魔，去拯救那些受苦的生命。年轻的欧内斯特·塞克斯就是这样一个有勇气面对挑战的人，他有勇气去尝试几乎不可能完成的任务。当时，在美国从来没有过成功治愈脑瘤的先例，唯一能给这个年轻人一些指导的人是一位在英国的大夫，维克多·霍斯利爵士，他对脑的解剖结构的了解超过任何人，是英国脑科医学界的一位先锋人物。塞克斯获准跟从这位英国医学家工作学习，但在前往英国学习之前，他还做了另一件很有意义的事。为在这位著名医学家手下工作打好基础，塞克斯花了六个月的时间到德国求学于那里最有能力的医师，这是许多年轻人不愿花时间去做的事情。维克多·霍斯利爵士对这个美国年轻人的认真和勤奋感到非常惊讶，为他仅仅为做准备工作就花了六个月时间而感动，所以直接就把他带回自己家里。在此后的两年时间里他们一起对猴子进行了多项实验，这为塞克斯未来的事业奠定了坚实的基础。

塞克斯回到了美国以后主动提出治疗脑瘤的要求，但是他却遭到了嘲笑，面临着各种障碍，他没有必需的设备，仅能靠不屈不挠的精神去努力实现自己的理想。正是靠着这股坚忍不拔的毅力，才使大多数的脑瘤在今天可以被治愈。塞克斯大夫通过训练年轻的医师来传授他的技能，他还在全国建立了许多脑科中心，让每一位有需要的患者都能够就近得到治疗。他的书《脑瘤的诊断和治疗》已经成了医治脑瘤病症的权威著作。

也许有些事你认为永远无法办到，但是有人却能把这些变为事实，这也许就是创造性思维产生的奇迹。“当，当，当”一位塞尔维亚的牧羊少年在敲打一把长刀的刀柄，但因为刀锋被埋在了草地里，所以躲藏在玉米地里的来犯者听不到这个信号，但附近的牧羊少年则可以把耳朵贴在地上听到这个警告，正是这个简简单单的办法，使塞尔维亚牧民成功地对付了藏匿于草丛中、夜幕下的罗马尼亚窃畜贼。

这些牧羊少年长大了之后就都忘记了这种通过地面传声发出警报的办法，但有一个人例外，他在25年之后以此为理论基础做出了一个划时代的伟大发明，他就是米哈伊洛•伊德夫斯基（1858～1935年，匈牙利裔美国物理学家和发明家）。他使本来只能在一个城市内通话的电话能够长距离使用，哪怕跨越大陆。

“我没有机会去自己创造什么”，创造的机会在你每一天的生活中，处处皆是，许多很伟大的发明就是通过对平常的东西进行不平常的思考而得来的。

求变创新的意识是很重要的。美国作家阿龙在他所著的《宽容》一书里写道：“在无知的山谷中，人们过着幸福的生活。”他用生动的笔法揭示了人们囿于一定的社会环境或生活习惯的时候，就会产生思维的惰性和惯性。一方面极易满足，另一方面是安于现状，不思变革，并且会不自觉地充当旧价值观念的卫道士。这是所有封闭社会的通病。也许有人会认为他的话未免太尖刻，他怎么能讲我们“无知”？但细细想来，此话确实很有道理。

已半百的卡罗琳·赫巴德是一位朴实端庄的美国妇女。她言谈举止大方，而且时常面带微笑，使人觉得和蔼可亲。她一方面是一位著名物理学家的妻子和四个孩子的母亲，另一方面又是随时准备到世界各地抢险救灾、拯救生命的勇士。她是“美国救灾行动队”的创建者和领导人。这一组织的任务是在国内外进行“搜寻和营救”活动，哪里有灾难，就到哪里去。

1988年12月，亚美尼亚发生大地震，公寓大楼、住宅、工厂、学校纷纷被摧毁，死亡人数已超过5万。赫巴德闻讯后几小时便登上飞机，飞往亚美尼亚。

她和其他营救队员在零度以下的严寒中，在覆盖几英里的废墟中摸爬了八天，尽可能多地搜寻出还有希望救活的人。

有一次，他们在三座坍塌的楼房里没有找到什么，正准备到别处去，一个家人都被陷在这所楼里的男人悲痛万分地哀求他们再搜寻一下。于是赫巴德他们又一次努力，终于找到了陷埋得很深的一个小女孩，正是那个男人 11 岁的女儿。

小女孩的兄弟姐妹都已被砸死，而她竟在四天后奇迹般地得救了。

卡罗琳·赫巴德参加的营救活动不计其数。她曾到过地震后的萨尔瓦多和菲律宾；去过巴拿马的密林中搜寻生存者；在纽约和田纳西寻找因桥梁折断而受难的人；到过遭飓风袭击后的南卡罗来纳州；到过飞机、火车失事现场和火灾水灾现场；搜寻救援过丢失的孩子、失踪的猎人和溺者……

谈到 20 年来的收获和体会她说：“我喜欢遇到紧急情况时产生的那种紧张感，那种兴奋感。当意识到自己正在做一件有价值的事情时，我会感到一种满意、一种自豪。在受灾现场，你能看到人类本性最好的一面，也能看到人类本性最坏的一面。而且，我也曾处于某种危难境地之中。最重要的是我学会了品尝生活，活出了新意。”

抢险救人，见义勇为的英雄事迹，我们知道的不少。但人们总是强调舍己为人的伟大精神，很少有人说是为了自己“学会品尝生活，活出新意”。卡罗琳·赫巴德女士给我们的启示就是自由选择的可贵、求变创新的重要。所以说真正成功的人生，不在于成就的大小，而在于是否自信自爱，求变创新，活出新意。

因此，卡耐基认为，作为一个经营者，必须努力实现自我，发挥创造性思维，喊出属于自己的声音，走出属于自己的道路。

※ 你能培养一种有吸引力的个性

卡耐基认为，先天的个性特点固然难以改变，但是后天的修为则能够在先天的基础上对原有的性格进行一定程度上的改变和润色。所以，你要相信，只要掌握正确的方法，经过不懈的努力，你一定能够培养出一种有吸引力的个性。

有人讲，老祖先都说了“江山易改，本性难移”，要改变性格、培养性格，似乎不太可能。

是的，人们都在说“江山易改，本性难移”，可我们听到这句话，应该感到兴奋才对，为什么呢？因为他只是说难移，但没说不能移。正因为难移，所以很多人妥协了，没能具备优秀的性格，自然命运的结果就有差异，可是，只要我们坚持、相信能做到，自然就能做到。相信你能够培养出有吸引力的个性，你就一定可以的。

这也是思考方向的不同。优秀者永远是少部分人，因为优秀者做了很多人看似不可能、很多人不愿意做的事情。结果才和我们不一样。

我们都知道，做任何事情，为什么比如何更重要，人们习惯了给自己一个理由。

性格决定命运实质上就是思想观念决定命运。思想观念久了就形成人的价值观（即性格）。比如小的时候，被蛇咬过一口，如果没有很好地理解和分析那一现象，也许到现在都形成了一种生活观念，见蛇就很怕，正如俗话“一朝被蛇咬，十年怕井绳”一样。

所以，人在成长过程中，培养自己具备优秀的性格相当的重要，尤其是年轻人，在价值观还没稳定的时候，也是相对比较容易去培养的时候。

对人的成长，最重要的还是在价值观的培养上下功夫，在价值观（思想观念）上投资相当于给人生装上一个 GPS，GPS 就是他的人生观，人生观就是人一生卫星定位的导航仪。有了它，在任何时候，我们都能找到人生的方向，找到方向我们就有生存的能力和希望。人生最害怕的就是没有方向，活在不真实当中。

成长，就是搞清楚自己的世界观、人生观，重要的是花时间去了解，去发掘，去塑造自己正确的价值观，是自己的人生有一个好的 GPS。价值观对了，我们的世界就对了，就正如我们常说的：你怎么看世界，世界就是什么样子的。

要具有吸引人的个性，首先要进行思想锻炼。人身体要健康可以进行身体锻炼，那么对于思想，我想可以这样类似推理吧。锻炼身体可以用最原始的方法，也可以去健身房或透过体育项目。思想锻炼自然也有方法，可以读思想方面的书，可以与优秀人士、成功者交流探讨。这个方法上切记一点，就是要持续，道理很简单，锻炼身体也需要持续。

第二，要远离负面。人际关系当中你会遇到很多人，哪些人会成为你未来的资产，哪些会成为负债，这是择友标准，实质上对你个人性格和品格形成很重要。这也是一个人所接受的三大教育中的第三个教育——社会教育。

第三，主动选择积极的“环境”。这里的环境可以把它理解成为一个圈子，也就是你有什么样的人际关系网。跟什么样的人交朋友，就容易成为什么样的人，人是环境的产物。人面对环境有四种态度：离开环境，改变环境，适应环境，抱怨环境。是否经常去思考一下，我们属于哪一类呢？我们又应该采用哪一种方法呢？

最后，多找“教练”。一个人成长无外乎两个力量，外力和内力，明显的是我们应多靠内力，当然也不能缺少外力的推拉。此处的“教练”就是“良师益友”。当然，教练也不可找得太多，以免造成你自身的混乱。

总之，你一定要相信，个性是可以通过你后天自身的努力和他人的帮助而有所改变的。只要你坚持不懈地努力，你会培养出一种具有吸引力的个性。

※ 你能塑造自己良好的品性

良好的品性是界定一个人心态阳光还是黑暗的最重要的标准。一个心中充满阳光的人，无论遇到任何事情，心中都保持着自己的道德标准和行为准则，而这些标准和准则，正是在不断的自我培养与塑造中形成的。

卡耐基小时候是一个公认的坏男孩。

在他九岁的时候，父亲把继母娶进家门。当时他们还是居住在乡下的贫苦人家，而继母则来自富有的家庭。

父亲一边向继母介绍卡耐基，一边说："亲爱的，希望你注意这个全郡最坏的男孩，他已经让我无可奈何。说不定明天早晨以前，他就会拿石头扔向你，或者做出你完全想不到的坏事。"

出乎卡耐基意料的是，继母微笑着走到他面前，托起他的头认真地看着他。接着她回来对丈夫说："你错了，他不是全郡最坏的男孩，而是全郡最聪明最有创造力的男孩。只不过，他还没有找到发泄热情的地方。"

继母的话说得卡耐基心里热乎乎的，眼泪几乎滚落下来。就是凭着这一句话，他和继母开始建立友谊。也就是这一句话，成为激励他一生的动力，使他日后创造了成功的 28 项黄金法则，帮助千千万万的普通人走上成功和致富的道路。

在继母到来之前，没有一个人称赞过他聪明，他的父亲和邻居认定：他就是坏男孩。但是，继母就只说了一句话，便改变了他一生的命运。

卡耐基 14 岁时，继母给他买了一部二手打字机，并且对他说，相信你会成为一名作家。卡耐基接受了继母的礼物和期望，并开始向当地的一家报纸投稿。他了解继母的热忱，也很欣赏她的那股热忱，他亲眼看到她用自己的热忱，如何改变了他们的家庭。所以，他不愿意辜负她。

来自继母的这股力量，激发了卡耐基的想象力，激励了他的创造力，帮助他和无穷的智慧发生联系，使他成为美国的富豪和著名作家，成为 20 世纪最有影响的人物之一。

继母对卡耐基的品性培养，来自于生活中的点点滴滴，正是这些点滴小事，感染了儿时卡耐基那幼小的心灵，从而激励他改掉以前的坏毛病，并激发了他积极向上的热情。

有两个刚从学校毕业的年轻人，在尚未找到工作前一起相约去旅行。他们在旅行途中进入一个小镇，由于人生地不熟，开车的威廉又是个生手，当车从斜坡高处往下滑行时，不慎撞到一辆停靠在路旁的轿车。他们两人下车查看，自己所租的车虽然没有损坏，但被碰撞的那辆新的奔驰轿车伤得很严重。

当时，四下无人，其中一人建议道："趁还没被人发现，车主也不在，我们赶快离开这里吧！"但是威廉说："我们不能就这样离开，虽然没人看见，但是我们应该负起责任。"说完，就写了一张道歉的纸条，并在上面留下了自己的姓名和联络电话，然后把它夹在车子的雨刷与风挡玻璃间。

当他们完成旅行之后，威廉接到了车主的电话，约定了见面时间。威廉如期赴约，车主见面后对他说："像你这样诚实的年轻人实在不多，我的公司正需要你这样的人才，不知你是否愿意为我工作？"威廉怎么也想不到会因此获得了一份好工作。

忠于自己，对得起良心的人，才是一个真正品性优良的人。

当你茫然不知所措，浑浑噩噩的时候，你不妨读：

多静坐以收心；

寡酒色以清心；

去嗜欲以养心；

诵古训以警心；

悟至理以明心。

戒浩饮，浩饮伤神；

戒贪色，贪色灭神；

戒厚味，厚味昏神；

戒饱食，饱食闷神；

戒多动，多动乱神；

戒多言，多言损神；

戒多忧，多忧郁神；

戒多思，多思挠神；

戒久睡，久睡倦神；

戒久读，久读苦神。

当你气不顺的时候，你不妨读：

清明以养吾之神，

湛一以养我之虚，

神精以养吾之识，

刚大以养吾之气，

果断以养吾之才，

凝重以养吾之度，

宽裕以养吾之量，

严冷以养吾之操。

当你心胸不够宽阔的时候，你不妨读：

人之心胸，多欲则窄，寡欲则宽。

人之心境，多欲则忙，寡欲则闲。

人之心术，多欲则险，寡欲则平。

人之心事，多欲则忧，寡欲则乐。

人之心气，多欲则馁，寡欲则刚。

海阔从鱼跃，天高任鸟飞，非大丈夫不能有此度量。

振衣千仞冈，濯足万里流，非大丈夫不能有此气节。

珠藏泽自媚，玉韫山含辉，非大丈夫不能有此蕴藉。

月到梧桐上，风来杨柳边，非大丈夫不能有此襟怀。

当你喜形于色的时候，你不妨读：

喜来时一检点。怒来时一检点。

怠惰时一检点。放肆时一检点。

困辱非忧，取困辱为忧。

荣利非乐，忘荣利为乐。

热闹荣华之境，一过辄生凄凉。

清真冷淡之为，历久愈有意味。

当你遇到挫折的时候，你不妨读：

经一番挫折，长一番识见。

容一番横逆，增一番器度。

省一分经营，多一分道义。

学一分退让，讨一分便宜。

增一分享用，减一分福泽。

加一分体贴，知一分物情。

当你在诱惑面前不知如何对待的时候你不妨读：

严着此心以拒外诱，须如一团烈火，遇物即烧。

律身惟廉为宜，处世以退为尚。

大恶多从柔处伏，须防绵里之针。

深仇常自爱中来，宜防刀头之蜜。

当你在家为人子，为人夫（妇），为人父母，为人兄弟的时候，你不妨读：

勤俭治家之本，

忠孝齐家之本，

谨慎保家之本，

诗书起家之本，

积善传家之本。

天下无不是的父母。世间最难得者兄弟。

以父母之心为心。

天下无不友之兄弟。

以祖宗之心为心。

天下无不和之族人。

以天地之心为心。

天下不无爱之民物。

孝莫辞劳。转眼便为人父母。

善因望报。回头但看尔儿孙。

子之孝。不如率妇以为孝。妇能养亲者也。公姑得一孝妇。胜如得一孝子。妇之孝。不如导孙以为孝。孙能娱亲者也。祖父得一孝孙。又增一辈孝子。

父母所欲为者。我继述之。父母所重念者。我亲厚之。

兄弟一块肉。妇人是刀锥。兄弟一釜羹。妇人是盐梅。

兄弟和其中自乐。子孙贤此外何求。

心术不可得罪于天地。言行要留好样与儿孙。

至乐无如读书。至要莫如教子。

毋受小人私恩，受则恩不可酬。

毋犯士夫公怒，犯则怒不可救。

※ 你能学会与别人分享

有些人，平时不注重品德的修为，性格孤僻，不懂得与他人共同分享胜利的果实和开心的喜悦，这样的结果就是，生活圈子会越来越狭小，接触的朋友越来越少，最终孤立于社会群体之外。

学会同别人分享，在与人的分享中，你自己也会得到快乐。学会同别人分享，才有机会分享别人的喜悦，并得到双倍的快乐。

卡耐基——一个贫穷的苏格兰移民的孩子变成了美国最富的人。他勤奋地工作直到 83 岁逝世。在此期间他一直明智地与人们共享他那巨大的财富。

1908 年，18 岁的希尔访问了这位伟大的钢铁大王、哲学家和慈善家。第一次访问持续三小时之久。卡耐基告诉希尔：他的最巨大的财富不是金钱，而是在他的哲学中。在他在世时极大地帮助了希尔，因为他说："人生中任何有价值的东西，都值得为它而劳。同时，任何有价值的东西，都值得同他人分享。"

卡耐基的故事将使读者深信：卡耐基能同别人分享他所拥有的部分东西：金钱、哲学以及其他东西。

一个人学会与别人共享自己的力量，个性才能得到最完整的发挥。

发展个性必须从欲望出发，而欲望是通过行动来实现的。个性的开始，就在于我们独处时候的所思所为，而真正个性的奉献，则会凌驾一己之私的范围。成熟的个性，不可避免地会在对服务人群的先献身上表现出来，它开始时可能是一种内在的精神较量，继而向外寻求更丰富的知识和谅解。个性并不是我们独自的拥有，也不是行为的本身，它是用来判定我们本身价值的东西。性格可以在不涉及他人的情况下得到体现，而个性最终必须会影响到他人和我们自己的生命。我们或许能在家独处的时候造就我们的性格，但是永远不能孤独地完成个性的发展。

每一个人，对于自己所碰到的人，都有爱和悲哀的相互责任，我们怎样为他们树立爱的榜样，这将会对他们如何去爱别人产生重大的影响。当我们表达爱心的时候，别人会看着我们，甚至把我们当作学习的榜样。

我们会问："谁可以当我们的好榜样？谁是我们最应该仰慕的对象？"我们可以从历史人物中找到他们，也可以在开放和诚实的心态下遇见他们，我们也会在日常生活中发现他们。

南丁格尔舍弃了财富和舒适的生活，去追寻她心中深刻的需求。她被一种要去帮助千千万万个人的使命所驱使，要去分担他们在她身边死亡的时候所经受绝望的情绪和恐惧。最后她成为我们今天所熟悉、敬仰的"白衣天使"之母。

世界上贵族制度最长的，是英国；贵族得到最多利益又相安无事的，也是英国。

1688 年，英吉利海峡对面的法国，大革命中血流成河，断头台上人头滚滚，包括无数的贵族。而英国也经历了同样的资产阶级革命，一些贵族带头发动了"光荣革命"，但结果是贵族与革命军相安无事，以至弹冠相庆。他们在没有大的流血冲突情况下，完成了资产阶级革命。资产阶级与贵族，各自的利益，各自的官位爵位，都各得其所。

为什么会有这样的结果？因为英国的王公贵族懂得一个道理：利益就是像玻璃瓶里装着的蜂蜜，如果大家都想得到可口的一点点，那就相互妥协，用谈判和退让的方法来解决。否则，争打起来，瓶子碎了，谁也吃不到。

于是，英国贵族主动与革命党谈判，把原先属于贵族的许多利益让出来，只保留其中的一部分。

只要给贵族一部分利益，战争就可避免。革命党觉得这个决定具有可行性。于是，就达成了协议。

学会与别人分享，这是获得最大利益的方法。富有而又能够谦让，当然愉快。

英国贵族在生死攸关的时候，能够审时度势，让出一部分利益，让革命党人来分享，当然大家都高兴。

一个人要谋求最大的利益，方法就是愉快地追随，而不是顶牛、争斗，甚至流血牺牲。当然，追随的行为，必须符合建立公侯的伟业，而不是一己的私利，用今天的话说就是有利于社会的进步与发展。英国贵族们当年的顺从与追随，那是顺应了历史的发展，当然就喜悦安乐了。与他人分享，我们应该怎样做呢？

首先，是尊重。对先人、传统、礼俗的尊重。要从别人手中得到利益，首先要从自己的手中把利益奉献给别人。一个人靠着上方的强有力的援助，随心所欲，洋洋得意，不知不觉地高声唱了起来。这种自鸣得意的态度，会很凶险。

另一个原则是团结和诚信。一个人无论在哪种场合，首先是给予别人信任，千万不要疑神疑鬼。自己对同志有诚信，同志才来聚合。聚合了，才有条件说到利益分配。一个人如果专注蝇头小利，他肯定一无所获；一个人专注于众人的利益，他才有可能获得大利。

要想与别人分享，你必须是一个明白、简单的人。做一个容易让人明白的人，你会有很多朋友，会得到很多朋友以及同事的支持。因为你是一个容易让人亲近的人，由此，你就能够壮大，能够干一番大事业。

第六章　迈好步入社会的一步

站在人生的起点，你可能意气风发，挥斥方遒；可能激情豪迈、热血沸腾。在你将要步入社会之际，卡耐基有一些对年轻人的忠告，在这些忠告里，他教导你，应该怀抱着什么样的动机去做事、怎样立志、怎样正确看待别人并忠诚待人以及选择生意伙伴、在生活中要养成什么样的习惯和嗜好等等。

这些忠告，对于将要步入社会的年轻人来说，将会起到一个启迪与警醒的作用。提醒他们在以后的人生道路中少走弯路。卡耐基的这些忠告中，也蕴含着对于新一代年轻人的殷切期望。

※　年轻人要志向高远

很多青年朋友都会犯这样一种错误，那就是过分的妄自菲薄，一旦产生某个“非分之想”，马上自泼一盆冷水，例如：“我想成为一个杰出的政治家！嗨，我连‘政治’二字的含义都不清楚，怎么可能成为政治家呢？别瞎想了！”诸如此类，好比激情的种子刚刚露出尖芽，便一手掐断。

其实，让自己心中永远存在“非分之想”是必需的。作为一个年轻人，在人生早期，最首要的任务就是首先自己树立一个远大的志向，这样，接下来的生活才有了动力，也有了奋斗的目标。

卡耐基给年轻人的忠告：无须考虑人生目标是否现实，它至少要大到值得你花一生时间去追求它。

能否实现“非分之想”，并不重要，但你想一生过着从容、充实、快乐、有尊严的生活，就需要一个高远目标来引导你的人生旅程。

实际上，当你产生“成为一个杰出政治家”或其他伟大梦想时，就已经做了一件正确的事情，自泼冷水毫无必要。

心理学家认为，每个人心里都有一个“自我心像”，它成形于你的自我期许：你希望自己是什么人，看到的就是什么人。你希望成就杰出，就会在心灵的“荧光屏”上看到一个踌躇满志、不断进取的“我”，同时还会经常收听到来自灵魂深处的积极信息：“我是最棒的，我还会更出色”，“暂时的灰暗不算什么，我终有大发异彩的一天”。“自我想象”不仅影响心态，还能直接影响和规范人的行为。假如你志向远大，遇到一些事情时，你就会想：“我是一个有修养的人，一定不能做没有教养的事情”，“我是大人物，不能按小人物的方式处理问题”。与之相反，假如你的自我期许不高，遇到事情时，就会自动放低要求，动辄“随便啦”、“无所谓啦”，然后爱怎么做就怎么做，很少考虑后果。正如迪士累利先生所言：“不向上看的人往往向下看，精神不能在空中翱翔就注定要匍匐在地。”

是否应该立定远大志向，跟你的先天条件、目前境遇没有任何关系，仅仅取决于你是否希望“在空中翱翔”。人生虽然短促，毕竟有数十年光阴，八年时间，足够打一场抗日战争了，也足够让一个小兵成为将军，可想而知，穷一生时间，完全可能实现某个伟大的想法。

举凡成大器者，在起步之初，不管有没有优越的条件，都无一例外地拥有一个伟大的梦想。法国皇帝拿破仑是个调皮学生，成绩一塌糊涂，他却说：“我具有出色的军事家的素质，权利就是我要得到的东西！”美国前总统克林顿是个学生尖子，17 岁因成绩优异而荣获去白宫见肯尼迪总统的机会，回来后，他买了两张画像，贴在自己的房间，还写下一段话：“我今年 17 岁。我发誓这一生一定要成为美国总统，服务美国民众。”这些人并非个个天赋优异，他们的背景、学历和运气也不一定比普通人好，他们的人生起飞，在很大程度上借助了梦想的翅膀。

志向远大和成就杰出之间是否存在某种逻辑关系？这是当然的。立志以高远为准则，效仿过去的贤达，杜绝情绪的冲动，抛弃心中的俗念，使近乎先贤的志向，能够明白地存于意念间，能够强烈地激励自己的心。这样，你就能够忍受生活的顺逆，排开琐碎的俗事，广泛地向他人求问真知灼见，清理心中的嫉妒和贪心，即使功名不顺，对你的心境和情趣也不会产生什么坏的影响。又何愁没有大志伸张的一天呢？如果志向不够刚强坚毅，境界不够恢宏阔大，徒然被俗念阻滞而碌碌无为，被俗情束缚而默默无闻，只能长期沉沦在平庸者中，成为才智品行低劣的下等人。

远大志向对人生有两大好处。

第一大好处是能够约束自己的行为，过有教养的生活。

有一年，英国的政客们发动政变，将王子关押在一个古堡里。为了从精神上摧垮王子，政变者给王子准备了最精美的食物、最漂亮的女人和最有趣的游戏。但是，王子不为所动。尽管长期关押，王子心如磐石。政变者为之折服，终于拥立他为国王。后来，有人问这位年轻的国王：为什么能在种种诱惑面前不动心？他说：“我生来就是当国王的。”

假如你觉得自己生来就是一个大人物，你就不会像小人物一样为了一点面子上蹿下跳，或者为了几个小钱耍尽手段，你就能把精力集中到更有价值的事情上，免于白白消耗。

第二大好处是能促使自己按需要做事，点点滴滴积累能量，提升竞争力。只要永远比周围的人做得好一点，足以让你超群出众了。

在漫长的人生道路上，成功看似一个偶然事件，其实是一个必然选择。一个人如果心无大志，也就等于选择了平庸。相反，一旦你立定了远大志向，并且坚守它，终生追求它，你就已经近乎伟大了。

当你担心目标过于高远时表现为：

对未来不敢抱太大的奢望，只想把小日子过得舒坦一点。

羡慕别人功成名就，也希望成为其中一员，但不敢相信自己能心想事成。

嫉妒身边比较出众的人，好像他们得到的就是自己失去的一样。

解决办法如下：

首先，向他人宣示梦想，写下箴言。年轻人不必害怕张扬自己的梦想，你可以把梦想告知亲朋好友，还可选择最打动自己的某句话作为一生箴言，张贴在醒目之处，随时激励自己。

其次，成为“选手”。多数人只是“看客”，不是“参赛选手”，也没有人会给他们发“奖牌”。而你需要养成比赛心态，为人生目标而角逐。

再次，按需要做事。对任何妨碍成就大志的事，都谨慎地回避。

最后，不受逸乐的束缚。假如你迷恋某项享乐，无论是低俗享受还是高雅娱乐，最好把它变成业余时间偶一为之的事。因为它会消耗你的能量，并削弱你的心志力量。

※　行事的动机首先是追求快乐

卡耐基说过，生活得快乐与否，完全取决于个人对人、事、物的看法如何；因为，生活是由思想造成。

曾经统治罗马帝国的伟大哲学家马尔克斯·奥勒流曾说过一句决定你命运的话：“生活是由思想造成的。”

不错，如果我们想的都是快乐的念头，我们就能快乐；如果我们想的都是悲伤的事情，我们就会悲伤；如果我们想到一些可怕的情况，我们就会害怕；如果我们想的是不好的念头，我们恐怕就不会安心了；如果我们想的全是失败，我们就会失败；如果我们沉浸在自怜里，大家都会有意躲开我们。诺曼·文生·皮尔说："你并不是你想象中的那样，而你却是你所想的。"

任何觉得让自己生命有意义的事，终究是快乐的。也只有那些带给你精神上快乐的事情，才能经历时间的考验，成为人生中不可或缺的部分，让你明白，如此长长久久的付出，毕竟值得。

虽然有些辛苦，但还是快乐的；虽然曾经咬牙忍过痛，但还是快乐的。快乐并不肤浅，快乐并不只是一时安于逸乐。

每个人会感到快乐的事不一样。而我们有责任，为自己的人生找到一种让自己能够"总是快乐"的事情做。如果愿意寻找快乐，我们都会发现对自己最有意义的快乐。而忍受一点点不快乐，或许也是寻找快乐过程中必须承受的。

表面上，现代人已经越来越懂得所谓"享受生活"，但是，生命中仍然有很多堵像墙一样的障碍物，遮掩了快乐的可能。

得到快乐是人生的主要目标之一。不管是说话还是做事的时候，你都想千方百计地去享受快乐。千千万万的年轻人在寻找幸福道路上终究免不了要犯错误的，如果不遵照规则就不能获得最大的快乐。这些规则将引导人们走向光明，如果年轻人不最大限度地严格按照这些规则行事，而是以为可以轻而易举地得到自己想要的一切，即使他们以前受到过老天爷的恩赐，也是十分错误的。

很多青年人都没有固定的原则，也没有什么目标，要不就是极易受到某种卑劣的原则和目标的影响。这话听起来有些消极，但事实的确如此。

人行事的动机是什么？首先应该是追求自己的快乐。得到快乐是一个人人生的主要目标之一。不管是说话还是做事的时候，你都想千方百计地去享受快乐。但是，在通往快乐的道路上，有时你会走一些弯路，或者是因为你缺少友善的向导，或者有了向导你也不愿意去跟从，但更普遍的一个原因是，你容易安于现状，一点小小的满足便会让你停滞不前，这种满足尽在眼前且真真切切，但其实前面还有无限美好的东西在等待着你，只不过你要走更远的路才能得到它。

有很多青年以为快乐来自于财富，所以财富是他们昼夜学习和做事的目标。他们倒不是以为钱财本身有什么内在的价值，钱财只是一种手段，用来保证得到他们梦寐以求的快乐。然而为了快乐而追求金钱，久而久之，特别是当他们志得意满时，他们就会忘了自己的初衷，变成为了金钱而追求金钱，拥有家财万贯成了他们做事的首要目的。

所以，这就演变成了一种对世俗的快乐和名利的追求，陷得越深，我们原有的个性失掉的就越多，对所追求的东西就越是迷恋，再也不会为了其他目的而振奋。

青年朋友们，如果你的人生目标不仅是追求个人幸福，而要使你的父母、朋友和邻居以及周围的人都得到幸福的话，你会成就很多事情，这一点不会错，你会得到很多。

但是设想如果一个年轻人真的如上所述的那样，在追求个人幸福时也为别人带来幸福，那么，他要首先思考如何才能使自己成为更加高尚的人，怎样使自己人性的尊严得到提升，怎样使自己脱颖而出，超凡脱俗？只有具备了这些条件，一个人才可以谈纯洁高尚的理想，去追求自己的学业、事业、幸福和愉悦。

无论从事任何事情，请记住，首要的目标，不是钱财、地位、权利，而是快乐，前面一切一切的物质条件，都是为了“快乐”二字。没有了快乐，一切也将化为乌有，不再重要。

养成勤奋的习惯。

好的习惯可以造就人才，坏的习惯可以毁灭人才。习惯，对人的成功与否都有巨大的影响力。好习惯的报酬是成功，好习惯是开启成功大门的钥匙，要有胸襟开阔的心理习惯、勇于纠正自己缺点的习惯、从容不迫的习惯、喜欢运动的习惯等。

勤奋是任何人类伟大发明和劳动成果产生的基础，也是维持人体生理机能正常运转所必须具备的条件。

卡耐基说："我的座右铭是：第一是诚实，第二是勤勉，第三是专心工作。"

西班牙小说家塞万提斯说过："不要睡懒觉，不和太阳一同起身就辜负了那一天……勤奋是好运之母，反过来，懒惰就空有大志，成不了事。"富兰克林说过："懒惰像生锈一样，比操劳更能消耗体力；经常用的钥匙，总是亮闪闪的。""勤勉就是不浪费时间，每时每刻做些有用的事，戒掉一切不必要的行动。"达·芬奇说过："勤劳一日，可得一夜安眠；勤劳一声，可得幸福长眠。"乔·雷诺兹说："如果你富于天资，勤奋可以发挥它的作用；如果你智力平庸，勤奋可以弥补它的不足。"

勤奋，是懒惰的反义词，是成功的基础，是传统的美德，勤奋，一是脑勤，二是体勤。文学家说，勤奋是打开文学殿堂之门的一把钥匙；科学家说勤奋能使人聪明；而政治家说勤奋是实现理想的基石。

世界上最宝贵的除了良好的心理素质，还有一个最宝贵的东西，就是勤奋。最宝贵的勤奋，不光是肉体上的勤奋，而是精神上的勤奋，勤奋靠的是毅力。

一个人要凭着自己的聪明才智，努力拼搏向上，这样的信念是不可或缺的，妄想通过其他途径获得别人的援助，通常只会落得一场空。大多数人都应该知道养成勤奋习惯的重要性，但是不少人却在努力养成这种习惯的过程中走了不少弯路。有些人试图通过强迫自己的方式达到这种目的，有的指望着听恭维话。

唯有勤奋才能使一个人充分发挥自己的才能，享受到人生的欢愉。圣保罗告诉我们："这是对你们的要求，谁要是不工作的话，他也不应该吃饭。"看起来这真是至理名言。就像 2000 年前一样，任何一个身心健康的人，只有劳动才有资格活在这个世界上，谁要是在这一点上讲什么条件，那么就请他到其他星球上去生活吧。

劳动分很多种，脑力劳动比起体力劳动来，显得更为有用。你可以在一个很大的范围内选择自己想干的事业，所有的职业或许对这个社会来说都同等重要。即使你碰巧继承了一大笔财产，你也要做点什么事情。要想得到健康和快乐，你就必须劳动。整日游手好闲，无所事事，即使你能呼风唤雨，这对你自己也没有什么好处。相反，这是一种对社会和你的子孙后代的一种不负责任的行为，即使你没有子孙，你也应该要求自己去做力所能及的事情。

青年人在人生的最初就养成一个勤劳的习惯，在思想和行为上摒弃懒惰。在每一个国家，总有这样的信条：一个人要凭着自己的聪明才智，努力拼搏向上，这样的信念是不可或缺的，妄想通过其他途径获得别人的援助，通常只会落得一场空。

那些不凭借自己的劳动过活的人，会不断受到来自同类人的竞争。他们每一天都要面临被驱逐出局的危险，他们的饭碗朝不保夕，整日生活在一种无休止的担惊受怕之中。

懒惰的心理主要有如下表现：

思想方面的懒惰。懒惰的人常有明日复明日的思想。明知道这件事应该今天完成却总期待着能够明日去做。例如：有懒惰心理的学生在完成当天作业时，常找出各种理由拖拖拉拉，边玩边学，时间晚了，就想明天早晨早点起床再完成，面第二天又起床晚了，上学后，又有了新的任务，这样明日复明日，学习成绩可想而知。懒惰的人常有依赖别人的思想。

行动方面的懒惰。思想的懒惰必然导致行动上的懒惰。懒惰的人明明知道某件事应该做，甚至应该马上做，可却迟迟不做，或硬挺过去；做事时总是无精打采、懒懒散散、拖拖拉拉；做事不积极、不主动、不勤奋。

懒惰是成功的绊脚石，在充满困难与挫折的人生道路上，懒惰的人习惯于等、靠、要，从来不想去求知、发明、拼搏、创造，最终只能是一事无成。只有勤奋、刻苦、好学、上进，朝着预定目标孜孜以求，才会达到光辉的顶点，为此要努力克服懒惰的习惯。

要养成每天清早按时起床和外出锻炼的习惯，改掉恋床不起的恶习。寻找榜样。找一个做事勤劳的人作为自己的榜样，并尽量去做。厌恶疗法。做一个小丑娃放在写字台上，每当发觉自己有懒惰的心理或行为时，就在小丑娃的脸上画一笔，或涂些颜料，久而久之，再看或丑娃丑陋的样子，就会提醒自己改掉懒惰的习惯。

※ 对人忠诚

对人忠诚是中华民族的传统美德，也是我们衡量朋友或同事品性的一个基本标准。卡耐基告诉我们，如果想结交朋友，就要先为别人做一些事情——那些需要花时间、精力、体贴、奉献才能做到的事。只要你真正关心他人，就会赢得他人的注意、帮助和合作，即使最忙碌的重要人物也不例外。

英国作家德莱赛说：“诚实是人生的命脉，是一切价值的根基。”英国学者约翰雷说：“欺人只能一时，而诚实却是长久之策。”德国诗人海涅说：“生命不能从谎言之中开出灿烂的鲜花。”英国戏剧家莎士比亚认为：“对己能真，对人就能去伪，就像黑夜接着白天，影子随着身形。”古罗马政治家西赛罗说过：“没有诚实何来尊严？”

弗莱明是苏格兰一个穷苦的农民。有一天，他救起一个掉到深水沟里的孩子。第二天，佛莱明家门口迎来了一辆豪华的马车，从马车走下一位气质高雅的绅士。见到弗莱明，绅士说：“我是昨天被你救起的孩子的父亲，我今天特地过来向你表示感谢。”弗莱明回答：“我不能因救起你的孩子就接受报酬。”

正在两人说话之际，弗莱明的儿子从外面回来了。绅士问：“他是你的儿子吗？”农民不无自豪的回答：“是。”绅士说：“我们订立一个协议，我带走你的儿子，并让他接受最好的教育，假如这个孩子能像你一样真诚，那他将来一定会成为让你自豪的人。”弗莱明答应签下这个协议。数年后，他的儿子从圣玛利亚医学院毕业，发明了抗菌药物盘尼西林，一举成为天下闻名的弗莱明·亚历山大爵士。

有一年，绅士的儿子，也就是被弗莱明从深沟里救起来的哪个孩子染上了肺炎，是谁将他从死亡的边缘来了回来？是盘尼西林。那个气质高雅的人是谁呢？他是“二战”前英国上议院议员老丘吉尔，绅士的儿子是谁呢？他是“二战”时期英国闻名首相丘吉尔。

本杰明·富兰克林曾说过，一个人种下什么，就会收获什么。我们假如真诚待人，别人也会真诚地对待我们。弗莱明因为真诚才让自己的儿子有了成才的机会。老丘吉尔也因为真诚才拯救了自己儿子的生命，并使之成为20世纪影响人类历史进程的政治家。

著名诗人裴多菲曾说：“我宁愿以诚挚获得一百名敌人的攻击，也不愿以伪善获得十个朋友的赞扬。”每个人都喜欢与真诚的人交往共事。忠诚待人，就能赢得良好声誉，获得尊重和信任，就能与人和谐相处，愉悦合作。

“物我一体，将心比心”。要真诚待人就要学会“将心比心”。用自己的火点燃别人的火，拿自己的心比照别人的心，遇事设身处地为别人着想。

所谓待人不忠诚，就是企图从他人那里获取最多的利益，而不付出任何代价。

大多数情况下，当你试图取悦他人，尤其是当你担心说真话或表达内心的真实感受会让人嫌弃时，伪善就会不期而至了。如果不是出自本意，请不要假装对某件事情表示关切。结果只能使他人希望你说出本不想说的话。记得要彬彬有礼，但不要妨碍你自抒胸臆。与其误导他人，不如毫不隐瞒，即便会伤害到他们，因为误导会让他们厌恶。当他人意识到被你伤害时，他会保护自己，把伤害控制在一定范围内，如果你欺骗他们，无异于哄骗他们产生虚假的安全感，从而放松警惕，那么你造成的伤害会更大，因为背叛加剧了伤害。

如果你待人不真诚，你会对他人毫不在意，意识不到自己对他人的伤害或利用，更可怕的是，你会为自己开脱，声称如果他人处在你的位置，行为也会和你一样。

忠诚不是智慧，但是它常常放射出比智慧更诱人的光泽。有许多凭智慧千方百计也得不到的东西，真诚，却轻而易举就得到了。

忠诚不与人言，如果别人理解你那份真诚，你不说别人也知道；如果别人不理解你那份真诚，表白往往会把事情弄得更糟。

忠诚犹如一潭湖水：宁静、淡泊、美丽。它有时也会遭到泥块和沙石的袭击，但是，它凭借着自身的净化作用，很快会使污秽沉淀，仍旧不改自己光彩的容颜。

以忠诚待人，并不是为了要别人也以忠诚回报。如果动机是以自己的忠诚换回别人的忠诚，这本身已不够忠诚。忠诚是晶莹透明的，它不应该含有任何杂质。忠诚也是一种高尚。

有人说过这个世界上最美好的东西就是纯洁，那么在这个社会上，我们要想有个良好的人际关系环境和纯洁的爱情友情，首先就要靠我们自己的付出和忠诚。忠诚应该是晶莹透明的，忠诚不该含有任何杂质的。

忠诚就是要做到重诺言、守信用，没有守信，真诚就不知道从何谈起。我们要从点滴做起，说到就要做到。做不到都要实事求是的告诉对方，己所不欲，勿施于人。

忠诚仿佛就是一泊幽雅的天籁之泉水，它是那样的宁静淡泊，让我们永远去呵护珍惜好这样的美丽。真诚无价。

※ 培养健康有益的个人嗜好

卡耐基教育我们，今天就是生命——是唯一你能确知的生命。利用今天，使自己对某件事情感兴趣，把自己摇醒，培养一种嗜好，让热忱的风儿扫掠过你，以高昂的兴致来过今天。

当你在日常工作中不能发挥你的创造能力的时候，就应该去找一些新的事情，让它成为你的嗜好，这样你的创造力，自然就有发挥的余地了。你的生活也会变得更有意义、更有情趣。嗜好一方面可以发挥你的创造力，另一方面还可以调剂一下因工作而疲惫的身心，陶冶情操，使身心舒畅，减轻疲劳感，增加愉悦感。嗜好同睡眠一样重要。心理学家告诉我们说：你应该有一种嗜好。医生也这样对人们说：你必须养成一种嗜好。

在现代社会里，你不应该单为工作而生活，你不能只做工作的奴隶，工作的目的，也是为了寻找快乐。如果你不去游戏，运动，娱乐。那么你将离现代人的标准越来越远，同时，没有一个健康有益的嗜好，生活上的一个重要的元素便也丧失了。健康有益且正常的嗜好，可以免除你的寂寞，单调，枯燥，乏味，可以使你的晚年过得更充实，更有趣味。

嗜好对健康大有裨益。这里所指的嗜好当然不是贪睡，也不是贪杯，更不是挖空心思赚钱的嗜好，而且有益于健康的嗜好。

培养有益于健康的嗜好，首先要考虑它是否能使你的生活更加平衡，其次再去考虑它的趣味性。举个例子，集邮对大多数人来说，是个有益的嗜好，但是对于整日坐办公室的银行家来说，上班时一直坐在办公室，下班后又在书房里坐到深夜，那么集邮对这位银行家来说就不能算是有益健康的嗜好。因为他疲劳的肌肉和紧张的神经仍然不能得到有效的松弛与舒缓。然而对一位木匠来说，他已敲了一整天的钉子，那么集邮就会成为一种很有益处的业余消遣。所以，有益健康的嗜好，还要因人而异，没有一个统一的标准。

对于脾气急躁、性格忧郁的人来说，垂钓无疑是一种理想的嗜好。聚精会神地凝视平静的水面，能使人的神经松弛，使一切烦恼化为乌有。同时也可以锻炼人隐忍、耐得住寂寞的能力，这对于缓解脾气急躁，是非常有帮助的。

嗜好具有治疗价值已为医学界所公认，有些医院设职业疗法专科，让病人从事针织、绘画、纺织等活动，其效果有时比药物更好。

培养某种特殊爱好，是自我滋养的有效手段。要学会自尊自爱，就需要自我滋养。我们也需要为心智以外的“自我”提供滋养。比如，我们必须爱惜身体，好好照顾它，我们要拥有充足的食物，给自己提供温暖的住所。我们也需要休息和运动，做到张弛有度，而不是永远处在繁忙状态。俗话说“圣人也需要睡眠”，合理而健康的嗜好是培养自尊自爱的必要手段。当然，嗜好兴趣本身若是成为自我完善的全部目标，那么就会偏离人生本质，同时也偏离了卡耐基成功学理论中教育人们培养嗜好的初衷。

所以，培养健康有益的个人嗜好，无论是对于放松身心、保持健康还是修身养性、保持高尚的修为来讲，都是非常有益的。而对于为成功铺平道路来说，健康有益的嗜好为你提供了一个轻松的自我空间，在这里你可以将烦恼抛到脑后，彰显你自己的个性，放松心情，为更好地工作做准备。

※ 注重小节

生活中常常会有这一类人，他们经常以“不拘小节”自居，不注重细节上的东西，马马虎虎，邋里邋遢。对工作缺乏认真的态度，对个人琐事也是得过且过。这种现象导致的结果就是他们的生活变得一片混乱，毫无条理。而更重要的是，这使他们养成了大意和不注重细节的做事习惯，这往往会在关键的时候对他们的学业和事业产生影响。

卡耐基教育我们：“一个不注意小事情的人，永远不会成就大事业。”成大事的人，往往是非常细心的。所谓“胆大务必心细”。只有“胆大”而不“心细”，就会变成鲁莽。

人生忠告箴言：很多人因为不喜欢和别人交往，通常情况下总是企图尽量避开交际场合。家长里短、对于那些琐屑零碎的事情，他们认为是浪费时间的行为，甚至认为自己应该退避三舍、独善其身。在人类生活中，微小事物总是经常引发伟大的结果。小事不为者，大事难成；一屋不扫者，难扫天下；少时出言不慎者，终生胡言乱语；小饮放纵者，日后成酒鬼；一念不纯者，必受肉欲之所累。

有很多事情看起来和人们讲的习惯、礼貌和习俗没有什么联系，好像一点都不值得我们注意，可是我们大部分的快乐还要通过它们来获取。我们应该记住，人们在地球上活着不是孤零零的一个人，而是生活在一个群体之中，每个人都有权力而且有资格对自己所进食物发表看法。我们总是能够遇上这样的情况，一件你觉得无关紧要的小事在别人眼里就可能是一件天大的事情。我所提到的这些大部分是很多寒暄用语和表示客套的方法，还有一些着装的方式等等。十分清楚，在一些会晤场合以及生老病死的场合，与当事人见面和分手的时候，以及信的开头和结尾用的客套语其实根本没有什么真正含义，这些话作为对话的开场白或经常见面时用的问候语来说，当然具有一定用处。它们可以用来表示对他人的善意与友好。通过这些，我们能更好地判断生活在我们周围的人是否可靠。如果我们平常不使用这些客套话，那么别人就会认为我们不懂交际、自私自利、傲气十足或是厌恶他人。

齐默曼被很多人认为是上帝派来解救世人于孤独之苦的使者，他教给人们不应该“居于沙漠，或似猫头鹰一样居于树洞之中”。他说：“我真诚地劝诫我的门徒不要郁闷独处于众人之外，也不要与人同流合污，这样你才能做一个明智、理性和仁慈的人，在得到很多人生快乐的同时，受到正确的人生教育。”这话很有道理，如果我们不能容忍别人的缺点，原谅别人的错误，没有耐心听别人胡言乱语，那么我们就不会有什么快乐，也不会受益于这个社会。

同样的道理，我们也不能完全忽视衣着的重要性。虽然说不管一顶帽子的款式多么新潮，一件外套的做工多么精细，也不能使我们的思想和道德得到半点升华，但是不要忘了，人们总是通过自己的外表而给人留下第一印象，而且第一印象在一个人的头脑中难以完全磨灭。所以，如果我们在乎自己的个人价值，就不能认为衣着的款式和个性是无关紧要的。我在其他章节已经说过，我们衣着的样式虽然不能太超前，但也不能显得过于落伍。

我们也应该记住，这个世界的各个不同层面和领域都是由微小的事情组成的。某些时候，“小事即大事”的说法，它看似荒谬却也有一定的道理，因为有时一件小事能成为大的气候，谁都应该知道，在整个物质世界中，一些威力强大的运动总是起源于某件不起眼的微小事物。使大自然能够吐旧纳新、生气勃勃的主力军不是龙卷风，不是大洪水，也不是偶然的暴风雨，而是温和的清风、凉爽的细雨，和天地间温柔静谧、晶莹剔透的纤纤露珠。

所以，在人类生活中，微小事物总是经常引发伟大的结果。对于小毛病视而不见是很有害处的，久而久之，会使身体习惯于某种恶习，思想也会随之慢慢堕落，因为习惯性地去做某一件事情会在大脑中形成一种思维定式，甚至会影响到一个人的灵魂。不要认为一小笔钱、一点细微的时间、几句闲言碎语或是无关紧要的轻微举动无足轻重，那是非常致命的错误观念。在这一点上，对于那些对小节不在乎，认为小事无关紧要的人，我不得不引用一位修养甚高的朋友说过的话："那些对自己的毛病不觉悟不反思的人令我震惊。"

在工作岗位上，也应时时刻刻注重小节。

优秀员工与平庸者之间的最大区别在于，前者注重细节，而后者则忽视细节。细节之中潜藏着机会。

迈克和怀特同时应聘进了一家公司。这家公司前途光明，待遇优厚，有很大的发展空间。他们俩都很珍惜这份工作，拼命努力以确保试用期后还能留在这里，因为公司规定的淘汰比例是2:1，也就是说，他们俩必然有一个会在三个月后被淘汰出局。

迈克和怀特都咬着牙卖劲地工作，上班从来不迟到，下班后还要经常加班，有时候还帮后勤人员打扫卫生，分发报纸……

部门经理是一个和蔼可亲的人，他经常去两个人的单身宿舍交流、沟通，这使他们受宠若惊。所以两人特别注意个人卫生，都把各自宿舍整理得一尘不染，把专业书都摆在桌面上，以示上进。

三个月后，迈克被留了下来，怀特悄无声息地走了。过了半年，迈克被提升为部门主管，和经理的关系也亲近了，就问经理当初为什么留下了他而不是怀特。经理说："当时从你们中选拔出一个还真的是非常难的，工作上不分高低，同事关系也很融洽，所以我就常去你们宿舍串门，想更多地了解你们。我发现了一个现象，凡是你们不在的时候，怀特的宿舍仍亮着灯，开着电脑。而你的宿舍则熄了灯，关了电脑，所以最后确定了你。"

不要忽视细节，一个墨点足可将白纸玷污，一件小事足可使你招人厌恶。在激烈的职场竞争中，细节常会显出奇特的魅力，提升你的人格，增加你的绩效指数，博得上司的青睐，获得更好的机会。

细节本身往往就潜藏着很好的机会。如果你能敏锐地发现别人没有注意到的空白领域或薄弱环节，以小事为突破口，改变思维定式，你的工作绩效就有可能得到质的飞跃。

新闻系毕业的麦蒂终于如愿以偿，开始了她的记者生涯。然而工作仅一周，她就发现自己是部门里多余的人。部门的工作已被原有的三个人周密地分了工，他们各管一摊，根本没有自己插手的余地。

该怎么办呢？

麦蒂听了思虑再三，决定不抢别人的饭碗。她细心观察，耐心接听编辑部的求助电话——这是谁都不想干的活。一个月后，她通过接听电话，得到了一条宝贵的信息。依据这个信息，她回避了资深同事"以学校老师"为主体的采访路线，改走"学生家长"的路线，首推"教育话题热线"，主持一个讨论性的栏目。这个栏目得到了一致好评，麦蒂由此在报社里站稳了脚跟。

能否把握细节并予以关注是一种素质，更是一种能力。对细节给予必要的重视是一个人有无敬业精神和责任感的表现，若能从细节中发现新的思路，开辟新的领域，更能表现出一个人的创新意识和创新能力，不管是前者还是后者，都是老板十分看重的。

关注工作细节，养成良好的工作习惯。具体来说，工作中的细节主要体现在以下六个方面。

保持办公桌的整洁、有序。

如果一走进办公室，抬眼便看到你的办公桌上堆满了信件、报告、备忘录之类的东西，就很容易使人感到混乱。更糟的是，这种情形也会让你觉得自己有堆积如山的工作要做，可又毫无头绪，根本没时间做完。面对大量的繁杂工作，你还未工作就会感到疲惫不堪。零乱的办公桌在无形中会加重你的工作任务，冲淡你的工作热情。

美国西壮铁路公司董事长罗西说："一个书桌上堆满了文件的人，若能把他的桌子清理一下，留下手边待处理的一些，就会发现他的工作更容易些。这是提高工作效率和办公室生活质量的第一步。"因此，要想高效率地完成工作任务，首先就必须保持办公环境的整洁、有序。

不把请假看成一件小事。

不要随便找个借口就去找老板请假，比如身体不好，家里有事，孩子生病……这样既会让老板反感，而且还会影响工作进度，很有可能导致任务逾期不能完成。即使你认为工作效率较高，即使耽误一两天也不会影响工作进度，那也不能轻易请假，因为你身处的是一个合作的环境，你的缺席很可能会给其他同事造成不便，影响其他人的工作进度。所以不要随便请假，即使生病，只要还能上班就不要请假，更不要因为逃避繁重的工作或无关紧要的小事请假。在公司里，有很多人一旦所负的责任较平时重，便会产生逃避心态。这可以理解但绝不被支持。更大的责任是提升一个人工作能力的绝佳机会，抓住它，你的业绩就会更上一层楼。

办公室里严禁干私活、闲聊。

在办公室里干私活是不对的。一方面是因为工作时间内，公司的一切人力、物力资源，仅属于公司所有，只有公司方可使用。任何私事都不要在上班时间做，更不能私自使用公司的公物。另一方面，就员工个人而言，利用上班时间处理个人私事或闲聊，会分散注意力，降低工作效率，进而影响工作进度，造成任务逾期不能完成。所以将办公时间全部用在任务的完成上，是必要的，也是必需的。

在办公室把手机关掉或调到静音上。

上班时间不要随便接听私人电话，要记住你的手机的声音会让身边的同事或上司反感，而别人反感的情绪又会直接影响你的工作情绪，最终导致个人乃至整个团队工作效率的降低。如果你随便接听私人电话，就会分散注意力，很有可能导致你对任务的认识产生偏差，进而使任务不能按期完成。

下班后不要立即回去。

下班后要静下心来，将一天的工作简单做个总结，制定出第二天的工作计划，并准备好相关的工作资料。这样有利于第二天高效率地开展工作，使工作按期或提前完成。离开办公室时，不要忘了关灯、关窗，检查一下有无遗漏的东西。

适时关闭你的电脑。

除非必要，否则不要让电脑在上班时间一直开着，更不能借工作掩护上网、玩游戏、看 DVD。在工作中，热衷于做这些事，只会浪费你有限的时间和精力，增加你的工作压力感，提高绩效自然也就无从谈起了。最好的做法是：在做完当天的工作，为明天的工作找好资料后就关闭电脑，控制自己上网、玩游戏的欲望。闲暇时间，可以买几本专业书籍充电。

※ 慎重地选择生意伙伴

选择恰当的生意伙伴，对于生意的成败，起着举足轻重的作用。

卡耐基认为，要想慎重地选择生意伙伴，必先要做到知人善任。知人，就是要了解人，指的是对人的考察、识别、选择；善任，就是要善于用人，指的是对人要使用得当。选择生意伙伴，也要注意“知人”。

要做到“知人”可先从了解人的特长来说。

要知人，知人者首先要勤于去知。要舍得花时间认真考察。有人问：日本企业职工一般也是终身制、“铁饭碗”，怎么他们干部的积极性都很高？其实也不一定都很高，但是有一点值得我们重视：就是他们对于职工，尤其是对于干部的考察、挑选是非常严格的。有一位拉锁工厂，为了选择一名车间主任，工厂的领导者先后同二十多名大学毕业的候选人谈话，反复考察、测评、比较，选定以后，又分配去科技科、供销科以及第一线试用，再进一步观察，认为合格后，才最后聘任。可见他们考察、选定一个人是十分下功夫的。正因为如此，选定一个合格人才以后，厂方自然要十分爱护、放手任用、格外待遇了。虽然日本企业实行“铁饭碗”，但是他们不吃“大锅饭”，所以对职工的严格考核及升迁也就成为激励人才和鼓励积极性的一种重要杠杆。美籍华人吴家玮教授被聘任为美国加利福尼亚州立大学校长，也是经过严格考核的：还要填写十分详细的表格供遴选委员会审查、判断，要经过无情的口试接受筛选，要经过校方到他原来工作的单位进行深入的调查和了解情况，要通过约三十位委员及董事面对面地质询、听证……而且一次比一次严格：从一百多人中初选十二人，从十二人中筛选六人，从六人中挑选四人，最后剩三人，到确定他一人，连过“五关”。可见，要了解、考察一个人，在美国也是十分慎重和下功夫的。

勤于考察，还要善于见微知著。比如当加州大学对来应聘的校长候选人挑选到还剩四人时，特地发出邀请，把四位候选人连同他们的夫人一起接到学校住了几天，再通过实际生活加以观察。原来他们认为：假如校长的夫人品格不高，校长的工作实际上将会受很大影响。结果果真又淘汰了一名。日本住友银行在招考干部时，其总裁曾出过这样一个试题：“当本行与国家利益发生了冲突，你认为应如何处理？”许多人答“应为住友的利益着想”，总裁认为“不能录用”；另一些人答“应以国家利益为重”，总裁认为“仅仅及格，不足录用”；有一个人这样回答说“对于国家利益和住友利益不能双方兼顾的事，住友绝不染指”，总裁的评语是“卓有见识，加以录用”。这件事对我们应如何知人有很大启发作用。

如果你的眼光犀利，能够洞察一切，阴谋诡计总是会露出蛛丝马迹的。如果仔细观察，在骗子的眼神里，总是透着一丝不安和困惑。如果一个人吹嘘自己做成了一笔极好的生意，这个人一般来说不是诚实的人，因为同样的生意，若是有人赚了很多钱，那么，肯定有人亏本了。

日常生活中有两句似乎是格格不入的警言：一句是，“和陌生人打交道一定要严加防范，很多人是披着羊皮的狼”；另一句是，“不管是好人还是坏人，我们都要以诚相待”。这两句话都有我们值得借鉴的地方，在某种意义上，它们可以被视为互不矛盾的统一体。对一个见面三分熟的人，你一定会怀有戒心，但话又说回来，你们既然有了一面之缘，还是应该以诚相待。对于刚刚熟识的人，你不可能和他推心置腹地交谈，任何一个有理性的人都会理解这一点。

如果你的眼光犀利，能够洞察一切，阴谋诡计总是会露出蛛丝马迹的。如果仔细观察，在骗子的眼神里，总是透着一丝不安和困惑。如果骗子觉察到你已经看出了他的阴谋诡计，那么他就会支吾不清，坐立不安，很难再把他那场厚颜无耻、矫揉造作的戏演下去了。要判断一个人是不是真的在玩弄阴谋诡计，这是一个很好的办法，和那人交谈的时候，你可以用眼睛盯住他，如果这个人真是个骗子，他很快就会沉不住气的。

要判断一个人是否无耻贪婪，这个办法十分有效，当然不是百分之百。另外，贪图金钱乃是诚实最大的敌人，与年轻人相比，年纪大一点的人更易于有这方面的倾向，在做生意的过程中，你不免会遇到一些贪婪成性的老年人，所以你要时刻警惕这种类型的骗子。他们中的一些人，总是装腔作势，大谈什么宗教信仰，极尽圆滑、奉迎和喋喋不休之能事。另外这些人和你打交道的时候，常常东一句、西一句，企图以此来分散你的注意力。

但是对自己的亲信就完全没有必要疑心重重，满腹狐疑很可能会给自己带来悲惨的结局。

有时一笔交易，双方都可能获利，但并不是所有的生意都是双赢的，所以除了这种双赢的情况外，那些赚了大钱而沾沾自喜的人的品质，我们很容易判断出来了。那些信誓旦旦、满口允诺的人，我们应该保持警惕。这些人可分为两种：一种人是胡吹海捧，逢迎拍马，只说不做，久而久之养成了满嘴大话的毛病；另一种人热情有加，许下的诺言超出了自己的能力范围，真正付诸实施时，才发现有这样那样的麻烦和开销，他们的热情也就慢慢褪去，最后不了了之，令人失望。

与贪婪残暴的人打交道时也要同样小心，因为如果和他们做生意，而你又不幸落入他们的摆布之中，那你就只能等着和他们在法庭上对质了。和这种人谈判的时候，首先需要注意的就是不要疏忽任何一个细节，要不然就会一招不慎满盘皆输。

所以，学会“知人”，慎重地选择生意伙伴，才能扫清你成功路上的绊脚石。

※ 如何正确看待别人

卡耐基在培训班培训学员时，很注重培养学员如何正确地看待他人，从而取悦于他人、劝服他人、赢得友谊并影响他人。他提出了很多与他人沟通交往的光辉理论，比如真诚地关心他人、适时赞美他人、尊重他人的意见、激发他人高尚的动机等等，而这些理论的根源和基础只有一个，那就是：正确认识他人。

雄鹰看到蓝天的广阔，便振翅高翔，自由而高傲；飞瀑看到峭崖的险境，便一泻千里，流银泻玉，灵动如龙；海燕看到巨浪的汹涌，便引吭高歌，乘风破浪，大气蔚然。上帝造人，繁衍万世，生命中不是只有你自己，人若不能看到别人，正视自己便如那墙头的浮草，轻浮浅陋；便如那草原的孤鹿，寂寞而时时都有被吞没的危险。人之为世人，只有正确地看到自己看待别人，你的世界才会更精彩，生命的阳光才会更灿烂。

如何看待别人的问题，既是一个个性修养问题，也是一个哲学问题，在认识上是个人修养和世界观的问题，在方法上属于哲学问题。怎样正确地看待自己、看待别人，不是一件小事，也不是一种个人行为。作为一个群体，处理好看待自己、看待别人的问题是一件大事，是一个人事业能否成功必不可少的组成部分，是一个团体能否团结协作，充满活力的重要内容。看待自己与看待他人的关系处理好了，就会创造一个适合自己干事业的良好人际环境，就会形成一个团结协作，气氛祥和、坚强有力的集体；两者关系处理不好，不仅会给自己成长进步带来一些不必要的羁绊，给自己思想造成一些人为压力，也给集体大家庭带来许多不和谐的因素。

一是采取“换位思考法”。就是在考虑问题的时候，要注意站在不同的角度先观察，后下结论，下结论前先进行三种假设：认为自己好的方面，放在他人身上看看是否得到你的认可；以为自己不足的地方，也放在他人身上比一比，看看是不是恰当。因为有时候看自己经常忽略大的问题，而看到一些轻微的，微不足道的东西。

实际上自己的问题自己最清楚，往往是自欺欺人，弄小聪明，总认为别人不知道。在这种时候，你就站在别人的角度想一下，假若别人这么办你会怎么看。认为别人不足的地方，也放在你的身上来衡量一下，分析一下能否给予理解。用这三种假设的方法，进行“换位思考”“将心比心”，就会使自己的行为有所收敛，别人的行为也能得到理解。大家在看《还珠格格》电视剧的时候，都可看到皇帝乾隆在教育自己的皇后时也经常说一句话“幼吾幼人之幼”，意思就是爱护自己的孩子时也要想到别人的孩子，不能以维护自己孩子的利益而剥夺了别人孩子的利益。

二是看自己要多看问题，多找差距，在不断地改正错误中求得进步。当前，有的人看自己成绩多，看问题少；看进步多，看不足少。往往是讲成绩头头是道，甚至是别人的成绩也往自己身上拉。讲问题时一带而过，即使讲了一些也多强调客观因素。抱有这样的观点，既阻碍了自己的成长进步，也得不到别人的认可。

首先要正视自己的缺点和毛病。特别是个性的缺点和毛病。其次是正确看待自己的优点和长处。

第三要切忌用自己的长处比别人的短处。说别人的短处头头是道，说自己的缺点轻描淡写，说别人的优点一带而过，说自己的优点长篇大论，这是做人之大忌，千万要引起注意。

第四是要努力实现自我感觉与别人的看法相一致。金无足赤、人无完人，道理大家都懂，但真正衡量一个人，却不是很容易，原因就是自己的看法与别人的看法不一致。

看清自我，聆听别人，欣赏别人。常言道“当局者迷，旁观者清”，人都是很难看到自己的背后的，聆听别人我们得以用他人的眼光审视自己，以完善我们的人格。子曰“三人行，必有我师，择其善者而从之，其不善者而改之”，聆听别人，是审视自我、完善自我的途径。走出自我的小圈子，让你的情操在大气磅礴的生灵大潮中淬洗，让你的性情在豪放博爱的生灵大潮中练就，拂去你心灵的污垢，照亮你生命暗角。到别人那里寻找生命的金子，那里有高尚的品质，会补充你与生俱来的生命贫乏，那里有坚忍的意志，有挺拔，有曲折，让你感动，让你心潮澎湃，摧毁你的软弱、你的懒惰，重新构建你心的堤坝；到别人那里聆听诤言，那虽是长着荆棘却充满热情的话语，会给你头昏后的清醒，迷途中的彻悟，甚至是悬崖边的勒马。

看到自己，看清自我；走出自我，聆听别人，欣赏别人。

于是，生命之途不在伴着黑暗，伴着孤独；生命之景不再阴雨迷蒙，寒风凄凄。生命中将走出一个崭新的自我，阳光的自我，在笑声中，歌声中，在祝福声中伴着别人一起走过，那么你就已经成熟、自信、高傲地走在生命之途，从而走向成功，走向辉煌。

※ 贫穷并不足畏

有些人可能为曾经或现在的贫穷而扼腕叹息，有些人可能在为摆脱贫穷而作着不懈的努力，但是他们没有意识到，贫穷其实并不足畏，贫穷也是一种可贵的资本。

穷而不认命，不求奢华，知足常乐，与世无争，是最大的精神财富。贫穷时如果能知足常乐，安贫乐道，不羡慕那些富豪荣华，不抱怨自己命运不济，那么卡耐基会告诉你，你的人生正在跨向一个更高的层次。你的精神和灵魂，也将在此过程中，得到升华。罗马哲学家塞尼逊有句名言：“人最大的财富，是在于无欲。”

在一个秩序良好的社会中，人们既不会吹嘘自己的富有，也不会掩饰自己的贫穷，这一点令人感到十分亲切。

创造力非凡的达尔文先生猜测说，惧怕贫穷可能是一种病态，应该及早防治。贫穷更多的是存在于人们的想象而非现实之中。即使是真的一贫如洗，也不应该感到可耻，可以说，对贫穷的恐惧起码是一种严重的缺陷。

如果“他的条件不错”通常指的就是某个人的经济条件。为什么每个人总希望自己看起来比实际还富有，有钱人总是受到恭维和奉承，穷人总是受到冷落和嘲笑，人们总是用金钱的数量来衡量一个人。有的人可以呼风唤雨、为所欲为，就是因为他富甲一方。想到这些，我们也不再奇怪为什么人总是以贫穷为耻了。但是作为年轻人来说，如果小小年纪就掉进拜金主义的漩涡，那将是非常危险的事情。

在一个秩序良好的共和社会中，人们既不会吹嘘自己的富有，也不会掩饰自己的贫穷，这一点令人感到十分亲切。当然，人们也常常谈及贫与富的问题，但不管你是穷人还是富人，大家都平等相处，没有什么贵贱之分。

正常的担心和忧虑对一个家庭来说是很自然的，一个和谐勤俭的家庭决不会因为这些忧虑而分崩离析。所以那些担心贫穷的人首先要摈弃这种虚荣的观念。当你不再觉得穷困什么羞耻的时候，那块压在你心头、令你痛苦不堪的顽石也就不复存在了。

其实很多家庭都有自己的难处，但为了表面上一些东西，他们苦苦撑着，也觉得这种局面令他们困苦不堪。但是，你若是劝他们放弃这种虚荣的做法，你会觉得困难重重，就像去劝一个财迷心窍的人不要去攒钱一样，几乎是不可能的。

很多情况下，钱财的耗尽是产生贫困的直接原因，但更多时候，贫困是由自身的恶习、愚蠢或是轻率造成的。《圣经》教导我们，不要看不起穷人，因为上帝也一贫如洗。把这句话反过来说，即使上帝有万贯家财，我们也不能因此而对富人毕恭毕敬。我们首先要对一个人的所作所为进行仔细的分析，然后才可以判断此人的品性如何，再根据此人的品性确定我们对此人的态度应该是恭敬还是鄙夷或是其他。

很多人由于不堪忍受困苦的生活和他人的偏见而走上绝路，这种现象在每个国家都很普遍。他们中的很多人，都是因为不能正确看待贫困的境遇，把贫困的问题看得太过严重才自寻短见的。对于他们的自杀行为，很多人不能理解，甚至认为那是一种极其愚蠢的行为。他们之所以不再留恋这个社会，其实倒不是真的因为他们不堪忍受缺衣少食的困苦，而是担心自己因为贫困而遭到世人的鄙夷。

然而，这些人自杀的直接动机是什么呢？他们下定决心要自杀的时候，身体状况和心理状态都和以前没有什么差别。假设他们能够预见到自己以后将衣食无愁，他们还会选择自杀这条道路吗？人活着仅仅是为了吃得饱、穿得暖吗？造成他们自杀的主要原因是纵欲过度，这种恶习害苦了很多人，在精神病医院的病历上，在我们周围，都记录着这种恶习的累累罪行。纵欲过度的副产品便是吃喝玩乐，人们总是对后者深恶痛绝，却不知道，纵欲过度才是罪魁祸首。

我们应该保管好自己的财富，花钱的时候一定要慎重和节俭，不管赚多赚少，我们的花费都应该相应地有一个度。要做到这一点，现金交易是一个行之有效的办法。圣·保罗有一句名言“不要欠下任何人的账”。

贫穷并不足畏，重要的是你如何去看待它，富贵并不能带来一切，有时候还会使你丧失一些东西。在贫穷的时候，正确看待它，以正确的态度去对待它，它会给你带来一笔宝贵的财富。

※ 不做投机买卖

缸里的水打自井中，最后定要流回井中，你的钱取自何方，也要归于何方。投机买卖和赌博一样，令人怦然心动，参与者大多要尝到赔本的滋味，但年轻人还是一味地乐此不疲。

卡耐基告诉我们，如果一个人诚实地去挣钱，除了必要的支出之外不乱花钱，他就能致富。在这里，卡耐基要说的重点是，诚实地去挣钱非常重要，投机取巧或许能一时得利，但是绝不可能长久，是做不成大事的。

“投机”这件事，不管它属于哪一类型，如果把它当作致富之道，那是极端危险的。

犹太商人认为，开始做投机生意时，也许会有一两次的赚钱机会，可是到头来还是亏本的居多。到那时不仅要把所赚的钱损失掉，甚至会弄得血本全无。

一位股市上的风云人物曾表露过这种思想：“许多人以为我在股票生意中很成功，可是仔细计算下来，我才知道如果把在投机生意中所需要的资本、时间和精力，用在更正当的生意上，那么我的财产就可能比现在更多，因此我总有误入歧途的感觉，至今还在为此后悔不已。”

一位商人到银行去申请贷款，银行总经理问他生意做得如何，他回答说蛮赚钱的。总经理想了一会儿，说：“既然赚钱，为什么又来贷款购买废铁？你想再大赚一笔，这未免太贪心了，要是我就不会这么做！如果我的生意不好，也许会孤注一掷，但是生意做得好好的，又何必不知足呢？”

这位总经理居然就是不借，商人只好气呼呼地走了。

两个月后，这位商人去拜谢他，银行总经理奇怪地问：“我没借钱给你，你反而来感谢我，这倒是头一遭，你这是什么意思？”这位商人回答：“废铁跌价了，大约跌了 30 万元，就因为你没有借钱给我，所以我没有受到任何损失。”

赚取钱财已成为多数人的人生目标，很多人都相信“目标就是求胜、发财和求取权力，此外无他”。

于是成功致富的故事创造了赚钱的民间传奇。人类崭新的可能性就在眼前：大家都有致富的机会。这种机会以前从来没有过，结果很多人的求富梦想被紧紧包在现实中。但现在这是人人都可能做到的事情，虽然实际上只有少数的人有些幸运，致富的远景却改变了大家的生活，改变了他们思想的目标和方法。

有这样一则故事：一个人来到智者面前向他诉苦，说有人骗了他。

智者问他：“那么他做了什么呢？”这个人说：“他能够把任何一种金属变成金子。他做给我看了，我亲眼看见了事情的发生。然后他说我应该把我所有的金子带来，他将使它变成10倍的金子。所以我集中了我所有的金银首饰，而他拿着这些逃走了。他骗了我。”

智者告诉这个人：“是你的贪婪骗了你。不要把责任推到别人身上。你是贪婪的，而贪婪是愚蠢的。你希望你的金银首饰变成10倍多，那个念头骗了你，那个人只不过是利用了这个机会，如此而已。你是真正的问题。如果他不骗你，别人也会把你给骗了。”

在报上常常可以看到有人被骗子骗走财物的报道，此人被骗虽然可怜，然而这些人若不存贪欲之心，又怎能令骗子乘机得逞呢？

即使从利害这方面打算，诚实也是一种最好的策略。没有私心、不为利动的名誉和价值，要比企图从投机中得来的利益大过千倍。

在大都市的商业中心，金钱成为人们崇拜的目标。正如每一个宗教里，拜神很快成为一种仪式，而失去了原有的意义。赚钱在非常高尚的形式下，已经成为自动化的一环。基于某些没有人怀疑的经典，它被视为理所当然的举动。

一个人由于处在某种不利的环境中一时撒谎，是可以谅解的，但是蓄意欺骗他人的人则不会有希望，他迟早会自食其果，丧失尊严、信誉直至丧失自由。心虚是骗子的一大疾病。当一个人决定欺骗别人时，通常都没有考虑到以后将受到罪恶感的折磨。

一个欺骗别人的人会感到既负罪又羞耻，在他们多得到一分金钱时，他们就多损失了一分人格。他们的钱袋固然有所增益，却失去了人格和信念，成为堕落的衣冠禽兽。

一个人到神父那里忏悔："我有罪。'二战'期间，我把一个富有的犹太人藏在我的地窖里，每月向他收一大笔保护费。"

神父说："是呀，这的确是罪过，可是已经过了这么多年……"

"问题就在这儿，"这个人说，"这么多年来，我一直没告诉他，战争已经结束了。"

所以问题不在于谁在骗，如果有人要骗你，这表明你希望受骗。如果某人谎言可以对你讲，这意味着你与谎言似曾相识。一个真实的人是不可能上当受骗，一个生活在真实中的人不可能被说谎者所迷惑。只有一个说谎者才会欺骗另一个说谎者，否则可能性很小。

人人都有赚钱的欲望，这无可厚非。可是有些人只想不劳而获，这种念头太近乎天真。报上常有骗子骗走财物的报道，这些被骗者尽管可怜，然而其被骗的动机却又可鄙，这些人若没有贪念，骗子又怎能乘机得逞呢？

在一些地方，很多人因为投机生意亏了本而变得一贫如洗，困窘不堪甚至自寻短见。

这种投机取巧的商业行为其实是采用了一种买空卖空的手段，虽然与赌博有不同之处，但请你们不要陷入其中，如果你们已经参与进来了，请你们及早退出。如果你无法自拔，愈陷愈深，最后必然会与赌徒无异，你的一生将会变得起伏不定。甚至成功之后还要面对更大的风险，最后很可能赔个精光。

很多人争着去参军，梦想着加官晋爵，却忘了战壕里还躺着那么多战友的尸体，而且人人都想当然地以为成功非自己莫属，他将一呼而天下应。我们正在成长的下一代人之中，也有很多“投机者”有着与此相似的观念，当他们看到那些起初境遇不佳的人，后来都成了飞黄腾达、前呼后拥的富人，他们总认为自己一定也能像这些人一样成功。殊不知在这背后，还有成千上万企图出人头地的人惨遭破产的命运，沦为乞丐。

所以有些人说，想不劳而获的人，被利欲熏心，就连魔鬼他都愿以上宾招待。虽然金钱有不可抗拒的魔力——可使鬼推磨。但这种鬼却不能惹，它会害得人一蹶不振。因此，要赚钱，人还是要确定自己的着眼点，凭自己的力量去争取，这会来得令人心安理得些。

第七章　习惯影响人的一生

好的习惯将使你一生受益，而坏的习惯也将对你的生活和工作产生一些必然的消极影响。所以，尽量不要滋生坏习惯，已有的坏习惯，我们应该经马上改正。

同习惯类似的，其他一些因素也将影响人的一生，例如教育、谨慎、良心、责任心、与人相处的艺术、婚姻等。每一个因素，都是在人生的道路中，起着举足轻重的作用。

※　应接受必要的教育

随着经济的发展和社会的进步，社会对人的素质的要求提高了。进入20世纪60年代，“终身教育”的主张被提了出来，它的提出引起了当代教育观念的转变。“将教育实施于人生的始终”的理论逐渐为世界各国所认知、所接受。在这一理论的指导下，成人教育的发展有了新的方向、新的目标，终身教育的理论驱动着成人教育事业，成人也自觉地将自己纳入这一新的教育体系。所以，实施终身教育成了成人教育的根本目的。

成人教育，从某种意义上说，是对普通教育的一种完善和补充。依照终身教育的观点，人在完成正规的、普通的教育之后，仍需要继续接受教育，直至终生。而这些教育通常以非正规的方式予以提供和组织。

戴尔·卡耐基是20世纪最伟大的成功学大师，美国现代成人教育之父。所以，卡耐基对于教育是非常重视的。他一生致力于人性问题的研究，运用心理学和社会学知识，对人类共同的心理特点，进行探索和分析，开创并发展出一套独特的融演讲、推销、为人处世、智能开发于一体的成人教育方式。接受卡耐基教育的有社会各界人士，其中不乏军政要员，甚至包括几位美国总统。千千万万的人从卡耐基的教育中获益匪浅。

我们随时随地可以看见，那些天分颇高的青年，一生只做些平凡的事业，就因为他们的天分虽高，却没有受过充分的训练、培植。他们从来不想求自己的进步。他们熙来攘往，所看到的，只是月底领薪水，与领到薪水以后的几天中的快乐时间。结果，他们的一生事业，有退无进，总是卑不足道。

教育即是力量。你能拾得一分智慧，读一些书籍，在自修上下一分功夫，就足以助你在事业上得一分上进。我认识一些年轻人，薪水很低，工作很苦，但他们利用其闲暇的时间，自修自习，以求上进；比之其在日间的工作，更为努力。在他们看来，薪水倒是小事；而求知识的进步，却是大事。

一个人愈能储蓄，则愈易致富。你愈能致富，你愈能求知，则你愈能成为有智者。你愈多存储一分知识，就足以丰富你的一分生命。这种零星的努力，细小的进益，日积月累，可以使你于日后大占便宜；可以使你成为更广大，更充实，更丰满；可以使你能应付人生。

在生活竞争日趋剧烈，生活情形日益复杂的今天，我们必须具有充分的学识，接受充分的教育训练。我们大多数人的问题，就是希望在顷刻之间学得所有，并成其大事。然而任何事情都要渐渐形成，我们应该不断地努力自修，不断地充实我们的知识宝库，渐渐地推广我们知识的地平线。一个没有书籍、杂志报纸的家庭，等于一所没有窗户房子。小孩子常常接触书本，则自会培养出读书的兴趣，自然会在不知不觉中摄取其中的知识。时至今日，几乎每个家庭都不可能没有书籍。家庭的藏书在古代是一种奢侈，在现代却已是一种生活的需要。

学生在学校时最应该培养的一种能力，就是阅读各门学科的相关书籍。在图书馆中，要从汗牛充栋的藏书中，挑出几部最有价值的书本以供阅览，这种获取知识的能力，对于他的一生，是最有用的。许多人都认为爱因斯坦很聪明，就问了他很多问题，比如光的速度是多少？美国铁路有多长？爱因斯坦却回答说，这些我都不知道。看到人们惊愕的样子，他微笑着说，这些只要翻书一查，不就全知道了吗？

孜孜于求自己的进步的精神，是一个人的“优越”的标记，与“胜利”的征兆。

一般青年人，无意多读书，多思想，而不想在报纸、杂志、书籍之中，尽量摄取各种宝贵的智识，真是最可怜，最可惜的一件事！他们不明白，他们所抛掷去的东西在别人得之，可以成为无价之宝，可以使生命成为无穷丰富的种种资料。

家庭是一个人接受最主要的生活训练的地方。在家庭中，我们养成习惯，形成志趣，而这些习惯志趣将影响我们的一生。要记住，知识和技能才是唯一可以随身携带，终身享用不尽的资产。对于这一点，犹太人体会可谓是最深刻的，因为这是由血与火锻炼成的经验。

公元 70 年，犹太人悲惨地失去了国家，从此流落他乡，过着漂泊动荡的生活，他们深感自己是没有祖国的人，一切财产随时都有被夺走的危险，只有知识和技能是可以携带的。如果所有的金钱只能赎回其中一个，那么他就会先把老师救出来。犹太人代代相传的箴言就是，知识是最可靠的财富。石油大王洛克菲勒有一段妙语，如果把身上的衣服全部都剥光，一个子儿都不剩，然后把我扔到大沙漠去，这时只要有一支商队经过，那我又会成为亿万富翁。他为什么如此自信，因为他拥有知识与能力这种无尽的财富，同时他也深信知识可以改变命运。

接受必需的教育，你才能站在一个新的高度上去审视这个世界，只有知识是取之不尽的财富。

※ 人生的三大积累：常识、谨慎和良心

“人生财富”，它每时每刻向你走来，因为你是社会中的人，只看你能不能去创造和把握而已。卡耐基认为，一个人要成功，必须要具备自身的三大积累。即常识积累，谨慎和良心。有了这三大积累，那就可以在社会的大潮中乘风破浪地前进。“千里之行，始于足下。不积跬步，无以至千里。不积小流，无以成江海”这印证了积累的重要性和艰巨性。

首先，常识积累。它是人一生中最早，最重要的，而且是要坚持不懈的必修之课，古代用“上知天文下通地理，琴棋书画”来衡量一个人的学识程度，现在“博学多才，学富五车”的人可能是少了又少，对现在的人来说，社会压力、工作压力跟生活压力很大，很少有时间跟心情来充电，但越是这样就越容易被淘汰。一个人不论他做那一行业的，首先他的常识必须够用，技术必须过硬，做起来才能得心应手，而现在社会在进步，科技在发展，你必须要学习再学习才能适应新形势的发展。

知识源于学习，学习无处不在。“三人行必有我师”这说明了每个人都有长处，我们避短学长，为己所用。一只手伸出来，五只手指各有粗细长短，但五只各有用处，缺一不可。所以我们身边的人，只有你能发现他的优点长处，你就可以虚心向学，学习是光荣的，要做到“不耻下问”才是真贤士。

人在工作生活中需要掌握得常识很多，比如：学会聆听老人言，学习那些经过岁月考验的道理和哲学。做好每一个人的事情。不要不情愿地工作，不要不尊重公共利益，不要不加以适当的考虑，不要夸夸其辞而丧失自己的思想，也不要成为喋喋不休或忙忙碌碌的人。

其次，谨慎做人。塞·约翰逊说过：“谨慎此其余任何智能使用得更频繁。日常生活中的草率事件使它发挥作用，对微小的事情产生影响。”绪儒斯说：“小心谨慎，感情冲动事多难。”塔西佗说：“靠谨慎比靠鲁莽更能制胜。”斯梯尔说：“谨慎的人才能稳操胜券。”

鸟三顾而后飞，人三思而后行。无论做什么事，谨慎都是必要的，否则后果不敢设想。

不谨慎会伤害他人，“阿波罗”飞船的坠毁成为全世界人们关注的焦点，而它的坠毁的原因竟是科技人员因粗心大意算错了一个数字。类似的情况还发生在苏联等航天技术先进的国家，本来可以避免的灾难就因为科技人员的不谨慎而发生了，成了遇难人员亲友的噩梦。

不谨慎甚至会弄垮整个国家，中世纪欧洲的一个国家要出征，为了赶时间，在马蹄铁上少钉了一个钉子，结果在战斗中，马蹄铁脱落，导致了整个王国的覆灭。三国时蜀国统师姜维，不顾蜀国国力的日益衰老，不顾一切地出兵北伐，尽管是为了实现自己的梦想，最终使蜀国更早地被魏国灭掉。

而在生活中，很多人做事从不考虑后果，也不考虑做事的方式方法，最终害人害己害集体。我们要改掉这种做事毛躁的习惯，做事要三思而后行，让自己冷静下来，只有这样，才能谨慎做事；也只有这样，才能小心做人，争取更多做事的益处、好处。

在生活中我们要学会做一个谨慎的人，不谨慎我们会犯很多错误，失去很多本应得到的东西，应从身边的每一件事做起，对待日常中每一个该处理的事情都应考虑周到。对待生活中的每一件该做的事，都谨慎行事，这样才会做得更好。

第三，良心。人生活在世上，要有良心和正义感。公平，就是处理事情合情合理，不偏袒哪一方面。正义，就是公正的、有利于人民大众的道理。公平是正义的体现，正义是公平的保障。没有正义就没有公平。人是社会的人，维护社会的公平正义不仅需要政府和法律法规的约束，更需要社会上每个人的积极参与。这就要求我们每个人都要有正义感。

行侠仗义、打抱不平是古今中外人们视为最有正义感的表现。它是人们推崇的一种英雄气概，是一种高尚的情操和优良的品德，体现了人们崇尚正义、追求公平的美好愿望。中国自古就倡导“路见不平，拔刀相助”的侠义行为。有很多人舍生取义，付出了宝贵的生命。

但正义感不仅仅体现在行侠仗义、打抱不平，敢和坏人坏事做斗争方面，更多的是体现在人的一言一行中，体现在社会生活的方方面面和大大小小事情上。遵纪守法、尊老爱幼、文明礼貌、救死扶伤、扶贫济困、抢险救灾等行为都是有正义感的表现。

有良心、有正义感，首先要分清是非。有很多人是有正义感的，心地善良，疾恶如仇。但由于辨别是非的能力比较弱，往往在一些具体的事情上搞不清谁对谁错。有的好心办坏事；有的人做错了事，还不知道错在哪里，懵懵懂懂；有的触犯了法律还以为做了好事，当警察把手铐戴上他的双手时才如梦初醒。要提高辨别是非的能力最基本的一条就是要加强学习，特别是要加强基本法律法规和道德规范的学习，知道哪些是社会提倡的，哪些是社会反对的，哪些可以做，哪些不可以做。

有良心、有正义感，更要身体力行。有很多人的正义感只表现在口头号上，当要付诸行动时却只把别人排在其中，把自己排除在外。比如有的人平时一说起社会上的一些不义的人和事都义愤填膺，但见到不义的人和事，特别是危害人民生命财产安全的人和事时却无动于衷；有的甚至只要尽举手之劳就能使别人摆脱困境却不愿意伸出援助之手。维护社会的公平正义，人人都是参与者、实践者。有正义感，最主要的是要体现在自身的行动上。不能空喊口号，不见行动；不能只要求别人、只要求政府，不要求自己；更不能说一套做一套。而是处处、时时、事事都要以正义为标准来规范自己的一言一行，有所为，有所不为。

有良心、有正义感，还要仗义执言。随着信息化的爆炸式发展和中国社会民主进程的不断加快，我们每一个公民的言论越来越自由，发挥的作用越来越大。这就要求我们要坚持正确的舆论导向，以事实为根据，以法律道德为准绳，大张旗鼓地支持和声援正义的，反对和声讨非正义的人和事。提倡什么，反对什么，必须旗帜鲜明。不能人云亦云，更不能见利忘义，帮着不义的人和事说话。

※ 知识一定要学有所用

学以致用，意思是学到的知识得用于实践。就像学习演讲或有效与人交谈的成功要诀一样。熟练运用演讲的原则和技巧，将使你踏上通往成功的坦途。

卡耐基说过：“真正的读书使瞌睡者醒来，给未定目标者选择适当的目标。正当的书籍指示人以正道，使其避免误入歧途。”卡耐基认为，学习重要的是要学以致用，从书本上学到的知识，应该懂得真正应用到实践中去，并在实践中取得良好的效果。

学习与思考，都属于“知”的范畴，其本身都不是目的。学有所用才是目的。学有所用，属于“行”的范畴。要找到“知”与“行”的结合点，关键就是把学到的东西付诸实践、见诸行动、真见于成效，通过具体实践来达到“知”与“行”的统一。

书籍是哺育心灵的乳汁、铸造灵魂的工具、启迪智慧的钥匙，是传承文明的桥梁和人类进步的阶梯。读书作为人们获取各种知识、汲取精神营养的重要途径，不仅关乎国民素质提高和生活改善，更关系到民族复兴、社会和谐与人类进步。深入开展全民读书活动，激发人们的阅读兴趣，推动科学知识的普及和文明理念的传播，对于促进人的全面发展、实现中华民族的伟大复兴，是十分重要而紧迫的。

可有一些人，就是坚持认为读书无用、知识无用，那是因为他们根本不知道它有用在哪里。一个人在这样一个商业社会，在一个发展的社会中，如果没有知识、没有修养、没有往前走的意识，就没有竞争力。如果你甘愿成为一个没有修养、没有人生目标、没有职业规划的人，那么可以讲知识无用，但是如果你是一个有知识追求、有职业发展需求、希望提高职业竞争力的人，那么这个“读书无用”就不攻自破了。

书是提高人们综合素质的工具，但读书不只是为了求得知识，更重要的是开启智能；读书不应只在求得学问，更要身体力行，也就是佛教所谓的“解行并重”。培根说：“知识就是力量。”什么知识才是力量？有效知识才是力量。所谓有效知识，就是在现实中起支配地位的知识。许多人之所以失业，并非没有知识，而是学而无用。并非所有的知识都是力量，读书要读出实效来才好。凡是脱离实际，死抠书本的人，在理解方面往往不能深入，学到的知识也常常不能融会贯通。俗话说：“真金不怕火炼。”真正有用的知识是实务，因此不管修学任何事物，应以融通为要务，以方法、技巧为辅助，以勤熟为功效，以用心、下手为实际，解行并重，才不会流于空谈。

读书必须做到理论联系实际，把书“读活”，做到去粗取精、去伪存真、由表及里、由此及彼，才不枉了读书一场。

读书可以决定一个人的修养和品位，也决定一个民族的素质，影响一个国家的走向。读书，提升人生的境界。畅游在知识的海洋里，视通四海，思接千古，与智者交谈，与伟人对话，为缜密的逻辑、深奥的思想所环抱，被崇高的境界、伟大的灵魂所震撼，使身心得到愉悦，让思想纵横捭阖。读书，能够增长知识，拓宽视野，更加睿智，更富创造力。读书，改变民族的气质。知识是现代社会的灵魂，而读书是获取知识的基本途径。社会越发展，知识的作用就越显著。一个民族读书的人口越多，知识传递就越快，文明程度就越高，发展就会越好越快。读书，增强国家的根基。当今时代，文化作为软实力，已成为综合国力的重要标志。读书是创造力和活力的起点，是文化底蕴的基石。谁形成了乐于读书的社会风尚，谁就掌握了学习的先机和主动权，谁就抢占了生存和发展的制高点。

“学以致用”。学习力是持续发展的不竭动力源泉。学习是一种手段，运用是学习的目的。也只有把所学到的知识，灵活变通，快速地通过实践转化为现实的知识生产力，才能发挥学习的功效。

书山有路勤为径，学海无涯苦作舟。只有辛勤读书，博采众长，才能站在前人的肩膀上，书写更美丽的人生和世界。但读书要学以致用。“纸上得来终觉浅，绝知此事要躬行”。读书应注意理论联系实际，把学习知识同提高修养相结合，转化为优良品格和高雅气质；同积累经验相结合，转化为理论概括和真知灼见；同工作岗位相结合，转化为专业素质和业务能力。

※ 习惯影响人的一生

习惯有好有坏，播下一种习惯，收获一种命运。习惯是一柄双刃剑，它能成就未来，也能摧毁未来。能够成就未来的自然是那些好习惯。而那些坏习惯，就像一堵无情的墙，把成功与我们隔离开来。

卡耐基认为：习惯具有无穷力量，它无时无刻不在影响着我们。可以说，几乎在每一天，我们所做的每一件事，都是出自习惯的支配。因此，一个人具有什么样的习惯，就会有什么样的人生。

习惯能成就一个人也能摧毁一个人。能够成就一个人的自然是那些好习惯。成功者之所以成功，是因为他们身上具有一些常人所没有的习惯，正是这些习惯助他们打开了成功的大门。

习惯是一个人思想与行为的真正领导者。如果我们想要主宰自己的世界与人生，首先就要主宰自己的习惯。一个如果连自己的习惯都主宰不了的人，那他的人生也必将摇摆不定，结果自然是与失败为伍。

习惯是一种顽强而巨大的力量，它可以主宰人的一生。好习惯使人终身受益。一个成功的人晓得如何培养好的习惯来代替坏的习惯，当好的习惯积累多了，自然会有一个好的人生。

卡耐基说，养成良好的工作习惯有以下几种方法：清除你桌上所有的纸张，只留下和你正要处理的问题有关的东西；按事情的重要程度来做事。当你遇到问题时，如果必须做决定，就当场决定，不要迟疑不决；学会如果组织、分层管理和监督。

一个干净的桌面看起来给人一种清爽的感觉，乱七八糟的东西给人一种颓废的感觉，因此要尽量清理桌上杂物，有时将一星期的事情列出清单是很奏效的，这也暗合了卡耐基的成功法则。

在人的生活中，习惯对人的影响是显而易见的，习惯有多种，有好的，也有坏的；有美的，也有丑的。培养良好的习惯，也是卡耐基处世艺术的重要一环。

卡耐基首先讨论了疲劳问题。为什么要讲如何防止疲劳的问题呢？很简单，因为疲劳容易使人产生忧虑，或者至少会使你较容易忧虑。所以，防止疲劳，是我们应该养成的习惯。要防止疲劳和忧虑，首先要做到：常常休息，在你感到疲倦以前就休息。

在第二次世界大战期间，丘吉尔已经 60 多岁了，却能够每天工作 16 小时，一年一年地指挥英国作战，实在是一件很了不起的事情。他的秘诀在哪里？他每天早晨在床上工作到 11 点，看报告、口述命令、打电话，甚至在床上举行很重要的会议。吃过午饭以后，再上床去睡一个小时。到了晚上，在八点吃晚饭以前，他再上床去睡两个钟点。他并不是要消除疲劳，因为他根本不必去消除，他事先就防止了。因为他经常休息，所以可以很有精神的一直工作到半夜之后。

约翰·洛克菲勒也创了两项惊人的纪录：他拥有了当时全世界为数最多的财富，也活到九十八岁。他如何做到这点呢？令他每天中午在办公室里睡半小时午觉。他会躺在办公室的大沙发上——在睡午觉的时候，哪怕是美国总统打来的电话，他都不接。

爱迪生认为他无穷的精力和耐力，都来自他能随时想睡就睡的习惯。

卡耐基曾建议好莱坞的一位电影导演杰克·查纳克，试试这种方法，他后来说，这种办法可以产生奇迹。几年前他是米高梅公司短片部的经理，常常感到劳累和筋疲力尽。他什么办法都试过，喝矿泉水、吃维生素和别的补药，但对他一点帮助也没有。

两年之后，卡耐基再见到他的时候，他说："出现奇迹，这是我医生说的。以前每次我和手下的人谈短片问题的时候，我总是坐在椅子里，非常紧张。现在每次开会的时候，我躺在办公室的长沙发上。我现在觉得好多了，每天能多工作两个小时，却很少感到疲劳。"

你如何使用这些方法呢？如果你是一位打字员，你就不能像爱迪生那样，每天在办公室里睡午觉；而如果你是一个会计员，你也不可能躺在沙发上跟你的老板讨论账目的问题。可是如果你住在一个小城市里，每天中午回去吃中饭的话，饭后你就可以睡十分钟的午觉。这是马歇尔将军常做的事。在"二战"期间，他觉得指挥美军部队非常忙碌，所以中午必须休息。如果你已经过了 50 岁，觉得你还忙得连这一点都做不到的话，那么赶快趁早买人寿保险吧。

如果你没有办法在中午睡个午觉，至少要在吃晚饭之前躺下来休息一个小时，这比喝一杯饭前酒要便宜得多了。如果你能在下午 5 点、6 点或者 7 点左右睡一个小时，你就可以在你生活中每天增加一小时的清醒时间。为什么呢？因为晚饭前睡的那一个小时，加上夜里所睡的六个小时——一共是七小时——对你的好处比连续睡八个小时更多。

从事体力劳动的人，如果休息时间多的话，每天就可以做更多的工作。

卡耐基要求人们，常常休息，照你自己心脏做事的办法去做——在你感到疲劳之前先休息，然后你每天清醒的时间，就可以多增加一小时。一定要懂得如何放松自己，只要想躺下随时就可以躺下。

卡耐基提醒我们要养成四种良好的工作习惯。

第一种良好的工作习惯：消除你桌上所有的纸张，只留下和你正要处理的问题有关的。

第二种良好的工作习惯：按事情的重要程度来做事。

第三种好的工作习惯：当你碰到问题时，如果必须做决定，就当场解决，不要迟疑不决。

第四种好的工作习惯：学会如何组织、分层负责和监督。

卡耐基认为，每天早上给自己打打气，这在心理学上来说非常重要。因为“我们的生活就是我们的思想造成的”，每个小时都跟你自己说一遍，你就可以指引自己去想很多勇敢而快乐的事，也可以由此得到力量和平静。跟自己谈很多值得感谢的事情，你就可以在脑子里充满向上的思想。

或许，我们还有很多的人未能意识到习惯的巨大力量。但是，习惯影响一生这一点是客观存在、毋庸置疑的。

现实生活中，习惯它无时无刻不在影响着我们的思维方式和行为模式。我们每天大部分的行为都是出自习惯的支配。可以说，几乎在每一天，我们所做的每一件事都是习惯使然。

习惯能成就未来，也能摧毁未来。每个人都有各种各样的习惯；在我们众多的习惯当中，能够成就未来的自然是那些好习惯。正如俄国教育家乌申斯基所说：“良好的习惯乃是人在神经系统中存放的道德资本，这个资本在不时地增值，而人在其整个一生中就享受着它的利息。”而那些坏习惯，就像一堵无情的墙，把成功与我们隔离开来。

在我们的身上，好习惯与坏习惯并存，那么，唯一能够有效改变我们生活的手段便是去有效地、最大限度地改变我们的坏习惯。当然，改变坏习惯，养成好习惯，并不是一蹴而就的事情，它需要我们用毅力、恒心和不断的自我提醒才能做到。幸运的是，我们每个人都具备这些能力——只要你肯用心！

※ 工作尽心尽责，少出差错

有些人在工作中，粗心大意，马马虎虎，对待工作态度消极，差错也多，这样对于自己和公司都是非常不好的。

卡耐基认为，工作意味着责任。每一份职位所规定的任务就是一种责任。责任是一名员工的立身之本，可以说，一个人放弃了工作中的责任，就意味着放弃了在工作中更好生存的机会。

因此，我们在面临工作时一定要记住一点，工作，是一种责任，自己必须尽最大的热情来对待它，不管它是重要或次要，都以百分百的努力来做得更好。

你乐观地对待工作，工作就会让你快乐；你忠诚地对待工作，工作就会对你忠诚；你为工作付出，工作会回报你更多。

每个人都想在工作中获得成功。决定成功的因素有很多，但选择自己的态度是最核心的因素。不同的态度，产生的人生体验和结果是截然不同的，因为心态可以影响我们的认知方法。积极的人生心态可以帮助我们战胜自卑和恐惧，可以帮助我们克服惰性，可以发掘自己的潜能，提高工作的质量和效率。

一个人对待工作的态度比工作本身更重要。态度决定一切。如果一个员工总是抱怨工作太多；如果他总是把自己的工作看成奴隶在主任的皮鞭督促之下的劳动，如果他对工作没有热情，那么工作任务的完成将是无比艰难。很多人对待工作没有正确的态度，不懂得尊重自己的工作。他们只是把工作看成一种谋生的工具，用工作赚来的工资维持基本的生活。他们把工作看成是一种不得不做的苦役，而不是把工作看成一种锻炼自身能力和提高自身修养的方法，也不把工作看成造就品格的最好学校。这些人最盼望的就是下班的铃声和周末的休息，因为他们终于可以暂时逃脱这个被他们称为“地狱”的地方。

拿破仑·希尔通过大量的调查得出结论：在美国取得成功的一个最关键因素就是“每天多做一点事，每天多走一里路”。

“每天多做一点事”的生活态度，可以让你的家庭更加和谐，彼此更加相爱。“每天多做一点”的工作态度！可以为你赢得良好的声誉，增加别人对你的需要和依赖，让你变得不可或缺。

付出总是与回报成正比，付出多少，得到多少。南丁格尔伯爵曾经说：“超出所得地进行工作，否则你就不会比现在得到更多。”收获更多的唯一途径就是播种更多，而你得到更高回报的办法也只能是增加你工作的价值并取得更好的成果。

不要以为每天提前十几分钟上班，没有人会注意到，同样早到的老板往往就站在办公室窗前，注视着公司的大门呢。

不要以为，这些只是细节问题，给人们留下深刻印象的往往是那些看似微不足道的细节问题。一位管理者曾经说：“我总是忽略那些尽职尽责完成本职工作的员工，因为这是对员工的基本要求，所有合格的员工都会做到。在众多的员工当中，能给我留下深刻印象的总是那些在自己的本职工作之外帮助别人的人，即使只是为同事倒了一杯茶。”

工作与你之间的关系就像一面镜子。你如何对待工作，工作就如何对待你。你乐观地对待工作，工作就会让你快乐；你忠诚地对待工作，工作就会对你忠诚；你为工作付出，工作会回报你更多。

※ 学会与人相处

在生活中，有很多人可能会受到这样的困扰：不知道如何与他人打交道，遇到陌生人时，更不知道如何打开局面。给他人留下一个好印象。

社交是一门艺术，也是决定人生成败的一个关键。社交这门艺术，教你如何与他人相处，教你如何运用人际关系这笔财富，来成功地打造自己事业的辉煌。

卡耐基在处理人际关系问题上有他独到的见解。卡耐基指出，跟别人交谈的时候，不要以讨论异见作为开始，要以强调而且不断强调双方所同意的事情作为开始。不断强调你们都是为相同的目标而努力，唯一的差异只在于方法而非目的。要尽可能使对方在开始的时候说“是的，是的”，尽可能不使他说“不”。

卡耐基认为，在与别人相处时，应该学会尊重别人，尽量减少对别人的伤害。一个和谐的人与人关系的基础是彼此之间互不伤害。

卡耐基简述了他与其侄女之间的相处经历。几年以前，他的侄女约瑟芬·卡耐基，离开堪萨斯市的老家，到纽约担任卡耐基的秘书。她那时19岁，高中毕业已经三年，但做事经验几乎等于零。而现在，她已是西半球最完美的秘书之一。

不过，在刚刚开始工作的时候，她的身上还存在许多不足。有一天，卡耐基正想开始批评她，但马上又对自己说，“等一等，戴尔·卡耐基。你的年纪比约瑟芬大了一倍，你的生活经验几乎是她的一万倍。你怎么可能希望她有与你一样的观点，你的判断力，你的冲劲——虽然这些都是很平凡的。还有，你19岁时又在干什么呢？还记得你那些愚蠢的错误和举动吗？”

经过诚实而公正地把这些事情仔细想过一遍之后，卡耐基获得结论，约瑟芬19岁时的行为比他当年好多了，而且他很惭愧地承认，他并没有经常称赞约瑟芬。

从那次以后，当卡耐基想指出约瑟芬的错误时，总是说：

“约瑟芬，你犯了一个错误，但上帝知道，我所犯的许多错误比你更糟糕。你当然不能天生就万事精通，成功只有从经验中才能获得，而且你比我年轻时强多了。我自己曾做过那么多的愚蠢傻事，所以我根本不想批评你或任何人。但难道你不认为，如果你这样做的话，不是比较聪明一点吗？”

假如一个人一开始就谦虚地承认，他也可能犯错误，并不是无懈可击的，那么别人再听他评断自己的过失，也许就不会难以入耳了。

卡耐基上的小学校名很浪漫，叫玫瑰园，但却非常简陋，只有一间教室。他在学校可不是一个听话的家伙，因为调皮捣蛋，搞恶作剧，他几次差一点被学校开除。

他那双又宽又大的耳朵是同学们嘲弄的对象，有一次，班上一名叫山姆·怀特的大男孩与卡耐基发生了争吵，卡耐基说了几句很刻薄的话，怀特被激怒了，便恐吓道：“总有一天，我要剪断你那双讨厌的大耳朵？”他吓坏了，几个晚上都不敢睡觉，害怕在自己进入梦乡以后被怀特剪掉了耳朵。

当卡耐基成名以后，仍然没有忘记山姆·怀特，他归纳出了一番人生哲理：“要想别人对你友善，要想与同事和睦地相处，处理好上下级关系，那就绝不能去触动别人心灵的伤疤。”

美国成功学大师拿破仑·希尔说：“人与人之间只有很小的差异，但是这种很小的差异却造成了巨大的差异，这种很小的差异就是你所具备的心态是积极的还是消极的，巨大的差异就是成功和失败的差异！”这生动地说明了思维方式和行事方法对于获取成功的重要意义想交朋友，就要先为别人做些事——那些需要花时间体力、体贴、奉献才能做到的事。

关心他人与其他人际关系的原则是一样的，必须出于真诚，不仅付出关心的人应该这样，接受关心的人也应当如此。

凡不关心别人的人，必会在有生之年遭受重大的困难，并且大大地伤害到其他人。也就是这种人导致了人类的种种错误。

行为胜于言论，对人微笑就是向人表明："我喜欢你，你使我快乐，我喜欢见到你。"

多数人记不住别人的姓名，只是因为他们没有下必要的功夫和精力去记忆，他们给自己找借口：他们太忙。一种简单、明显、最重要的获得好感的方法，那就是记住他人的姓名，使他人感觉自己对于别人很重要。

始终挑剔的人，甚至最激烈的批评者，都会在一个有忍耐和同情心的倾听者面前软化降服。如果希望成为一个善于谈话的人，那就先做一个致意倾听的人。

如果你要使别人喜欢你，如果你想他人对你产生兴趣，你注意的一点是：谈论别人感兴趣的事情。卡耐基说："在这个世界上只有一种方法可以促使人去做任何事，那就是给他想要的东西，让他产生具有重要性的感受。"

在这个世界上所有的道路中，心与心之间的道路是最难行走的，人人都在追求利益，可他们却找不到通往心灵的方向。其实走进他人的心灵有时又是轻而易举的，路标就是真诚地赞赏他人。

所以，卡耐基认为，跟别人相处的时候，我们要记住，和我们来往的不是逻辑的人物，和我们来往的是充满感情的人物，是充满偏见、骄傲和虚荣的人物。在人生的道路上能谦让三分，即能天宽地阔，消除一切困难，解除一切纠葛。

※ 不要辜负他人的期望

卡耐基告诉我们："每个人都有自己的需求，有些人做事往往过于单方面强调自己的需求，而忽略或不顾他人的需求，这样他们反倒无法实现自己的需求。"

他人的需求，尤其是对自己的需求，我们应该尤为重视，这不仅关乎他人对自己的期望和关心，也关系到我们自身需求的实现。

第一次世界大战期间，曾有人问英国首相劳埃德·乔治，很多战时领袖，像威尔逊·奥兰多和科里蒙索等都已渐渐在人们的心中褪色，而他为何能位居要津？乔治回答，如果一定要归诸一个原因的话，那就是：你要钓到什么样的鱼，就得用什么样的诱饵。

为何要提到需要？人们注意到的只是自己的需要，而根本不关心别人的需求和对自己的期望。因此，天下只有一个办法能影响他人，那就是提出他们的需求，并且让他们知道怎样去获得。

有一天，艾莫森和儿子想把一头小牛弄进谷仓里。他们就是犯了"只想自己的需要"这个错误，艾莫森用力在后面推，儿子用力在前面拉。可小牛也正好和他们一样，只想到自己的需要，所以拒绝前进，坚决不肯离开牧草地。恰巧一个爱尔兰妇女路过，虽然她不懂什么散文之类，但她懂得牛性，于是她把自己的指头放进小牛嘴里，一面让她吮吸，一面轻轻地把它推进谷仓。

安德鲁·卡内基，那个常为贫穷所苦恼的苏格兰少年，最初的工作每天只能赚两分钱，后来却捐出了 3.65 亿美元。他很早就懂得影响他人的唯一方法就是事事为他人着想，看他们需要什么，尽力满足他人的期望。卡内基只上了四年学，却深谙处世之道。他的两个侄子在耶鲁大学读书，常常忙得忘了往家里写信，家人很担心。卡内基为此打赌 100 元，说他可以要这两位侄子立即回信，因此他写了一封闲话家常的信，结尾还提到要附上 5 美元钞票一张，送给他们当礼物。当然他忘了把钞票装进信封。很快回信就来了，两个侄子感谢“亲爱的安德鲁伯伯”，然后……

施坦·洛互格先生住在俄州的克利夫兰，有天下班回家，看见小儿子吉姆躺在地板上又哭又闹。原来吉姆第二天要上幼儿园，可他说什么也不愿意去。洛互格本想把儿子扔到房里，警告他最好乖乖地去上学。可他又想：假如自己是吉姆，有什么东西能吸引自己去学校呢？于是，他和太太列出许多吉姆喜欢的事，如画指画、唱歌、结交新朋友等，然后付诸行动。他和太太还有另一个儿子都到厨房的大桌子上画指画，大家玩得非常开心。果然没有多久，吉姆也来了，并且要求加入。于是爸爸对他说，不行，他必须先到幼儿园去学怎么画才行。为了激起他更大的兴趣，洛互格把刚才列在之上的项目，逐一告诉他，这些东西幼儿园里都有。第二天，洛互格起了个大早，一下楼就发现吉姆在客厅的椅子上。于是就问他为什么起这么早，坐在这里干什么？吉姆说他要去上学。在全家的努力下，终于引起了吉姆的渴望，使他顺利地上学了。

我们常常吝啬于帮助别人，却不知道，帮助别人其实正是在帮助我们自己。

明天，你也许有机会要求某人做某事。但在你开口之前，一定要先停下来问问自己，怎样才能让这个人想去做这件事。

有一次，卡耐基在纽约的一家饭店租下了大厅，准备做一个为期 20 天的秋季性系列演讲。

演讲的日期马上就到了，他突然接到一个通知，要他付出比通常情况下多三倍的租金。当时，门票已印好送出，所有的通知也已都发出去了。他自然不愿多付增加的部分费用。但是能有什么办法呢？他冥思苦想，终于决定去见饭店经理，并告诉他说接到通知，感到十分震惊，其实自己十分理解经理。卡耐基还说，通过这件事，他能列出饭店因此而产生的利与弊。于是他就拿出一张纸，从中分两栏，一栏上写“利”，另一栏上写“弊”。在“利”栏下面写上“大厅可做他用”，并且说明“你们的好处是大厅可以空下来，另外租给人跳舞或开会，这比租给我们的费用高些”。在“弊”的栏下面写上“我付不起你们要求的租金，但并不意味着你们得不到这笔收入，我们的演讲能给你们起到极好的广告作用，你们做广告，在报上每次得花 5000 元，可还不一定达到这样的效果”。

经理看了以后，思考了一会儿告诉卡耐基会尽快把最后的决定通知他。

第二天，经理就给卡耐基回信了，告诉他租金只涨了 50%，而不是原来的三倍了，当时他去找经理时，并没有提到自己的需要便获得了减价。其实他当时所列的利弊表完全是从对方的利益出发，是在替对方考虑，因此而获得了减价的结果。如果他去找经理时，怒气冲天，直接让经理按原协议办，否则拒不交钱，那结果可想而知了。

亚拉巴马州伯罕市的霍华·卢卡塞说起了这样一件事：

几年前，他和几个朋友共同经营了一家小公司，就在他们公司的旁边有家大保险公司的服务处。这家保险公司的经纪人都分配好了辖区，负责这个报务处的两个人叫卡尔和乔治。

有天早上，乔治来到他们公司，提到自己的公司专为各公司的主管人员新设立了一项人寿保险。并说他们或许感兴趣，所以提前来告诉他们。

同一天，在休息时间用完咖啡后，乔治便来告诉他们说有好消息，兴奋地谈到公司新开办了一项专为主管人员设立的人寿保险，并给了一些资料，还说这项保险是最新的，明天请总公司来人详细说明。他的热情引起了卢卡塞的兴趣，并且对他充满了信任。于是就投保了人寿保险。

这桩生意本来是卡尔的，但由于乔治的热情表现，引起了卢卡塞的注意，以至被乔治捷足先登了。

人与人之间的交往，并不像做贸易那样讲究钱货交换，更不需要钱物的投入去交换所谓的人缘。人缘广结有时仅仅是分享一种思想，共有一个主张，并不沾有金钱味。重视他人的希望，并尽量满足，才有可能成就大事。

※ 金钱买不来幸福的婚姻

金钱对于婚姻的确是很重要的。从调查来看家庭收入较高的家庭的幸福程度要比收入低的要稍高一些，但是我们也要小心“金钱”在婚姻中所扮演的双刃剑的角色。就今天社会我们大多数人的情况来看，金钱早已不再是简单地“维持生存”这样的功能了，而上升到了“提高生活质量”的层面。

现在大家的日子好了，生活水平提高了。一般的两个年轻人在一起都不会是真正的“贫贱夫妻”。我们今天说的“百事哀”的夫妇一般指那种月收入几百块以下的，特别贫困的。而从家庭幸福的调查来看，也是2000的比1000的幸福机会大些，6000的比4000的机会大些。但是这种规律排除掉了那种特别富裕特别有钱的家庭，这类的夫妻不在此规律以内。

卡耐基告诉我们，金钱是婚姻的基础，但金钱不是婚姻的全部。稳定幸福的婚姻，需要精心的呵护，这些工作，是金钱买不来的。

当今时代，越来越多的婚姻趋向功利性，婚姻的基础已经被扭曲，爱情不再是唯一了。但太多的钱往往对夫妻双方并不一定是一件好的事情。在这些时候，决定幸福的往往是其他的因素，而跟金钱无关。而从婚姻整体发展与演变来看，金钱也从来不是婚姻的决定因素。把婚姻的幸福仅仅维系在金钱上，这是危险而不现实的。婚姻不是以物易物的交换，而是积累起的一种珍贵情愫。在个人的幸福快乐方面，婚姻比事业、金钱更加重要，更加切身。

一般人如果有幸福的婚姻，就远比独身的天才生活得更快乐。俄国伟大的小说家屠格涅夫受到整个文明世界的赞誉，但是他说："如果在某个地方有某个女人对我过了吃晚饭的时间还没有回家，抱着十分关心的态度，我宁愿放弃我所有的天才和所有的著作。"

处世艺术当然也包括夫妇相处和家庭生活的艺术。戴尔·卡耐基出生于1888年11月24日，逝世于1955年11月1日，享年67岁。他一生结过两次婚。他的第一任夫人，是法国的一位女伯爵，1921年与他结婚，十年后离异。他的第二任夫人桃乐丝，卡耐基于1944年和她结婚，是他的门徒和事业的继承人，并给他生了一女孩，取名丹娜。卡耐基曾经体验过一次失败的婚姻，但他最终还是获得了真诚的爱情和美好的家庭。他从自己的亲身经历中总结了处理好婚姻生活的艺术。

幸福快乐婚姻的机会，究竟有多少呢？我们已经提到过的桃乐丝·狄克斯认为，半数以上的婚姻都是失败的，但保罗·波皮诺博士的看法相反。他说："男人在婚姻上获得成功的机会，比他在任何行业上获得成功的机会都大。所有进入买卖食品杂货行业的男人，70%会失败。所有步入结婚礼堂的男人和女人，70%会成功。"

对于这件事情，桃乐丝·狄克斯的结论是这样的："跟婚姻相比，"她说："在我们一生中，生是一支插曲，死更是一件小事。"

虽然，有一位满足的太太与一个和睦而快乐的家庭，对一个男人来说，比赚100万元还来得重要，可是100个男人之中，还找不到一个慎重地想过，或真诚地试过使他的婚姻成功。他把一生中最重要的事情交给了命运，成功或失败就看幸运之神是否照顾他。当钞票都在丈夫的口袋里，可以用柔和的方式而不需要强力的手段时，为什么他们不温柔地对待太太？这点真令太太们不明白。

每个男人都知道，用奉承的方式可使他的太太愿意做任何事情，而且什么也不顾地去做。他知道，如果他只夸奖她几句，说她家庭管理得如何好，说她如何帮助了他而不必花他一个钱，她都会把她的每一分钱都赔上了。每一个男人都知道，如果告诉他太太，说她穿上去年的某件衣服将会是多么的美丽可爱，她就会宁愿不买从巴黎进口的最新款式。

“每一个太太都知道她丈夫了解这些事情，因为她早已把如何对待她的方式全部告诉了他。但他宁愿不顺从她的意思，反而花钱吃不好的东西，把钱浪费在为她买新衣服、新型豪华轿车上，而不意花精神来奉承她一点，不愿意以她所要的方式来对待她。她真不知道该喜欢他呢，还是讨厌他。”

因此，如果你要维持家庭生活的幸福快乐，请记住婚姻的幸福与金钱无关。

你可还记得，美国电视节目“谁想嫁给百万富翁”中扮演富翁的建筑工人乔伊，当他的真实身份被揭穿后众多应征女士因极度失望而愤怒的场面。金钱常常对幸福婚姻起着误导作用。如果不能相信金钱，那么一桩幸福婚姻的真谛究竟是什么？

很多事实证明，以财富来换取婚姻的，往往会招来爱慕虚荣之徒。而一桩幸福婚姻中与你共度一生，不离不弃的伴侣看重的经常不是你的钱。两个人由完全陌生到终生相守，如果说有什么秘诀的话，这个秘诀就是“相爱”。而相爱的两个人看中的都是对方的内在品格。就像修高楼打地基一样，一桩幸福婚姻的“地基”就是双方真诚地相爱。如果你想知道你和这个人会不会有幸福的未来，不妨多考虑对方的内在，比如：和对方在一起快不快乐？对方人品怎么样？对方谦不谦逊，孝不孝敬长辈？是否具有宽容心和幽默感……这些因素往往就是决定幸福婚姻的秘诀。

幸福是一种感受，穷有穷的幸福，富有富的幸福，金钱不是衡量得标准。然而幸福的婚姻在于忠诚的爱情，这都是一样的。爱情是与婚姻家庭捆绑在一起的，是一份责任。这不是买葡萄，先尝尝再买。结婚时就想着分手，这怎么会是幸福婚姻呢？结婚是一份责任，结婚登记是对这份责任的承诺。请不要把这份责任寄托在财富和金钱上面。

※ 做生意要遵循常理

任何事业成功的保障都离不开做人的一些常识和对理念的坚持和应用，无论哪个行业都有自己特有的规则，然而，这些规则都有相通的地方，相近的特点，那就是，无论什么行业，做人，做事都得遵循处世的常理和原则，经商除了遵循经商之道，还应该具备常人应具的常理来处理商业问题。

卡耐基是美国著名的教育家和演讲口才艺术家，也是著名的文化企业家，他在经济领域的成功不仅在于出色地经营了自己的企业和人生，而且在于他能将经商术完美地传授于他人，培养了一批又一批成功的企业家。在欧美的工商界，言必谈卡耐基，许多人以参加过卡耐基训练班为荣，借以表明自己所受的无可挑剔的经商智慧教育。更有一些企业，组织管理人员和员工集体参加卡耐基训练班，并以此作为上岗的合格标志。

与其他企业家不同，卡耐基不仅白手起家，从一个独闯天下的农家孩子一跃而成为百万富翁，而且他一生都致力于研究和借鉴他人的宝贵经验，包括前人和同时代的人。因此，卡耐基的经商经验和思想无疑更胜一筹。而与足不出户、闭门研究的企业经营思想家们不同的是，卡耐基又是一个勤勉经营、脚踏实地而有所悟的实业家，他所展现给世人的经商方法和技巧更具有实用性和可操作性。也许，这就是为什么各地卡耐基热此起彼伏、一浪高于一浪的根本原因所在。

卡耐基说：“私有财产，财富的积累法则，竞争法则，所有这些都是人类经历的最高结果，是迄今为止社会结出最佳果实的土壤。”

成功其实很简单，只要你遵循卡耐基这些简单实用的人际准则和生活技巧，你就能获得成功。在商业社会也是一样，经商也有其需要遵循的常理。

千百年来，犹太人的经商之道赢得了良好的信誉，之所以能成为世界第一商人，和犹太人“吃亏是福”的观念是很有关系的。

任何一个商人都希望多赚钱，犹太人也不例外。但对于这个多赚少赔的商业规则，犹太人是尤其懂得变通的。

世界上，无论哪方面的商业交易，仅有一方占利，另一方完全无利可图的便宜是没有的，有钱赚要做到让利互惠。在这个世界上，财富是无穷无尽的，切记不要太贪心，这便是犹太人的经商之道。

有一位靠卖纽扣成为富翁的商人，他开的店，即不气派，也不宽敞，但却非常有特色。他的店，除了卖纽扣以外，其他东西都不卖。他的纽扣，不仅花色品种齐全，而有的女顾客，一件漂亮的大衣上丢了一枚纽扣，纽扣店会想尽办法配上后寄给顾客。久而久之，小小的纽扣店在偌大的一座城市里人人皆知、家喻户晓。

这家小店的经商之道在于：店主深知“世上的钱是赚不完的”道理。他每出售一枚纽扣，只赚几分几厘。至于别人，比方说来纽扣店大量进货的成衣铺赚顾客多少钱，他根本不去攀比，他更在意的是能“赚”到多少顾客。

但是不少小商人却不懂得这样的道理。在交易场所，这样的例子是屡见不鲜的：买方和卖方为了一点小利讨价还价，争执不休，结果不欢而散，双方都无利可赚，这样就有悖经商之道。精明的商人会爽快地与对方成交，宁肯让对方多占些利，他们更关注的是长远大计。

一个人独资经营的情况下，不仅势单力薄，而且人力、才智匮乏，资金上也很难维持长久的，快速的增长。如果能找到可以长期合作的合伙人，就会增强公司的实力，虽然部分利益会分给合作伙伴，但较之无法持续经营情况，实在是好上太多了，这也成了犹太人的经商之道。

“吃亏是福”是常人都懂的道理，也是一种高瞻远瞩的战略，不能舍眼前小利而争取长远大利的商人，注定是无法向前发展的。“吃亏是福”，因为人都有趋利的本性，自己吃亏，让别人得利，就能最大限度地调动别人的积极性，帮助你的事业兴旺发达。试想，如果每一个老板都打着自己的小算盘，整日盘算着如何敛聚更多的财富，如何使自己比别人获得的收益更多，这样有谁还愿意为其卖命呢？

“吃亏是福”，钱是永远都赚不完的，更不可能被某个人独享。一心只为利，得到的只能是小利，是短暂的利；心胸开阔的处世，方得付出大义。得到大利，恒久的利。不管你是创业者还是普通的打工族，我们都是凡人，应该具有一个凡人所具有的优秀品质。在成功的道路上，你没有耐心去等待成功的到来，那么，你只好用一生的耐心去面对失败。成功的定义，财富只是一方面，更重要的是作为一个人要真正地完善自我、实现自我价值。所谓先做人再经商，就是这个道理。

经商的人有两大类：干事业的与一心想发财的。如果经商只是想发财，就特别容易被人骗甚至要去骗人。想创富却不想被骗或骗人，就必须以创业的心态经商，把人格看成创业的最大资本，在提高自身素养上比别人下更多的工夫。

在经商活动中最看中的是“诚信”，认为“人”和“信用”是商务活动中的最高利润和最大财富，“财上平如水，人中直似衡”的经商之道、人生之道，是今天的企业人士所应遵循的“经营之道”，同时更是各行各业的人士与人相处时所应遵循的“做人之道”。

一个人的成功，不仅在于赚了多少钱，还在于他如何赚到这些钱，以及用这些钱去做什么。如果一个人靠坑蒙拐骗去赚钱，把钱用来吃喝嫖赌，甚至为实现自己的政治野心不惜搞乱社会，这样的人再有钱，也会被人遗忘或遗臭万年。所以，先做人再经商，更有意义。

※ 保持良好的社会交往

建立良好的人际关系，是一个人事业成功的基础，左右逢源，游刃有余，需要一颗宽容的心，需要真诚，需要积极交往的主动性，塑造很好的个人形象，善用各种交际手段，克服社会知觉中的偏见。

卡耐基曾在成人夜校讲授公开演讲课。根据他切身的体会，通过学习公共演讲，可以扫除自己性格中的怯懦和不自信，增加与人交往的勇气和信心。并且他认识到，做领导者的必要素质是能够站出来说出自己的想法。

卡耐基开创的“人际关系训练班”遍布世界各地。他以超人的智慧、严谨的思维，在道德、精神和行为准则上指导万千读者，给予安慰，给予鼓舞，使你从中汲取力量，从而改变你的生活，开创崭新的人生。你若不能做条大路，那就做条小径；你若不能做太阳，就做颗星星；不要以大小来决定你的输赢，但要做，就要做最好的你。

卡耐基说：“现实生活中有些人之所以会出现交际的障碍，就是因为他们不懂的忘记一个重要的原则：‘让他人感到自己重要’。人类本质里最深层的驱动力就是希望具有的重要性，你要别人怎么对待你，你就先怎样的对待别人。”

“一个人事业上的成功，只有 15% 是由于他的专业技术，另外的 85% 要依依耐人际关系、处世技巧。软与硬是相对而言的。专业的技术是硬本领，善于处理人际关系的交际本领则是软本领。”

那是去年一个寒冷的冬夜，2500 位男女挤进纽约一家“宾雪凡尼亚饭店”的舞厅里。在 7 点半前，这家面积宽敞的舞厅里已座无虚席，全部客满，时间到 8 点钟时，那些情绪热烈的男女群众，还是往里面涌去

这时楼厢也挤满了人，迟一步进来的，要找个站立的地方都不容易了。他们忙完一整天疲累的工作后，还要来这里站一个半小时……那是为什么？

这些人是看到报上一则广告，而被吸引来的。那是前天，他们从纽约的太阳报上，看到一则整幅版面，引人注意的广告。

那幅广告上这样刊登出：

“增加你的收入，

学习如何有效力的讲话，

准备做个领导者的资格。”

信不信由你，在这个世界最繁华的都市里，社会不景气的情况下，有 20% 的人口依赖救济金生活的时候，有 2500 人由于看到那则广告，离开自己家庭到“宾雪凡尼亚饭店”去。

这广告不是刊登在普通小型报纸上，而是登在纽约市最够资格的《太阳报》上。《太阳报》的读者，大部分是社会上层经济阶级的人——一般高级职员，老板，企业家诸类，他们每年收入从 2000 元到 50000 元不等。

这些男女们，是来听一个最实用、最新颖的，一项“有效力的讲话，以及事业上影响他人的方法”的学理演讲——由戴尔·卡耐基——有效力的讲话及人类关系讲习会主办。

那 2500 位工商界男女，为什么来参加这项演讲研究会？

这种研究会的课程，在纽约市每一季对满厅的人士的演讲，已经有 24 年了。

在那期间，有 15000 名以上的商人和专业者受过戴尔·卡耐基的训练。甚至于那些规模宏大，宁愿守旧，不轻易听信人的机构，像西屋电器公司、马克意尔出版公司、白罗克联合煤气公司、白罗克商会、美国电气工程师协会、和纽约电话公司等，也在自己机构里，为了他们普通职员和高级职员的便利，而举办了这种训练研究会。

调查显示出，成人们所最注意的是健康，其次是想知道更多些人与人之间关系发展上的技术，他们要学习与人交往和影响他人的技术。他们不希望成为一个演说家，也不要听那些离了谱的心理学；他们希望听到立即可以在事务上、社交上、家庭中，所能应用的建议。

可见，保持良好的社会交往是每个人内心的渴望，也是作为社会中的人必需的。

保持良好的社会交往。卡耐基建议，不要指责别人，而要尝试着了解他们，试着揣摩他为什么做出他做的事情。这比批评更有益处和有趣味，并且可以培养同情、容忍和仁慈。

卡耐基的另一条原则是，表现出诚实的、真心的欣赏和感激。学员总是为说话的人鼓掌以示欣赏，卡耐基的课不只教学员表示欣赏、感激，而且要真诚地欣赏、感激。唯有发自真诚地说出来的话，别人才会真正感觉到其中的诚恳，才会真正相信。

卡耐基总结说：“你喜欢接触性情乖戾、忧郁、不快乐的人呢，还是喜欢接触快乐而热力四射的人？这些神情和态度就像麻疹一样是有感染性的。因此，你应该发射出你希望别人也有的东西。”

好的社会关系有很多原则，比如：别人觉得你很重要、表示尊重别人的观点、诉诸更高贵的动机、为一个人树立一个好名声等这些原则有着密切的关联，常常需要合起来运用。

第八章　做人的准则

这个世界上的每一个国家，每一种社会，都存在它自身的运转规则和法律、道德等约束准则。同时，作为社会上的每个个体——每个人，其自身也有自己做人原则和行为习惯。但是，个人的原则和习惯，要在很大程度上符合社会的运转规则，在社会规则的大环境之下，个人的其他选择才有可能实现。

本章所要介绍给大家的，就是在社会的大规则背景下，我们每一个人，要采取什么样的原则和习惯才会对你将来的发展有利。

※　做人的准则

做人的准则，如果讲来，恐怕几万字也说不完，整个社会有一个公认的做人的标准，而每个人心中，又各自有自己的做人准则。卡耐基要告诉你的是，首先应该遵守社会公认的标准。在此基础上，很多做人的准则要考自己后天的发掘和觉悟。但有一点是非常重要的，就是无论何时，做人一定要诚信、务实。

一个年轻人去拜访一位大师，向他请教为人处世之道，大师给他讲了三个故事。

第一个故事：

从前有两个强壮的青年，一拙，一巧。两人奉命在同一块地上各自挖井找水。很快，两人都挖了两米深，但没有见到有水的迹象。拙者继续在原地深挖，而巧者则换了个地方做新的尝试。如此这般，两人工作了很久。终于，拙者通过不懈的努力找到了汩汩的源泉，而巧者虽然不断地更换地点，终究还是一无所获。

年轻人听罢，若有所悟地点点头，说：“我明白，做人就应该持之以恒，不应该朝三暮四，蜻蜓点水，否则终将一事无成。”

大师只是笑笑。

第二个故事：

还是这两个人，巧者经过数次的尝试后，终于在一个地方发现了有水的迹象，于是他在此深挖，最终找到了水源。拙者则始终在原来的地方，一如既往，埋头苦干，越挖越深，结果是虽然付出了很多，却始终没有找到水源。

“这？”年轻人有些迟疑：“我想人还是应该不断地总结经验，不断地尝试最适合自己的生存环境，而不应该刻板教条，更不应该执迷不悟。”

大师还只是笑笑。

第三个故事：

两个人虽然都竭尽了全力，但无论拙者挖多深，也无论巧者换多少地方，两个人都没能找到水源。

“为什么？”年轻人疑惑起来：“那做人还有准则吗？”

“因为这个地方可能根本就没有水。”大师从容道，“其实为人也是如此，生活中没有一成不变的处世原则，一切都要靠你自己去摸索和体味。”

中国人从小就被教育“做人要实实在在，做事要规规矩矩”，这是中国人安身立命的基本原则。中国人虽然处世追求圆通，但始终以务实为修身之本。中华文化一直强调“君子务实”，务实的具体表现为，做人重诚信，不伤害其他人，并且以诚恳的态度对待别人。

知错能改，善莫大焉，一个人能认识自己的过错，进而改变自己的行为，正是务实、务本的实践，也是对待自己的最佳途径。

从古至今，获得成功的人不外乎两个途径：一是正道，一是偏锋。以务实的方式来建立人际关系，属于正道；用欺诈的方式来建立人际关系，即为偏锋。循正道成功，才是实至名归，值得敬重。因偏锋而成功，不过是欺世盗名，并无多大价值，徒然惹人背后耻笑。中国人厌恶权术而欣赏艺术，便是由于艺术才是务实、务本的方式与技巧。

成功离不开实实在在做人、规规矩矩做事，但只是实实在在做人、规规矩矩做事并不一定能成功，这只是基础工程。就像打地基一样，地基稳，才能在上面建造高楼大厦，但地基并不等于高楼大厦。所以务实只是本分，守本分之外，需要进一步持经达变，培养自己的随机应变能力。

如何培养自己的随机应变能力？最好是多看、多听，先了解环境，再适应环境，然后才动脑筋改造环境，最后才有能力合理地创造环境。多看、多听、多问，并不一定只限于正面的、好的东西，对于那些负面的、不好的东西也要了解一下，这样有助于防患于未然。记住，此处只是教你多看、多听、多问，但要少说，正所谓言多必失。贸然说出一些话来，固然痛快，却也很快就要承受某些痛苦。但少说并不意味着不说，否则就是矫枉过正。当你看准了、想明白了再说话，才会言必有中，每一句话都合理，这样比较妥当，也会受欢迎。胡言乱语，不但让别人看不起，而且降低了自己的信用。

在不忘本的情况下权宜应变，才不致乱变。人际关系是不进则退的，就好像一株幼苗，需要时时浇灌才会茁壮成长，否则的话就会枯死。如果不能随时注意调整，久而久之，人际关系只会转坏而不可能转好。培养自己的应变能力，因时、因地而制宜，才会增进与别人的良好人际关系。

务实的同时必须适当地调整，使根本稳固。因为所有的事物都是时时刻刻在变化的，必须富于改善意识，运用精锐的眼光，发挥自己的智慧，不断寻求改善。我们常说随机应变，就是说，任何事情都需要因人、因地、因事、因时而制宜，不可以一成不变，但是

“不可乱变”，不可以为了求新求变而忘本。有所变还要有所不变，变来变去都能够务实，才是以不变应万变。

总而言之，务实、诚信，是最基本的做人准则，坚守这一点，你的行为才会于社会、他人、你自己有益。

※ 思想决定人格

卡耐基告诉我们，一个人是怎么想的，就会成为怎样的人。他的思想就仿佛是一位艺术家一样，他一边塑造着远景，同时也为人生加添许多色彩，它或者鲜明，或者黯淡。一个人身体体质的强弱，决定于食物的营养，而一个人一生之可喜可悲，则决定于他的思想。

当一个人独处的时候，就会搭上思想的列车，向前奔驶。他这一生是否感觉快乐？是否没有虚度？对人群是否有帮助？都要看这列思想列车的方向，它所载的行李，以及沿途经过些什么地方。

一个人生活的习惯、特殊的嗜好，会决定这些人的一生是以不断遇到波折，以致最终以惨败结束，还是步伐坚定往前迈进，逍遥自在，毫不畏惧。它们也能决定，他是借信心生活，还是踌躇不定？是勇气百倍，还是畏首畏尾？是充满希望，还是前途茫茫、毫无盼望？

人类的恐惧就来自于自己。这个时代的人生悲剧，归因于错误的思想，内心不正常的冲突，以及纷扰的情绪。总而言之，当人类心理不够健全，情感不够成熟，缺少一种不可遏抑的热情时，会把他从内心那阴森森的丛林中引导出来。《拿破仑传》中，拿破仑小时候上学时，有一次在课间被高年级的学长教训，并打成了一个黑眼圈，他并不服气，在下个课间又去找那个学长理论，结果被打成了熊猫（两个黑眼圈）。他还不服气又在下一个课间去找那个学长理论，那个学长问：“小子，你想干吗？找死啊？”拿破仑：“对的，我打算一直找你，直到被你打死。”那个学长有点犹豫了，拿破仑说：

“除非你跟我道歉。”学长无奈下说了对不起，结果拿破仑却抬了下头说：“你早说的话，早就没有事了，害我找你两回。”转身走了。这种思想和大度的气概决定他的命运是不平凡。

事实上，一个人心理上的恐惧、荒谬的偏见、疯狂的幻想、毫无理性的偏狭与憎恨，会把他弄得支离破碎，狼狈不堪，致使他不能充分有效地发挥聪明才智。

一个人心里是怎么想的，它以后就会扮演出来。心里怎样想，就产生怎么样的人生观。情绪是推动引擎的蒸汽。狂野而未经驯服的性情会使我们疯狂，以致一败涂地，不可收拾。这就是我们必须找到人生宝钥，并善加应用的理由。

有时候，人之一生几乎在一瞬间来个大转变。伟大的爱情，真诚的友谊，深沉的信仰，孩子的笑，找到了迫切等着人生完成的工作……以上所举种种以及其他类似事件，都可以改造、重塑一个人的人生。

假如我们仍旧抑郁、拂逆、讥讽、自视甚高或者太过自卑、心智不正常、心里总往阴暗面想，那么人生便不值得活下去，更不用提什么快乐幸福和对社会有所贡献了，对自己对身边的人都是一种折磨。而一种习惯性的不愉快心境，会使人生黯然无光，也会最终毁了自己的一生。为此，我们必须把一切事情弄得明明白白，要有个计划，要努力调整自己的气质、改善情绪、驱散黯淡心境，不管这种心境是由于恐惧、妒忌、还是气馁所引起的。试着在一周内或者更长的一段时间里，采取积极的想法，找出人生最好的一面，只想到可喜的、善意的事情，不容许自己心中有消极嘲讽的想法存留下来。这样耐心地调理练习，心境就会慢慢地趋于平静，找到新的平衡点，哪怕是在开始时，仿佛在自己愚弄自己，只注意自己，但是这样做是值得的，因为在如此短暂的时间里，我们养成了良好的思想习惯，获得平易宁静的气度是多么令人舒畅。

思想决定人格，不管我们把这种修养称为心灵的祷告也好，或者称为心智锻炼也好，有了修养，有了新的思想习惯，拥有完善的人格，整个人生将有一番新气象。

※ 信心是人类最伟大的力量

所谓信心，并不是指没有证据便加以采纳和相信，而是指不畏艰难，照样去做。所以，信心是指凭着意识，勇敢地去做，宁静忍耐，贯彻始终，以事实证明我们所信的是事实。

你的信心救了你。乘火车旅行、创办事业、结婚成家、交朋友，都是要依靠信心的。

卡耐基认为，信心是人类最伟大的力量之一。它对人类的重要性，正如电在物理学中意义一样。他曾说：“你心里想什么，就会变成什么”。征服畏惧，建立自信最快、最确实的方法，就是去做你害怕的事，直到你获得成功的经验。

培养自信心是卡耐基课程训练的主要目的。大部分参加的学员说他们虽然也得到其他的益处，但是自信心的增加则是最主要的收获。

卡耐基的方法是如何做到了这一点？要求班上每一个学员，在每一堂课里，都至少要对着乐于听、又乐于给予同学讲一次话，“参与”可以培养出克服畏惧所需要的信心。

只要一点点信心，就可以移山倒海。一个人只有有了信心，才能找到事实的真相和它所包含的意义。我们要了解一切，先应该具备信心。等到对事物有了一点了解以后，我们的信心也加大，甚至更增强了。以往仅有的一股信心，现在则会变成知识。美国开国功臣兼科学家富兰克林就因为深信空中含电，会发生作用，于是他放了一只风筝上天空，并发现自己的推论确是事实。

信心像镭锭一样，是一种机动性的力量。不过这种力量不是普通的力量，而是一种在我们内心活跃着的力量。正如我们的身体是凭着食物所产生的热能构筑起来的一样，我们的生命之所以活跃、有意义、有用，并不是凭自己的力量，而是因为我们从另外一个来源获得了力量。

一个人的信心不是空喊口号就可以得来的。自信必须建立在客观的自我评价基础上，知道自己的优点，知道自己的不足，才可以从容应对难题；自信更要有坚强的实力垫底，否则你所谓的自信，不客气地说只能是自大，没有实力垫底的自信永远是苍白的。

在美国宇航中心的大门上，写着人类向宇宙的一句豪迈宣言：只要人类能够梦想到的，就一定能够实现。多么充沛的自信！信心是人类最伟大的力量，是“不可能”这一“毒素”的解药。永远不要怀疑自己的能力，只要信心不失，勇敢尝试就会成功。

心存疑惑，就会失败；相信胜利，必定成功。相信自己能行的人，必能成就事业；认为自己不能的人，一辈子一事无成。

美国南北战争结束后，一位记者去采访林肯，问他：“为什么上两届总统都曾想过废除黑奴制，《解放黑奴宣言》也早就草拟好了，可是他们却都没有签，难道是有意把这一伟业留给您去成就英名吗？”林肯回答：“可能有这个意思吧。不过，如果他们知道拿起笔需要的仅是一点点的勇气，我想他们一定很懊恼。”这位记者没来得及问下去，林肯的马车就离开了。因此，他一直都没弄明白林肯的这句话到底是什么意思。

直到林肯去世 50 年后，这位记者才在林肯写给朋友的一封信中找到了答案。在信中，林肯谈到幼年时的一段经历：“我父亲在西雅图有一处农场，上面有许多石头。正因如此，父亲才得以用较低的价格买下它。有一天，母亲建议把上面的那些石头搬走。父亲反对，他觉得不可能，因为那些石头像是一座座小山头，都与大山连着，否则以前的主人不会以那么低的价格卖给我们。有一年，父亲去城里买马，母亲带我们在农场劳动。母亲说，让我们把这些碍事的东西搬走，好吗？于是我们开始挖那一块块石头。结果没过多长时间，就把它们都弄走了，因为它们并不是父亲想象的山头，而是一块块孤零零的石块，只要往下挖一英尺，就能把它们移动。”

林肯在信的末尾还说，有些事情人们之所以不去做，只是他们认为不可能。而许多不可能，只是存在于人的想象之中。

的确，很多时候，困难都只是我们想象出来的，当你被自己意想中的困难吓住时，张口而出的常常是“我不行、我不能、我做不到”，一旦你这样告诉自己和别人，你就只能站到失败一边了。学着相信自己，不要被问题的难度所困扰，拿出勇气去想应该怎样解决问题。告诉自己“我行、我可以、我做得到”，你会惊喜地发现，你真得做得到。

每年都有大量的年轻人踏出校门寻找工作，还有许多不满于现状的人也在寻找更合适的工作，他们都“希望”能尽力向上爬，享受随之而来的成功果实。但是他们中绝大多数人都不具备必需的信心与决心，因此他们无法达到顶点。而正是因为他们相信自己达不到，所以也就找不到登上顶峰的途径，他们的作为将一直停留在一般人的水平。

但是还是有少数人真的相信他们总有一天会成功，只要抱着“我就要登上金字塔的顶端”的积极态度来进行各项工作。你可以仔细研究成功经理人的各种作为，学习他们分析问题和做出决定的方式，并且留意他们如何应付进退。最后，你一定可以达成目标。

拿破仑曾经说过：“我成功，是因为我志在成功。”信心可以为一个人提供巨大的支持力量。如果拿破仑没有志在必得的信心，就无法感染、聚集那么多想要建功立业的年轻人到他身边，当然成功也就与他无缘。

米莉刚刚离开学校步入社会的时候，所从事的工作与她的专业基本没有关系。她非常紧张自己的表现，唯恐做不好。她一边努力进入状态，一边又不由自主地关注别人对她的看法和评论，包括头发式样、指甲颜色、口红质地，这一切小事米莉都不能放心自己。她向朋友诉苦："我完全没有自信，老是感觉灰头灰脑的。"后来，当米莉凭借自己的努力做出优秀的业绩时，这种不安就自动消失了。她后来总结说："其实，自己对自己客观真实的评价才应该是最重要的，这种评价才会给人真正的自信。"

从活在别人的标准和眼光中的不安到相信自己判断的坦然，促使米莉心态发生变化的是实力。有实力就不怕风吹草动，更不会有风声鹤唳的威胁。

不管你有多少真才实学，如果你没有信心，不能充分表现出来，那么别人仍然无法对你有信心。一个自信的人，敢于正视别人。让你的眼睛为你工作，让你的眼神专注别人，这不但能给你信心，也能为你赢得别人的信任。正视别人，传递的信息是：我很诚实，而且光明正大。我告诉你的话是真的，你可以信任我。一个自信的人，要勇于表达自己的观点。不论参加什么性质的会议，你最好能主动发言，不要等到最后。要做破冰船，做第一个打破沉默的人，而不要担心自己的观点不成熟、不完善。没事的，总会有人同意你的见解。所以，要争取机会多发言，这是信心的"维生素"。

一个自信的人，乐于展露发自内心的笑容，真正的笑不但能治愈自己的不良情绪，还能缓解别人的敌对情绪。俗话说，伸手不打笑脸人。如果你真诚地向他人展颜微笑，任何人都很难对你生气。

信心是人类最伟大的力量，真正的自信来自于端正的行为，当你相信自己正在从事的事业是正确的，对社会、对大众是有益的，你才可能会有"纯洁的自信心"。

※ 沟通的力量

你别小瞧了沟通的力量，它能穿越江河，也能融化冰川，沟通中蕴含着商机无限，沟通中也蕴含着人情的温暖力量。

卡耐基的观点很明确：沉默并不是金，沟通就是力量。

沉默并不是金，沉默无法解决问题。沉默！沉默！沉默！每一个习惯沉默的人在遇到表达自己的机会时都会不情愿地保持沉默。可是他的心里却一直在说：说话！说话！说话！然而最后还是开不了口，因为沉默是金。

当沉默这种品质被广泛弘扬的时候，每个人或多或少都收敛了说话的欲望，东西可以乱吃，话绝对不能乱说，为了避免不必要的麻烦，只好保持沉默。可是沉默并没有给我们带来方便，我们的人生道路并没有因为沉默而变成坦途，相反还失去了鲜花和掌声。表达是上帝赋予每个人的权利，上帝给我们一张嘴不仅仅是用来吃饭的，说话才是最主要的目的。

我们常常会说"这个人不可理喻"，其实不是这个人不可理喻，而是我们做得不够，我们没有耐心，没有诚心去理解他的行为，他的想法。我们只是以自己的主观判断来下结论，结果当然是错误的。

前一阵子有一个词语非常流行，那就是"代沟"。说的是父母与子女，长辈与晚辈之间出现的不可逾越的沟壑，做父母的以传统的思想来看待子女，对子女的所作所为这也看不顺眼那也看不顺眼，而子女觉得自己就应该这么做，父母那一套早过时了。于是，父母不理解子女，子女也不理解父母，代沟就这样产生了。

要想真正沟通，必须深入对方的内心世界，了解对方真正在想什么，然后再对症下药，问题就迎刃而解了。

每个人都希望自己成为一个成熟的人，一个受欢迎的人，希望自己在别人眼里是重要的，是被人注意的；但是很多人并不懂得怎样与别人沟通，或者是习惯了自己的沟通方式，不注意言行举止，就往往取得与沟通前相反的结果，造成不必要的麻烦和尴尬。

和别人沟通，我们要注意以下几点：

善用询问与倾听。在对方行为退缩、默不作声或欲言又止的时候，可用询问引出对方真正的想法，了解对方的立场、需求、愿望、意见与感受。之后，专心地、耐心地听对方讲话，就会取得对方的信任，对方就会把自己的心里话和内心感受告诉你。倾听本身就表示你对对方的理解和尊重。在他人讲话时，聆听是一种礼貌和诚挚的表现。客观地替对方着想，听听对方的内心感受，对于了解他人是十分必要的。即使你不同意他人的意见，也要听他把话说完。

相信自己，不卑不亢。成功人士，他们在与别人交流的时候都很自然大方，放得开，他们不随波逐流或唯唯诺诺，有自己的想法与作风，但却很少对别人吼叫、谩骂，甚至连争辩都极为罕见。他们对自己了解得相当清楚，并且肯定自己，他们的共同点是自信，日子过得很开心，有自信的人常常是最会沟通的人。

理解对方，并做出你的回应，点头或者一个微笑。这样做是表示你的友好，降低对方的戒备心，获得好感，引发对方交流的欲望。设身处地为别人着想，并且体会对方的感受与需要。由于我们的了解与尊重，对方也相对体谅你的立场与好意，因而做出积极而合适的回应。适当地提示对方。产生矛盾与误会时，如果出自于对方的健忘，你的提示正可使对方信守承诺；反之若是对方有意食言，提示就代表你并未忘记事情，并且希望对方信守诺言。

应适时地告诉对方你的想法，除非你只想做一个纯粹的倾听者，否则交流就会失败。因为沟通是双方的事情，如果对方在滔滔不绝地说，而你只知道点头，一字不说，那么对方就无法了解你的想法，你的愿望就无法实现。直言不讳地告诉对方你的要求与感受，若能有效地直接告诉对方你所想要表达的对象，将会有效帮助你建立良好的人际网络。但要切记“三不谈”：时间不恰当不谈，气氛不恰当不谈，对象不恰当不谈。

一定要抱一颗真诚的心，这是沟通当中最重要的技巧，也是不需要技巧的技巧。如果你的态度不诚恳会直接导致沟通的失败。不要伪装，不要以为骗得了别人，一切只不过是自欺欺人。那些认为沟通只不过是技术上的东西的人是十分愚蠢的。所有的技巧只不过是增加沟通成功的砝码，而不是决定因素，如果是实在觉得技巧很烦人，那么干脆你就带一颗真诚的心，轻装上阵吧。

说真话求真理。

“说真话”很困难，人所尽知，但其所以困难，还因为不单单需要直率的勇敢，难就难在，真相和真理并非如一般想象的唾手可得，似乎只需有“舍得一身剐”的大无畏就行了。往往当人们自以为真相大白、真理在手时，却每每偏离了真实，甚至陷入了谬误。这是因为，就像人的所有能力皆有限度一样，人的认知能力也是有局限的，知识或科学并不能保证人的万能，专断和偏执更不能。正因为如此，“说真话”并不单纯只需要一种莽撞的英勇，更需要虚怀若谷的胸襟和睿智敏锐的眼力。

卡耐基在培训中，经常训练学员培养胸襟和眼力。说真话，讲诚信，是一个人必须遵守的道德准则；而追求真理，又是一个具有崇高追求的人毕生所要奋斗的目标。

不久以前，某布帛商店中的经理人，日前他店中正在忙着把整匹的布帛，剪成碎段。他说，只要在广告上宣传。说购买碎段的布帛是比按码计算的布帛怎样上算，怎样便宜，这种哄骗的暗示一定可以使得人们乐于购买，因之可以坐收大利。但是试问，一朝顾客发现了此种哄骗以后，还有谁愿意再去光顾那商店呢？

许多人都相信欺骗，说谎，是一种有利的勾当。他们以为欺骗的手段很值得使用，所以许多声誉很好的商店，也往往要掩饰自己的商品的缺点，坏处，而登载各种欺人的广告。有些人甚至以为，在商业场中，欺骗的手段，简直与资本一样的必需。他们相信一方面要言行诚实，而同时想要营业上得到大成功，这是很难的，甚至是不可能的。

不为利动，没有私心，而在任何情形之下，都是言行忠实。这种美誉，其价值比从欺骗中所得来的利益大过千倍。

没有健全的德行，不能绝对的忠实，社会中这种人很危险。他们在平时也许是愿意站在正直的一方面的，但是一到自己的利害关头时，他们就要离开正直，就要不说正直话，不做正直事了。他们也许不正面说谎、欺骗；但他们往往会留着些应该说，而为一个诚实的人所必须说的话不说。究其终极，此种人的行为，是得不偿失的。他们不明白，在他们多得到一分金钱时，他们却是多损失了一分品格。他们的钱袋中固然是有增益了。但他们的人格却是有所减少了。

一个言行诚实的人，因为自觉有正义公理为后盾，所以能够无愧怍，无畏缩地面对世界。他有“自反而不缩，虽千万人，吾往矣”的气概。而一个言行不诚实的人，即会在内心听到这种声音：“我是一个说谎者；我不是一个人，我是一个卑污者，一个戴假面具者。”

一个人有着大宗的财产，然而他却到处为千夫所指，为万人笑为出卖人格，出卖尊荣，出卖名誉，出卖一切的有人格的人所认为有价值的东西，那么财产对他，又有何用处呢？

我们在说真话的同时，还要求真理。当年牛顿讲微积分，有位小商人发问道：“这学问有什么用？”牛顿气愤地扔给他一英镑，讽刺他道：“这位先生还想从学问里找好处啊！”又过了很多年，爱因斯坦讲相对论，有位贵妇人问：“这有什么用？”爱因斯坦反问道：“刚出生的婴儿有什么用？”

时至今日，那位鄙薄小商人和无知贵妇人关于科学的提问有时还会挂在一些人的口头。他们只关注科学的物质功能，完全不顾科学的内在精神价值。他们只欣赏科学之树上有实用价值的果实，为果树浇水施肥也只是为了日后采摘果实，而要将科学森林中暂时不结果或不以结果为目的的树木统统砍倒，这是一个可悲的事实。由此带来的严重后果就是人类再也不认为科学更崇高的使命正是在于对真理的追求。

科学家常常发牢骚：“我们这个时代是工程师和企业家的时代，绝不是真正科学家的时代。人类在进入21世纪之后，能满足食欲和肉欲就够了，他们用不着以追求真理为目的的科学家。现代生活追求利润和效率，真理、心灵、思想，再没人要了。”

太急功近利，势必鼠目寸光。整天直愣愣地想什么树上结什么果实，什么果实好吃，这是任何猿猴都能有的想法，只有大智的人类才会想到“宇宙的起源，地球的演化，物质的组成，人为什么要活着，人类能变得更聪明吗？”这类问题。所以，科学更深层的本质表现为科学研究的目的不是通常意义上那种有益于人生活得更好些，而是使人类对真理的沉思更完美，这正是人类比动物更高尚的一面。

加拿大有位世界著名的教授，在学科的年会上遇到几位已成名的他过去的研究生，晚上一起下馆子吃饭。大家围着桌子坐好，等了20分钟也不见服务员送菜单来，有位高足打趣地说：“看，饭馆都不愿为我们服务了，因为我们是搞纯理论研究的科学家，一帮无用的人。”他那低沉的声音像一片阴云掠过了餐桌。谁也没再说话，谁都在想自己作为科学家对社会有什么贡献，难道这社会真的用不着我们了？老教授看着大家一板一眼地说：“科学家是唯一能够愉快地、自觉自愿地干自己本行的人。现在就是把你们的工资消减百分之五十，你们还会选择干科研这一行，而这正是我们同时代人所缺少的。他们只是硬着头皮为了挣钱苦于应付而已。假使社会上的各行各业的职工，都像科学家追求真理一样热爱自己的工作，以尽善尽美的精神做好自己的本职工作，并以此为最大的快乐，那么这个社会、这个国家、这个民族，将大有希望了。我们科学家在追求真理的过程中，既享受了乐趣，又表现了自我。”

我的一位同事说："我死时要带上两道难题去问上帝。"科学家在天堂里享受永生的极乐还嫌不够，还要在那里和上帝讨论科学。科学家在从事科学研究的同时，沉浸在一种与宇宙、与真理同在的激情之中。思维活动给科学家带来乐趣，而这在鄙薄的小商人和无知的贵妇眼中则毫无乐趣。

德国现代教育体制的奠基人洪堡有句名言："大学是研究学问、追求真理的地方，而不是职业或技术培训中心，更不是卖文凭的机构。"目前，有些国家的大学教育的现状和洪堡的思想正相反，把大学"改革"成一种新兴的商业和生意，学生成为顾客，教授变成"摆地摊儿的"，教育的源头活水——"学"正在逐渐枯竭，科学终极价值的东西，在这里也正演变成找份工作的敲门砖。如此戕害教育和科学，其实不就是戕害一个伟大的民族走向世界文明前列的未来吗？

当你发现自己可能比别人离真理更近时，首先应当肯定别人探求真理的勇气，理解别人把握真理的艰辛不易，宽容别人在寻找真理途中的失误与曲折，同时也谦逊地想到，自己虽然看上去离真理更近，但仍可能十分遥远。只有做到这一点，才能真正实现"说真话"的初衷。那意味着，所有的人均以最热切的真诚，投入对真理的探究，相信这一探究是开放的过程，相信这一探究需要不断的相互对话和自我修正，而不是由少数人武断地宣布真理在握，一经道出即是御旨纶音，结果却中断了通向真理的漫长又活力永恒的跋涉。

※ 面对恐惧的四种态度

在你的生活中，恐惧感是否经常出现？如果是的话，那么我提醒你，应该给自己一些心理暗示，适时地消除这些恐惧，这样才有利于你的身心健康。卡耐基为我们提供了面对恐惧所应具备的四种态度。

第一种：了解。

当恐惧来的时候，它是没有办法被扼杀的，也没有办法被控制，它只能够被了解。在此，“了解”是关键词，只有了解能够带来突变，其他没有办法。

卡耐基说：“任何东西只要我们走到了它的极限，前面无路可走，回头又没有理由，那么我们都会丢得下。我们就能丢开它，因为我们已经彻底了解它了。那才能做到真正地接纳。”

我们生活得越安然，我们就会越快了解这些恐惧，焦虑并没有那么可怕，牵制我们的是对于没有经历过的生活的欲望，而导致我们对恐惧的种种泛化，所以要充分地去体验生活，而让这个欲望消失，那么不安也就自然消失。

你必须了解恐惧，恐惧是什么？如果心无杂念地生活，恐惧就消失了，恐惧是透过欲望而来的，所以，基本上，是欲望产生恐惧。

所以，请你不要问它如何能够被控制或被扼杀，它不是要被控制的，也不是要被扼杀的，它不能够被控制，也不能够被扼杀，它只能够被了解，让了解成为你唯一的法则。

第二种：增强自信，战胜恐惧。

卡耐基说过：“如果你想成为有勇气的人，那么你就去尝试一些至今从未做过，但却令你胆怯的事情，而且一直做到有相当的成绩为止，这是战胜恐惧的最佳途径。”

卡耐基也教导他的助理们，如何消除学习者的恐惧心理及重建他们的自信心。他说：“我们要让他们建立新的人生观。如果每个人都能消除恐惧心理，而有自信的话，自己的视野就会跟着开阔起来。”

卡耐基发现，助理上的课对于刚到教室的新生，反而比不上毕业生的经验谈。因此，他把刚修完课程的人请回来，向新生说明自己如何克服恐惧感，如何增加自信的过程和经验。

卡耐基强调："在日常生活中，培养一个人勇气和自信的最好方法，是让他在大众面前开口说话。因为，光借着听别人说话而从音调、文法、声色上作批评，不但没有办法消除说话者的恐惧感，反而有助长恐惧感的可能。因此，加强对方的勇气和自信，除了让他战胜自己以外，别无他法了。"

纽约卡耐基教室有一位盲眼女士玛莉，每次都由导盲犬带到教室。玛莉最初很害怕在众人面前说话，后来助教及同学一再给她鼓励，两三个星期后，她已不再像以前那么畏惧说话了，但是她仍要求同学不要太在乎她，希望同学视她如常人。又过了几个星期后，玛莉转到别的班级去了。这是一个全新的开始，但是她没有任何的不安和恐惧，她能在大家面前发表演说。她甚至在毕业的演讲词上，说出了自己参加卡耐基课程后得到的自信及收获，并且表示想找一份薪水较高较有成就感的工作。她的同学听了大为感动，都热心地为她写推荐函。

卡耐基课程的基础及激起各教室学员学习意欲的是"勇气"。卡耐基于去世的两三年前，在密尔瓦基举办的工商业者协会的演讲中，提到"勇气"这个话题，他说："与其留给子孙财产，不如留给他们自信和勇气。"当有人问他："除了在别人面前演讲外，还有什么方法可以培养勇气？"

他在电台的节目中，做了以下的回答，他说，勇气是金钱买不到的，真正的勇气可以用加强腕力的方法来培养。即使你是一个像洛克菲勒或亨利·福特那样有钱的人，你仍然需要一双强而有力的手腕。为了加强手腕，你得每天用手劈木块、用手击沙包。勇气的培养也一样，首先你必须实际锻炼，然后慢慢加强，试着去做原本害怕的事。只要你肯行动，你就算有勇气了。刚开始从两公尺高的地方跳水时，一定会感到很恐惧，为什么呢？那是因为以前没有跳过，假如有勇气踏出第一步，即使一开始跳得不好，但只要多跳几次，就会成功了，这就是关键。而且你这一次跳一二公尺，下一次就会想尝试五六公尺的高度了。

第三种：尝试去做。

麦克斯韦尔定律：“任何事情都看似很难，实质不难。任何事情都比你预期的更令人满意，任何事情都能办好，而且是在最佳的时刻办好。”

许多我们害怕的事，难就难在走出第一步。第一步所需要的决心、勇气和力量，超过了事情顺利进行中的一切作为。就像飞机升空，需要巨大的动力，而平稳飞行时，只需以较小的动力维持即可。

由于消极心态，自我设限，使人遇事总是望而却步；殊不知“进一步海阔天空”，一旦做了，就知道没什么大不了的。开始去做，在行为上只是一步之差，在心态上却有千里之遥。俗话说“头难头难，开头难”，就是这个道理。因此，“去做害怕做的事”关键还是要从心态上下功夫。

调查研究表明：人们担忧的事情40%从未发生过；30%的忧虑是过去发生过的事情，是无法改变的；12%的忧虑集中于别人出于自卑感而做出的批评，这些忧虑是多余的；10%的忧虑是那些琐碎的事情；只有8%的忧虑可以列入“合理”范围，而8%当中有4%的事情是完全不能控制的。以上数据说明，引起害怕的十个问题中，真正值得担忧的问题平均还不到一个。

为了尝试去做，你应该清楚地认识到：没有人一生从不失败。失败是难免的，重要的是不要空耗时间和精力去回避失败，而要集中精力应付，反败为胜。

认清失败的本质。失败是因为放弃，不放弃就不会失败；只要不服输，失败就不是定局。只有放弃，没有失败。“放弃”有两层含义：一是畏首畏尾，根本不敢去做；二是虽然做了，但浅尝辄止，第一次不成功便鸣金收兵，使原来已有的付出化为乌有，功亏一篑。

把注意力集中于你确信地事情上，这样可以获得更多自信的力量。正如哈罗德·雷蒙在《如何反败为胜》一书中所说：“只要我坚信自己正确，我决不放弃。”

去做害怕做的事，本身就是克服“害怕”的唯一良方，再没有别的捷径。不去做，永远都害怕；做了一件害怕做的事，就不会害怕做第二件、第三件；坚决走出第一步，自然就有第二步、第三步……

旅程的那一头，自然就是成功了。当然，人的勇气并不是天生就有的。许多人本身素质、能力并不差，但就是不敢走出第一步，而使自己的潜力失去了充分发挥的机会。正因为如此，我们提倡尝试。尝试是一种锻炼，更重要的是一种发现，是一种自信，也是一种决心。英国的纳尔逊勋爵从小就晕船，坐船是他最害怕的事情，而他却逐渐适应，而且战胜了这个弱点，居然当上了舰队司令。为保卫祖国，他在海上英勇战斗，因摧毁拿破仑舰队，而成为英国功勋卓著、名扬四海的英雄和世界海军史上举足轻重的人物。当我们害怕做某事时，是因为只看到了事物消极（困难）的一面。事物都有两面。如果能以积极的心态，看看事物好的一面（可能性），就会减轻恐惧感，而一旦尝试之后，便会增加信心和勇气。

第四种：转换你的思想。

有这样一则故事，讲一个人死后来到地狱之门受审，撒旦问他：“你最害怕的是什么？”他回答道：“我什么也不怕。”

“那么，”撒旦说，“你一定走错地方了，我们只接受那些被恐惧所缚的人。”谢天谢地，地狱里竟然没有地方容忍得下毫无畏惧的人。

当不祥的预感、忧虑的思想在你心中发作的时候，你切不可纵容它们，使之逐渐滋长蔓延。你应当立即转换你的思想，向着恐惧忧虑相反的方向去想。如果你正为自己的软弱、自己的准备不周、自己的事业可能失败而恐惧，那么你就得立刻改变你的思想，你要确信你是多么的坚强，多么的有能力，多么的有把握，并且完全有充分的准备来应付更坏的事情。只要你在思想上有了应付恐惧的方法和手段，那么不管遇到什么样的恐惧和烦闷，你都可以步步向前。

当你一觉察到有恐惧、烦闷的思想侵入你的生活中时，你必须立刻让你的心中充满种种希望、自信、勇敢、愉快的思想。

经常省察自己的内心。

卡耐基认为，对自己做错的事，知道悔悟和责备自己，这是人们进步和发展的基础。那些不会反省的人不会知道自己的缺点和过失，他们不悔悟，也就无从改进自己、完善自己，进而提高工作的效率。

著名作家李奥巴·斯卡力的作品十分优秀，具有很强的感染力，影响了很多人的生活。李奥认为自己之所以有这样卓越的成就，完全得益于小时候父亲对他的教育。小时候，每当吃完晚饭，父亲就会问他："李奥，你今天学了些什么？"这时李奥就会把在学校学到的全部知识一一复述给父亲。如果实在没什么好说的，他就会跑进书房拿出百科全书学一点东西，然后再告诉父亲，这才上床睡觉。

每天回顾一下自己一天的工作与学习，这个习惯李奥一直到今天还保持着。这个习惯时时刺激李奥不断地吸取新的知识，产生新的思想，不断进步。

高效率成功人士的特点是每天都反省自己。所谓反省，就是反过来审视自己，检讨自己的言行，看一看自己有没有要改进的地方。

反省是人们自我认识水平提高的动力。反省是人们对自我的言行进行客观的评价，认识自我存在的问题，修正偏离的行进航线。

时下，许多企业、团队都很注重养成反省的习惯，以增强企业、团队的凝聚力和工作效率。

有一家位居世界500强的企业在一天工作结束时，抽出下班前的5分钟，让员工集合起来一起做一次“晚祷”，由上司领头朗诵下面几句话：

我今天的工作是否有缺点？

我今天的工作是否有偷懒的行为？

我今天的工作是否尽了全力？

我今天是否做过损害别人的事？

我今天是否说过不当的话？

也许人们认为这种方式过于呆板，但其精神可资借鉴。对个人来说，方式可以灵活机动些，只要是反省自己，随时随地都可以进行。人们建立自我反省机制的宗旨是为了反观自我的不足，以达到改善自我、提升自我和健全自我的目的。

反省是人们认识自我、发展自我、完善自我和实现自我价值的最佳方法。你不妨在每天的工作结束时好好问问自己下面的问题：今天我到底学到些什么？我是否对所做的一切感到满意？我有什么样的改进？真诚地面对这些提出的问题，就是反省。其目的就是要不断地突破自我的局限，省察自己，开创成功的人生。人们如果每天都能改进自己，并且过得很快乐，必然能够拥有丰富多彩的人生。

人们之所以要经常反省，是因为每一个人都不是完美的，总会有个性上的缺陷、智慧上的不足，而年轻人更缺乏社会历练，常常会说错话、做错事、得罪人。人们反省的目的在于建立一种监督自我的畅通的内在反馈机制，人们通过这种机制，可以及时认清自己的不足，及时匡正不当的人生态度。良好的反省机制是人们心灵中的一种自我清洁系统或称自动纠偏系统。反省是人们砥砺自我人品的最好磨石。反省能使人们的想象力更敏锐，能使人们真正地认识自我。

正视人性的弱点，认识反省自我的必要性。毋庸置疑，“长于责人，拙于责己”或“以自我为中心”是人们常见的毛病。反省要求的是“反求诸己”，而不是找他人的不是。反省自我是一面心镜，人们通过它可以洞观自己的心垢。反省自我，难在你愿不愿意去看到心垢，有没有勇气去洗刷它。

曾子云：吾日三省吾身。这是圣贤的修身功夫，凡人不易做得到，但时时提醒自己，检视一下自己的言行并非太难。一个人有了不当的意念，或做了见不得人的事，能瞒过其他任何人，但绝对骗不了自己。人之所以会做对不起别人的事，一方面是外界的诱惑太大，另一方面是自己的欲念太强。常常做自我反省的人，能增强自己的理智，明确地知道什么是自己该做的，什么是自己不该做的。

反省的立足点和取向主要是针对自己的不足。这样做既是自身素质不断完善的手法，又是融洽人际关系的法宝。比如，“自知其短，乃进德之基”“念自己有几分不是，则内心自然气平；肯说自己一个不是，则人之气亦平”“先问自己付出多少，再问人家给了多少”等等，都是一些十分有益的反省方法。若能时时这样去反省，你就能使自己心平气和，善结人缘，力求进取，开创光辉的人生。

反省自我的内容就是时时扪心自问言行是否真、善、美。每天进行“心灵盘点”，有益于人们及时知道自己近期的得与失，思考今后改进自己工作、学习与言行的策略。

反省自我的方式可以灵活多样，或写日记，或静坐冥想……反省自己不拘泥于形式，只要认真地去做，便对你十分有用。

只要你关注自身的发展，你就无法回避认识自我。我是谁？我能干什么？我做得怎样？我要到哪里去？跋涉在茫茫的人生旅途，你必须亮起一盏心灯，时时叮嘱自己“一路走好”。只有这样，你的成功之路才能越走越宽广。

※ 拥有一颗体谅他人的心

体谅他人，保留别人的面子，是非常重要的。但我们却经常我行我素，一意孤行，不考虑别人的感受和自尊。事实上，只要稍微控制自我，以温和的预期来试着了解他人的立场，一切就都会有好转的。

卡耐基告诉我们：“一两句体谅的话，对他人态度作宽大的理解，这些都可以减少对别人的伤害，保住他的面子。”

有位智者谈到善于与别人相处的本领时，他说人必须体谅他人的感情。他举了这样一个例子：

“如果我去赶集，每样东西都卖了一个好的价钱，回家的时候口袋中装满了钱，我的心里因为喜悦而狂跳，我总对邻居们说自己弄得一分钱都没有了，成了破产的人。这样，我高兴，我的邻居们也高兴。但是，如果相反，我在市场上弄得分文没有了，回家一肚子伤心烦恼，我总对邻居说我赶了一个再好不过的集。你明白吗？这样我难过，我的邻居们也难过。”

先贤们认为利己是不少人的出发点，事实上，这是他们最高道德的训诫的基础。正如他们看到的，一个人是从自我出发向外延伸的。因为你知道什么是自尊，你才能尊重别人。因为你知道被伤害和侮辱的感受，你才不会去伤害和侮辱别人。

人的一生中，有许许多多无可奈何、身不由己的事情，就好比一碗满满的水一样，稍不留神就会溢出来，所以，有些事情难免会影响自己的情绪。当然，人的忍耐力是有一定限度的，在自己一时的气愤之下是很难控制自己的情绪，在情绪失落的时候，事先要在自己的头脑里思考一下。有一位哲学家曾说过这样一句：“体谅好比是一种心理解脱，体谅别人的同时，也使自己得到解脱。”用一颗平常心去对待。给予他人快乐也就是给自己快乐，那样的话便是另一番心境吧！

体谅是一种最有效的心理良药，能使人摆脱不良心境的困惑。所以，当工作中遇到不顺心的事，在还没有了解事情原委之前，要好好想一想，为了不使陷入烦恼中或是给他人带来不悦，你不妨先为自己或是对方设想一下，为对方找个能得到自己体谅的理由，当然生活中也是一样的。准确地说，找几个可以让自己平稳心情的理由先说服自己，你心情好了，做事也就顺其自然得好了，做起来也轻松，不觉得吃力。

从心理学上讲，幸福和快乐关键在于自己。其实幸福与快乐就在自己的心中，在于自己对人对事的态度。体谅作为一种内心的愉悦体验，是获得幸福快乐的最低成本途径，我们又何乐而不为呢？

在生活与工作中，无论你的职位与身份怎么样，做事说话一定要有分寸感，体谅他人的心。如果没有这一点，你就很难是一个成功的人。

一个真正成功的人并非一定要建立在什么伟业之上，或者是一定要有很多很多的金钱，也不是一定要在电台、报刊上都能见到他的事迹甚至闻名于世。所谓的成功，不过是一个人的学识、道德发展到了一定的高度，获得了他人的认可。

切记：做一个受欢迎的人，是需要用自己的行动去获得他人的认可，而获得他人的认可的途径之一，就是设身处地为他人着想，体谅他人的心。

※ 不要存得失之心

心存得失，是人们往往容易在脑中产生的想法。很多朋友都苦恼于这种想法，它很可怕，但又难以去除。它是引发忧虑的最大根源。

卡耐基说过："就算是十秒钟以前发生的事情，我们也不可能回过头来纠正他。我们可以想办法改变十秒钟之前的事情的影响，但无法改变当时所发生的事实。唯一可以使过去的错误有价值的方法，就是很平静地分析错误，从中吸取教训，然后再把错误忘掉。"

心存得失之心，就容易对十秒钟以前犯下的错误念念不忘，让它萦绕在脑中，对自己的身心反复折磨。

杰克·卢普斯曾经是以世界拳王，在一年前的比赛中，他把拳王的金腰带拱手让给了挑战者。那一次的比赛让他伤痕累累，他们打到了第十四回合，杰克满身伤痕，两眼肿得自己已经看不清对手了。

一年后，二人再战，杰克又输掉了这场比赛。如果换作有些人有着同杰克类似的经历，他们就会被忧虑所困扰。接连的失败，对于那些得失心很重又意志力不坚强的人来说，的确是一个很大的挑战。

杰克·卢普斯曾经拥有过世界拳王头衔，面对着接连的失败，他很快从阴影中走了出来。他努力忘掉失败，努力使自己不存得失之心。他开始按照自己的意愿生活，把精力投入到商业运作当中，他开了一家餐馆，成立了一家经纪公司，他安排和宣传拳击赛，举办有关参赛的各种展览会。正是因为他克制了自己得失心的滋长，他才会在短时间内忘记失败，投入到新的领域和新生活中去。

卡耐基说过："不要为打翻的牛奶哭泣。"莎士比亚说过："聪明的人永远不会坐在那里为他们的损失而悲伤，却会很高兴地去找出办法来弥补他们的创伤。"

为什么要浪费眼泪呢？当然，犯了错误是我们的不对，可是又能怎么样呢？得失本就是身外之物，有谁没有犯过错呢？就连拿破仑，在他所有重要战役中也输掉过三分之一，也许我们的平均记录不会坏过拿破仑呢！

何况，即使动用所有的人力，也不能把过去挽回。所以，请记住：不要存得失之心，不要为打翻的牛奶哭泣。

第九章　世上最重要的事

你是否总觉得入不敷出、生活捉襟见肘，希望购买一样东西时只能望洋兴叹？你是否会因为忧虑而产生某些心理或生理的疾病？你是否觉得结婚并无所谓？在工作和交友中，你是否有力不从心的感觉或其他苦恼？

在这一章中，卡耐基将试图告诉你一些在工作、生活、家庭、交友方面需要注意和掌握的一些因素和要诀，这些要诀将对你的事业、家庭和人际关系产生深远的影响。

※　世上最重要的事

世界上最重要的事是什么呢？是金钱、名誉、地位、声望？还是亲情、友情、爱情？抑或是满足人的欲望？对于这个问题，卡耐基心中早已有了答案。那么让我们来看看，卡耐基的答案，会不会给予你某些启发。

卡耐基认为，世界上最重要的事，就是珍惜你所拥有的每一天，爱惜身体，珍视健康。卡耐基说过："我们所有的人都拖延着不去积极地投入生活。我们向往着天边有一座奇妙的玫瑰园，却不注意欣赏就开放在我们窗口的玫瑰。我们总是不能及早领悟：生命就在生活里，在每天的每时每刻中。"

爱德华·文森先生住在底特律城，他在领悟"生命就在生活里，在每天的每时每刻中"之前，经常会被忧郁所困扰，在忧郁的折磨中，他曾极端到想去自杀。

爱德华·文森出生在一个贫困的家庭，他很小的时候就开始卖报纸赚钱，成年后，他在一家杂货店做店员，生活的重担完全压在了他的肩上，一家人的生活全部要靠他来维持。他需要一份高薪水的工作来维持一家人的生活。后来，他做了图书馆管理员，虽然薪水只够勉强维持开支，但他也不敢轻易辞职，这样一干就是八年。

八年后，他鼓起勇气辞了职，开始开创自己的事业。时来运转，他用借来的50美元白手起家，一年内净赚了2万美元。可是好景不长，他所有的财产在瞬间便化为乌有，更糟的是，他还背上了1.6万美元的债务。这突如其来的打击，使他整个人都崩溃了，他感到措手不及，他开始每天吃不下睡不着，因为忧郁过度，他得了一种奇怪的病。

一天，他在散步时突然晕倒在地，接下来的一段时间，他的身体开始糜烂，他躺在床上，痛苦万分。医生告诉他，他最多只能再有两个星期。爱德华听到这个消息之后，万分震惊。

但这一切都已经太晚了，所有的事情已经无法挽回。他写好了一份遗嘱，对身后事做了周密的安排。

做完这一切后，他便开始安静地等待着死亡的降临。极度痛苦后的宁静让他忘却了忧虑，全身进入了极度放松的状态。奇迹就在这时出现了。由于不再忧郁，爱德华胃口大开，饭量迅速增加，每天神清气爽，晚上再也没有失眠，睡得很香。

两个星期过去了，死神没有如期降临，爱德华已经可以拄着拐杖下床行走了。又过了两个月，他的身体完全恢复了正常。他找了一份推销的工作，并做得很开心。虽然有过曾经一年赚两万美元的经历，现在这份月薪30美元的工作还是让他享受其中。这时的爱德华，不再为过去的遭遇难过，也不再为不可知的未来担忧，而是把全部的精力和热情投入到自己的工作中去。

爱德华的事业发展得非常迅速。短短数年，他有了自己的公司，公司的股票已经在纽约的股票市场上市。

现在，你如果乘坐飞机去格陵兰，飞机有可能会降落在爱德华机场，那是为纪念爱德华·文森先生而建的。假如他当初没有领悟到“生命就在生活里，在每天的每时每刻中”，他就不可能拥有今天的成功。

物品如果失去了可以找寻回来，但失去的时间永远都找不回来。为什么我们总是用失去的财物来惩罚自己的时间和心灵呢？我们失去的财物，终究能够重新得到，但失去的生活信心、遗失的每一寸光阴，将永远找不回来。所以，世界上最重要的事情，就是珍惜你现在拥有的每分每秒，并且享受其中，快乐生活。

当我们满心欢喜地享受经济发展带来的舒适生活时，当我们为自己的美好生活和家庭努力打拼时，我们在没完没了应接不暇的劳作、会议、公务、应酬中，拼命从自己的身体矿藏中索取甚至透支资源。

拥有健康并不能够拥有一切，但失去健康就失去了一切。假设一个人有100000000万，前面的1代表健康，后面的0代表你的房子、车子、妻子、儿子、金子等，如果没有前面的健康1，后面都等于0。所以健康对每个人是很重要的，有了健康就有了一切。当一个人在生病的时候，他才体会到健康和生命的重要。我们要转变思想观念，注意平时的营养品补充，使自己的身体营养一定要达到均衡，这样才能使我们少生病或者不生病。一定要树立预防重于治疗的新观念。

健康的状态才是人生最饱满最自然的状态，它能带给人许许多多生命中不可缺少的流光溢彩，带给人许许多多生命里最重要的体验。

健康是生命之源。失去了健康，生命会变得黑暗而悲惨，会使你对一切都失去兴趣与热诚。拥有健康的身体、健全的精神，并且能在两者之间保持平衡，便是人生最大的幸福！

许多人似乎以为“自然”是很好说话，是可以行贿的。他们认为，可以破坏健康法则，可以无止息地疯狂熬夜，为了减肥连续几天吃饼干；我们可以用各种方式糟蹋我们的身心健康，然后请教医师，光顾药房，以作为补救。多数人的生活都循环往返于糟蹋身体、医治身体上了。其结果是：胃口不良、精力衰微、神经衰弱、失眠、精神抑郁。

身体和精神是息息相关的。一个有一分天才的身强体壮者所取得的成就，可以超过一个有十分天才的体弱者所取得的成就。我们需要有健康而强壮的身心。这是可以做到的，只要我们有节制、有规律地生活。健康不是别人的施舍，健康是对生命的执着追求。

体力与事业的关系非常重要。人们的每一种能力、每一种精神机能的充分发挥，与整个生命体工作效率的增加，都有赖于体力的旺盛。体力的强健与否，可以决定一个人的勇气与自信的有无；而勇气与自信，是成就大事业的必备条件。体力衰弱的人，多是胆小、寡断、无勇气的人。

你应该以一个精壮、强健、完全的“人”去从事工作，工作对于你，是趣味而非痛苦；你对于工作，是主动而非被动。假如你因生活不知谨慎而以一个精疲力竭的身体去从事工作，你的工作效率自然要大减。在这种情形之下，你所做的一切，都将带着“弱”的记号，而这样的话，成功是难以得到的。

在人生的战斗中，能否得到胜利，就在于你能否保重身体，能否使你的身体一直处于“良好”的状态。一匹有“千里之能”的骏马，假如食不饱、力不足，在竞赛时，恐怕也不会取胜。假如在你的血液中没有火焰的燃烧，在你的身体中没有精力的储存，则你在人生的战斗中一经打击，就会失败的。

有这么一道选择题：你最宝贵的东西是什么？答案：A. 知识。

B. 财富。C. 生命。毫无疑问，绝大多数的人会选择生命，没有生命做载体，代表精神生活的知识和代表物质生活的财富都无从谈起。“充沛的体力和精力是成就伟大事业的先决条件，这是一条铁的法则。”虚弱无力、没精打采的人有可能过上高雅的、令人羡慕的生活，但他很难走在人生路途的前列。

我们到处可以看见，某些有作为、有智慧、有才能的青年男女，为不健康的身体所羁绊，壮志未酬。感觉到自己有着大量的精神能力，而没有充分的体力作为拼搏的后盾；感觉到自己有凌云壮志，却没有充分的力量去实现它，这是人世间最悲哀的一件事情。

健康表现在三方面：生理健康、心理健康、适应社会的能力。要做到健康必须具备以下四项条件：积极乐观的心态；充裕的睡眠；每天适量的运动；均衡的营养。

均衡的营养最重要，占四项条件的70%，为什么现在生活好了，癌症、心血管病、糖尿病等富贵病反而多了，这是因为，由于自然环境的变化，一方面如冬天取暖排出的二氧化碳和灰尘很多，工业排放的废气，汽车排出的一氧化碳等废气造成空气污染；另一方面电冰箱和空调排出的氟，破坏了臭氧层，使太阳的紫外线增强对我们皮肤的伤害加重，水也受到不同程度的污染。食物由于大量使用化肥和农药、激素，造成食物的污染。我们在吃的时候，只重色、香、味，在加工中破坏了人体需要的维生素，有的人吃的虽好，但却是大鱼大肉的生活方式，因此造成营养极不均衡。由于自由基对人体组织的破坏，所以造成心血管病、高血压、癌症病人的增加。

为了达到营养的均衡，吃饭要讲究科学，五谷杂粮要粗细搭配，吃饭要吃八成饱，五谷杂粮一天吃300～500克，多吃蔬菜水果，蔬菜每天吃400～500克，水果每天吃100～200克，每天早上要喝牛奶、豆浆，牛奶100克，豆类50克，鱼禽肉蛋每天125克～200

克，油脂类每天 25 克。当然要做到绝对营养搭配很困难，那么就需要参考以上介绍的营养品来补充我们的身体。

※ 养成节俭的习惯

习惯对于一个人的一生来说，是非常重要的。一个好的习惯，可以使你受用终生，而坏习惯，也足以让你的生活变得混乱不堪。习惯的养成，是日积月累的结果，而节俭的习惯，是卡耐基所提倡的一个人需要养成的好习惯之一。

卡耐基是个真实的人，一个农家子弟，即使他因事业成功而家喻户晓，仍然不忘自己的出身。他的童年与美国中西部农家的孩子并无特别之处。童年时，他家里非常贫穷，这也锻炼了他坚强的意志，培养了他节俭的习惯。

由于营养不良，小卡耐基非常瘦小，头发也不是白种人那类美丽的金色，淡黄中略显灰褐，加上一对与头部不很相称的大耳朵。他不属于英俊少年。

卡耐基后来的回忆中谈道，他在那里的最深感受是冬天的生活，因为冬天对幼时的卡耐基而言，其同义词就是又湿又冷的双脚。没有一双可避寒冷的合适鞋子，戴尔必须在厚厚的积雪中往返于学校和家中，强劲的西北风从耳畔呼啸而过，像是在对这个贫穷的农村小男孩示威，也似乎在告诉他如何抗御寒冷。

家庭对个人的成长有着很大的影响作用，尤其是对一个人的童年时代。戴尔・卡耐基的父亲詹姆斯・卡耐基是一个小农场主，母亲伊丽莎白嫁给詹姆斯以前是位乡下教师，很有教养。但戴尔的家庭却是不幸的，而不幸的根源只是贫穷。

戴尔・卡耐基一生都没有忘记 102 号河，这不仅仅是因为这条平静时显得很美丽的河流位于他的家乡。永远铭记于戴尔心灵深处的是这条河曾经给他家带来的灾难。

102号河有时显得分外慷慨，河水滋润着岸边肥沃的平原，绿油油的农作物和茂盛的树林是它给人们的慷慨回报。然而河畔的农民们怎么也没有理由去感激它。因为几乎在每年的秋天，当繁盛的小麦、玉米行将成熟之时，这条河流又要对这些靠土地谋生的人们肆虐打击，破灭一个又一个丰收的希望。

瘦弱的小戴尔穿着布满补丁的破烂衣服，站在农舍外围略高之处，可怜兮兮地上看着棕色的河水汹涌而来，漫过河堤，席卷农地。随着农作物的被摧毁，戴尔想买一身新衣服的梦想又一次被击得粉碎。

河水退却后，瘦骨伶仃的小戴尔与父亲挣扎着走过泥泞的农地，去抢救那些劫后余生的农作物茎秆。

丰收的希望破灭了，一家人又得再次借债以度过饥荒。

许多年后，戴尔·卡耐基对这些经历仍记忆犹新。他后来回忆说，洪水过去后，他操持家务的母亲即使在失望之中还是坚定地唱着圣歌，母亲是一个坚定的基督教徒。母亲勤俭持家，非常俭省，这些情景在卡耐基幼小的心灵中深深地扎下根，使他从小就养成了节俭的好习惯。

安格尔说过：“奢侈会破坏人们的心灵纯质，因为不幸的是，你获得愈多，就愈贪婪，而且确实总感到不能满足自己。”卡尔说过：“奢侈好像酒，既使人兴奋，又使人衰弱。”瑞士有一条谚语：“奢侈乃德义之灭亡。”莎士比亚在《麦克白》里写过这样一句话：“天上也讲究节俭，把灯烛一起熄灭了。”培根在《论消费》里说过：“与其卑躬屈节以求小利还不如减少零星的花费较为得体。”约翰逊在《漫步者》中提到：“不节俭，谁也富不了；节俭的人很少受穷。”荷兰作家伊拉斯谟在他的成名作《对话集》中说过：“节省等于一笔可观的收入。”

弗拉基米尔·伊里奇·列宁，俄罗斯人，是世界无产阶级革命导师和领袖。俭朴伴随着他传奇的一生。当时人们经常看到他穿一件褪色的旧大衣，在这件大衣上还留有三个弹孔。

1918 年，列宁就穿这件旧大衣，去工厂演说，遭到反对势力的刺杀，在大衣上留下三个弹孔。伤愈出院后，他谢绝更换新大衣，将旧大衣补了再穿，一直穿到他 1924 年 1 月逝世。他的格言：“节约每一分钱，为了社会主义革命和建设。”

节俭是一种智慧，是从长计议、积弱变强的勤谨韬略，是一种乐天豁达不甘于受困的生存技巧。节俭又是一种美德，是面对任何条件都能坚守克己复礼的淡泊心态，是无论贫富都懂得珍惜知道财富来之不易的感恩情怀。虽说如今日子富裕多了，那些曾经伴随我们生活多年的布票粮票与其他各类票证，也已成为一段历史陈迹再不会复返，但节俭的意识、勤谨的作风，却依然不可抛弃。

生活需要节俭，自强自立更需要节俭；日子富裕不等于可以随意挥霍，资源充足不等于永远取之不尽。提倡节俭，不仅在于个人省钱、家庭守富，谨防灾年，而且在于民族共同的可持续发展。财富可以创造，财富也需要节俭，只要你节约一滴水，我省一度电，十几亿人汇聚成的就是一种能量与信念，只有国家强盛民族和谐了，才是我们每个中华儿女世代拥有的最大财富。

养成节俭的习惯，你将一生受用。

※ 错误的想法滋生疾病

在我们的头脑中，有许多错误的想法，很多时候，我们很难意识到它们是错误的。但是，有些时候，身体的不适和病状却会给我们发送信号，这等同于间接地告诉我们，这样的想法导致了疾病。

所以，这些想法是万万要不得的，必须在大脑中剔除。

那么，有哪些错误的想法会滋生疾病呢？下面仅举两例，希望能够起到抛砖引玉的作用。

许多人患有失眠的病症，其实，失眠大多出于神经功能紊乱，而神经功能的紊乱，其根源来自于大脑中错误的想法。

卡耐基说过："失眠是因为思想里忧虑弥漫。"卡耐基还告诉我们："睡觉是一种习惯，是一种休息状态。如果你常常无法正常入睡，那只不过是你觉得自己患上了失眠症。因为没有人知道一个人每天需要几个小时的睡眠，也不清楚我们是不是非睡觉不可。"

著名的律师撒姆·安蒂莱尔一生没有像常人那样好好地睡上一天。在他的大学时代，气喘和失眠就开始困扰着他，而且情况非常严重，医生都已经明确告诉他，没有任何办法。于是，他改变了生活习惯，睡不着觉就到教室去学习，不再强迫自己待在床上。虽然休息的时间少了，但他学习的时间却比别的同学多出很多。结果，他的每门功课都非常优秀，被人们称为天才。

大学毕业以后，撒姆成了一名律师，但他睡不着觉的毛病始终未见什么好转。可是，他从来不为失眠而忧虑。他说："上帝会照顾我的。"

情况也的确如此，虽然撒姆每天睡的时间很短，但他却从来不会感到困倦。他的健康状况一直良好，而且他的工作业绩也是十分出众的。这是因为，他的工作时间比别的同事要长得多，别人在睡觉的时候，他还是清醒的。他 21 岁那年，年薪已经达到 75000 美元。

1937 年，他创造了美国历史上律师酬金的新纪录。在一桩诉讼案中，他赚得了 100 万美元的酬金，但他睡的时间仍然很少。他活了 81 岁，一生中连一天很好的睡眠也没有。如果他为失眠而忧虑烦躁的话，相信他也不可能创造那样的辉煌，或许还会滋生某些疾病。

芝加哥大学教授里纳·克莱曼博士对睡眠问题有过深入的研究，是睡眠问题的专家。他指出：从来没有听说过因失眠而死亡的病例。

每个人的身体状况不一样，睡眠的时间也要因人而异。有些人可能只需要短暂的休息就能够恢复体力，有些人也许一天要睡上十几个小时还不够。著名指挥官托斯卡尼每天只睡五个小时，柯立芝总统每天却要睡十一个小时。因此，千万不要因为失眠而忧虑，为了失眠而忧虑所产生的伤害远远超过失眠本身。

克莱曼博士还指出了另外一种现象，那些为失眠而忧虑的人睡的时间通常比自己的感觉要长许多。那些总是说自己“昨天晚上连眼睛也没有闭一下”的人，实际上可能睡了几个钟头，只是自己不清楚罢了。

19世纪著名的思想家赫伯特·斯宾塞一生未娶。晚年时，他孤独一人寄住在一间公寓里。他整天都在向别人抱怨他的失眠问题。他每天晚上睡觉的时候都戴着耳塞来避免听到外面的吵闹，有时甚至会吃一些鸦片来催眠。有一次，他和牛津大学教授宾塞同住一间屋子。第二天早上，斯宾塞说，他昨晚一夜都没有睡着。实际上，赛斯教授一夜未合眼是因为斯宾塞的鼾声实在是太大了。

你没有听说过有人用不睡觉来自杀吧？因为这是不可能的。不管她的意志力多么坚强，大自然都会强迫他入睡的。我们可以长久地不吃东西、不喝水，却无法不睡觉。

要想安安稳稳地睡一觉，首要条件是环境要让人有安全感，能够让人得到完全的放松。著名歌手珍妮·麦当娜的经验是，当她难以入睡的时候，她就会在心中默默诵读《圣经》，来让自己得到一种安全感：耶和华，他指引我，使我不致困乏，他使我躺卧在青草地上，引我在可安憩的河边……

另外，当你无法入睡时，你可以用祈祷来让你睡着。对有祈祷习惯的人来说，祈祷是镇定思想最适当也最常用的方法。

如果你没有任何宗教信仰，你可以用下面这种方法来放松自己。我们都知道，当肌肉紧张的时候，思想和神经也不可能放松。所以，我们如果想入睡，必须先从肌肉放松开始。首先，我们拿枕头垫在膝盖下，这样有利于两只脚的放松；然后，再拿枕头把手臂垫起。最后闭上眼睛，从眼部肌肉放松开始，由上至下到下颚、手臂、胸腹、两腿，我们就会在不知道怎么回事时就进入了梦乡。

治疗失眠的另一种有效方法就是让自己的体力消耗到疲倦的程度。你可以去做一些需要消耗体力的活动：种花、游泳、踢球、滑雪、打高尔夫球，或者你去找那些纯粹的体力劳动工作。

著名作家西莱多·德赖塞对付失眠的方法。作家年轻的时候，为了一日三餐整日奔波，生活的烦恼让作家忧虑不已，致使他换上了失眠症。为了治疗失眠，作家找来一份铁路工人的工作，每天做完打顶和铲石头的工作之后，人累得几乎连把饭吃完的体力都没有了，失眠也因此不复存在了。

休息不好的真正原因并不是睡眠不足，而是来自于我们心理的暗示，对每个人来说，解决失眠忧虑的方法是：不要强迫自己入睡，不要规定必须睡足多少小时，不要想睡多久就睡多久。

第二个例子是关于神经过敏。有这样一个悲剧，悲剧的主人公是一位年轻的女子。她从小生长在一个富裕而幸福的家庭中。后来老父去世，家道中落，迫使她不得不投身工作，挣面包养活自己，同时也要供养她年迈的母亲，她在纽约的某公司中谋得一个速记员的位置。

她曾经同“命运”一度作过殊死的斗争，但这位娇生惯养的小姐生性很高傲，而且十分神经过敏。她褴褛的衣衫很惹人注目，所以她同一些衣饰入时的女同事在一起时，总以为她们在轻视自己，于是总要局促不安，退避三舍。

有一天，一个没头脑的粗鄙男同事，无意中问她为什么不积下些钱去买几套入时的衣服，这使他痛苦得像受了针刺，不能自持地哭了。从此以后，她的神经过敏愈发增强，她将自己全身的穿戴从头至足，同别的女同事比较起来。结果她思前想后，愈加自伤身世，她觉得她再不能苟活世间，忍受此种痛苦了。终于有一天，她买了一瓶碳酸终结了自己的一生。

世间像这位女子一样神经过敏的人很多。他们的神经过于敏锐，好像含羞草一样，一经外物触着立刻会将叶子卷起。对于这些人，你须十二万分留心，使自己免于触犯他们些微的失检，因为那会立刻伤他们的心。他们感受很小的刺激，要比别人感受到大耻辱更为尖锐。

在家庭生活中，我们常常可以看到，因神经过敏而造成的种种不幸的事实。在家庭中，父子、兄弟、姊妹，以及夫妇间的不经意的谈话，往往会引起神经过敏的其他家庭成员的无谓的疑惧与痛苦，使家庭充满了猜忌。

世间有许多人都是由于这种弱点，以致不能得到应有的职位；即使得到，也不能保持长久。有许多有本领的人，都因为神经过敏、多疑、不能容忍，遂将一生事业都糟蹋了。

学校教师也有很多以为神经过敏而感到痛苦。学校管理层、家长的些微评语，一些道听途说的话，假如他们听见了，就会认为那准是在攻击、排斥自己了。

文人和作家也往往有神经过敏的。有一位主笔：因为神经过敏、多疑，所以简直不能做任何杂志或报纸的编辑。外界只要有一丝不满意的评论，会立刻使他动气；甚至善意的建议，他也会当成个人侮辱。他的这种坏脾气，大大地减少了别人对于他的好感。

神经过敏的人，总觉得自己无论做什么事、说什么话、到什么地方，总有人在注意自己；他总幻想着，有人在时刻批评他的行动，分析他的品行，总以为有人在吹毛求疵地难为他。其实别人也许丝毫没有这种意思。他不明白人各有事的道理，人家忙自己的正经事尚且应接不暇，哪里会有那么多闲工夫去管他的闲事。

大多数人，纵使脾气与举动粗暴，但内心却是善良的。他们对于同辈的人，只有乐于援助，绝不会存心为难，决不致存心处处吹毛求疵。在这忙碌的世界中予取来去，忙得喘不过气来，所以要想进入这忙碌、复杂的世界，必须先把神经过敏这一毛病革除。否则，你将终身陷于失败与不幸的境地。

有许多青年人，志愿不能达到，好梦不能实现，就因为他们不敢进入现实中去。他们在人丛中拥挤，他们的神经过敏使得他们成为懦夫。

要克服神经过敏这种毛病，也非易事。患有这种毛病的人，一定要下大决心克服此种毛病。要像克服说谎、偷盗、贪饮等恶习或别种可以阻止他不得成为“完人”的恶德一样，要痛下决心，才能有希望把它克服。

“怎样做，我才能克服这种毛病？”有一个神经过敏的人这样问我。我的回答是：“少想自己，多想别人。”常常同别人亲近，常常注意看你以外的一切事；别人说你的话，不要常常放在心头，胡乱猜测，以免无事化有事，小事化大事。不要太看轻别人的人格，以为他们老是在幸灾乐祸，老是在轻视你、为难你、损害你。一个能够信任自己的人格，同时也承认他人为“好人”的人，是不会神经过敏的。

错误的想法会滋生疾病，所以，尽早在尚且来得及的时候，去除你脑中的错误想法吧！

※ 让结婚更慎重些

结婚是关乎一个人一生幸福的大事，现在的有些人，尤其是年轻人，对结婚持一种很不重视的态度，认为结婚与否都不重要，结了婚，还可以离婚，将一纸婚书完全看成儿戏。卡耐基教导我们，结婚，还是应该更慎重些，慎重对待婚姻，是对自己和他人的幸福负责的表现。因为一旦结婚，就意味着你的肩头多了一份责任，那是一份维护婚姻稳固的责任，也是同配偶互相扶持、互相照顾，共同走完人生道路的责任。

对于慎重结婚，卡耐基给了年轻人很多合理化建议：

不要为了寂寞去恋爱，时间是个魔鬼，天长日久，如果你是个多情的人，即使不爱对方，到时候也会产生感情，最后会让你不知所措。

不管年龄有多大，不管家人朋友怎么催，都不要随意对待婚姻，婚姻不是打牌，重新洗牌要付出巨大代价。

感情的事基本上没有谁对谁错，他（她）要离开你，总是你有什么地方不能令他满足，回头想想过去在一起的日子，总是美好的。当然，卑劣的感情骗子也有，他们的花言巧语完全是为了骗取钱财或其他。

和一个生活习惯有很多差异的人恋爱不要紧，结婚要慎重，想想你是否可以长久忍受彼此的不同。

不要因为自己长相不如对方而放弃追求的打算，长相只是一时的印象，真正决定能否结合主要取决于双方的性格。我见过的帅哥配丑女，丑女配帅哥的太多了。

离婚率高至少反映了好坏不同的两点：好的一点是人们的观念已经趋向人性化，不再为封建思想而禁锢自己，坏的一点是对于婚姻的轻率。没决定好的时候，不要草率结婚。

草率地结了婚已经是错了，更不要草率地去离婚。

魅力是什么？魅力不是漂亮，漂亮的女人不一定能吸引男士，男士更多地喜欢端庄幽雅的女人。所以你不用担心自己不够漂亮。

天长地久有没有？当然有。为什么大多数人不相信？因为他们没有找到人生旅途中最适合自己的那一个，也就是冥冥中注定的那一个。为什么找不到？茫茫人海，要找到最合适自己的那一个谈何容易？你或许可以在40岁时找到上天注定的那一个，可是你不可能等到40岁。在20多岁时找不到，却不得不结婚，在三四十岁时找到却不得不放弃。这就是人生的悲哀。

如果真爱一个人，就会心甘情愿为他而改变。如果一个人在你面前我行我素，置你不喜欢的行为而不顾，那么他就是不爱你。所以如果你不够关心他或是他不够关心你，那么你就不爱他或他不爱你，而不要以为是自己本来就很粗心或相信他是一个粗心的人。遇见自己真爱的人，懦夫也会变勇敢，同理，粗心鬼也会变得细心。

浪漫是什么？是送花？雨中漫步？楼前伫立不去？如果两人彼此倾心相爱，什么事都不做，静静相对都会感觉是浪漫的。

学会用理解的、欣赏的眼光去看对方，而不是以自以为是的关心去管对方。

幼稚的人和幼稚的人在一起没什么问题，成熟的人和成熟的人在一起也没什么问题，成熟的人和幼稚的人在一起问题就多了。

有的女人恋爱时让男友宠着自己，结婚后仍然要老公百般宠着自己，却忘记作为一个女人应该做的分内之事。这样的女人是不懂得爱情的。

成熟的人不问过去；聪明的人不问现在；豁达的人不问未来。

慎重对待婚姻，对你的人生和他人充分负责，一旦结婚，就应投入百分之百的爱与努力，来维护这个家，让这个家变得温暖。这样，你也会在这个家中，得到温暖。而这种温暖，是同你的努力分不开的。

※ 学会管理自己的身体

学会管理好自己的身体，是非常重要的。尤其是在当今的社会，生活节奏快，工作压力大，很容易导致心理上的某些变化，进而影响身体健康。另外，长期不规律的作息和饮食，也成了身体健康的一大威胁。

在快节奏的生活中，更要学会管理自己的身体，管理身体的能力，将是你人生中最宝贵的财富。

卡耐基告诉我们："我们可以用双手去处理烦人的日常工作，但不要把它们搞到肝、肺、血液里。"

所谓健康也罢，疾病也罢，并不全是由医生主宰着，更多时候，自己承担着更大的作用。我们身体是一个完整的系统，只要一处遭到损坏，它就可能影响到整体生命机能的运作。既然这样，我们是不是应该把身体和健康的管理权从医生的手中要回来？

管理自己的身体，就是我们要做自己的"健康管家"。"健康管家"的含义，简单地说，就是从自我自觉的积极行动中享受到养生保健的快乐。健康要从生活方式的点滴改变中起步。只有这样，健康知识才能转化为我们生命内在的一种力量。所谓"健康管家"，正确的说法应该是自己管好自己，养成好的习惯，养成好的心态，加上合理膳食、适量运动，健康是水到渠成的事情。而所有这些，只能依靠自己长期的自觉坚持，旁人是无法代劳的。"快乐养生，享受健康"的口号，认为养生保健应该是一件省钱省力的事，一件快乐的事，而不是处处受限制、受束缚的痛苦之事。养生保健并不难，难在生活方式的改变和细节的坚持。健康九成靠自己，靠的是顺应自然规律，顺应生命节律，依据时节和环境的变化，采取适当的养护措施，从而达到健康长寿的目的。这些观念对我们每个人都有不小的启示，但是话说回来，观念冲击是一回事，采取行动又是另外一回事。

相当多的社会精英正处于人生和事业的关键期，承担着事业、家庭等多重压力，被财富、事业及种种责任压得喘不过气来，却忽略了一个基本的常识—人的身体。人的生命机能像一台机器，同样需要精心的养护。否则，日积月累的磨损，就会造成难以想象的伤害。所以，人在压力和劳累缠身之时，一定不要忘记，你对生命的所有索取，总有一天会付出代价。你对生命的每一份呵护，总有一天会有回报。打个不恰当的比方，想想银行的零存整取，看着微不足道，但经过一个时段，最后累加的总量一定是个让你大吃一惊的数额。

所以，在一个处处流行向管理要效益的年代，我们呼吁一下个人的健康管理，还是有相当程度的合理性的。从我做起，从现在做起。健康管理也一样。

本来，上帝给我们设计的身体是很合理，很能抵御外界的侵扰的，它在我们的身体内部设计了许多防御系统，是我们自己运行和保管自己的身体不当，弄垮了身体。

有调查发现：近半数的人不同程度上存在着“职业病”，这些“职业病”大体分为电脑辐射类、用眼卫生类、肥胖类、精神不佳类等。

医学专家指出，职场人士心理的“亚快乐”、身体的“亚健康”现象严重。“不要小看它们，长此以往会让身体失去平衡。尤其是当身体处于亚健康状态，就会容易引发其他的疾病。”

“亚健康”现象不容忽视。

“亚健康”是一种处于健康和疾病之间的临界状态，是介于健康和疾病之间的连续过程中的一个特殊阶段。其典型症状是睡眠时间减少、质量不高，人非常容易疲劳、经常感冒等等。

对于埋头工作的职场人士来说，忽视自己“亚健康”状态的同时，其实也忽视了潜藏着的疾病。

三类疾病侵袭“亚健康”人群。

据专家介绍，如果长期处于“亚健康”状态，就会使一些疾病有可乘之机。概括来说，职场人士易患三类疾病。

一是消化系统疾病。“埋头工作，耽误了吃饭时间，就用方便食品打发；早晨匆匆起床，早餐变得可有可无。”长此以往，饮食不规律加上营养不均衡，胃胀、胃疼、消化不良等症状会渐渐出现。专家指出，近年来患慢性胃炎、慢性肠炎、胃溃疡的人越来越多。

二是心血管疾病。“工作忙碌，人却开始发胖；大腹便便，体重总也减不下来。”这种人体脂质代谢的异常，会使人过早出现动脉硬化、冠心病、脑梗、糖尿病等多种疾病。而高血压、高胆固醇、冠心病等过去 50 岁以上的人才会患的心脑血管病，现在正出现在一些 30 多岁的职场人士身上。

三是结石类疾病。“在办公室里一坐就是几个小时，忙碌的时候，往往连喝水也被遗忘。”此外，喝酒频繁、长期不吃早餐等种种不良习惯，也使得结石病悄悄找上了一些职场人士。而胆结石、肾结石往往在患病初期没有任何症状，导致许多忙于工作的人们因此错过最佳治疗时间。

“亚快乐”源自心理“亚健康”。

“参加工作五年以内的人，心理健康问题尤其严重。”据介绍，第五年是一个分水岭，这一年有心理健康问题的人的比例最高。第六年以后，有心理健康问题的人的比例会有所下降。

“公司里很多人都羡慕我现在的职位，但这只是别人的感受，我的心里像蒙了一层阴云，把快乐都挡在了外面。”“你也许看我挺高兴的，每天对着同事笑，对客户笑，对领导笑。可是，只有我自己知道，这种笑是强挤出来给别人看的，那种发自内心的快乐，似乎离我已经很遥远了……”在某企业上班的林先生这样坦言。

有专家分析说，快节奏的生活、不断增加的心理压力，使不少人生活在“亚快乐”之中。对生活水平的要求蒸蒸日上，使许多人总把更多的精力放在对付“不快乐”之上，而忘了去感觉快乐。

除了“亚快乐”族，“周末号啕族”也在职场人士中悄然出现。周末，一个人在家，拉上窗帘，听一张催人泪下的唱片，找一本令人伤感的文艺作品，借着悲惨的故事情节号啕大哭。“原因很简单，哭能让我们发泄情绪。”才工作一年多的小张告诉记者，这种看似自虐的方式，成了当下越来越多的职场年轻人舒缓压力的途径。

是什么让你“亚快乐”“亚健康”？

职场人士心理“亚快乐”、身体“亚健康”现象的原因是多样的：

第一，办公室环境。办公室大多空间有限，在其间持续进行脑力劳动，特别是长时间面对电脑屏幕，不仅容易产生视觉疲劳、导致视觉紧张，还会带来较大的心理压力。一些心理学家的研究报告称，不断收到电子邮件和电话也会使人感到疲惫不堪，降低工作效率。此外，办公室里一般荧光灯明亮，长时间待在太亮的灯光下，会扰乱人体的生物钟，造成心理节律失调，精神不振。固定的坐姿还会引起腰肌劳损、骨质增生、颈椎病等。

第二，长期缺乏运动。不少年轻人都办过健身卡，但却很少光顾健身房。他们抱怨，偶尔不加班的时候就只想睡觉，哪有力气去健身？

人体的生理结构需要一定的运动量来维持平衡，运动减少会引发多种疾病，如高血压、糖尿病、心血管疾病、直肠癌等。专家表示，大多数人能进行的最好的日常运动，就是每天走路半小时左右，最好能适当地出汗。这不但能使人心情舒畅，长期坚持走路运动还可以起到预防诸多疾病的作用。

第三，“时尚”生活方式。夜生活，对于职场人士而言，除了能缓解工作压力，还能扩大交往圈子。但无节制地“放松”，时常打牌、唱歌、泡吧到深夜，会使整个身心都处于疲惫的状态，身体一直得不到很好的休息，就会直接导致免疫力的下降，从而很容易患上各种疾患。这种用健康换“时尚”的做法，得不偿失。

对于管理好自己的身体，我们有如下的建议：

吃药要当心。吃药前，要详细阅读药品说明书。尽管看起来简单，但是事实上很多人都不认真看那些非处方药物的说明书，而其中的服用剂量和副作用，其实是很重要的。吃药前，多问问医生；看病时，告诉医生你在吃什么药。

吃得更健康。采购的时候，记得让自己的菜篮子装满不同颜色的水果和蔬菜。颜色越丰富，有助于防病的抗氧化物就越多。还有，这些水果和蔬菜得是当季的，而且是本地出产的，减少运输和冷冻当中的损失。

稍微喝点酒。每天喝点酒精饮料有利于健康，但多就不好了。那么这个“一点”是多少呢？按啤酒来说，就是 571 毫升，葡萄酒则是 125 毫升，烈酒可只能是 25 毫升。

保持脑活力。最好的保持脑活力的运动是读书、打牌，还有演奏乐器。有研究显示，以上这些活动如果能每周至少做 3 ～ 4 次，每次能至少 15 分钟，可让发生记忆力问题的可能性减少 35%。

爱护好牙齿。每顿饭之后嚼嚼无糖口香糖，能够减少食物产生的酸性物质，这种酸性物质可是损害牙齿珐琅质的元凶之一。如果饭后吃片奶酪也不错，因为奶酪是碱性的，能中和食物发酵产生的酸性物质。如果你喝饮料或者果汁的话，记得要用吸管，这样能最大限度地减少饮料和牙齿的接触。

保护好视力。戴上太阳眼镜是能帮助你的眼睛远离白内障等疾病的最重要手段。选那些能够 100% 阻止 UV 射线的太阳眼镜。夏天上午 10 点到下午 4 点间太阳射线最强烈，这时最需要戴好太阳镜。

节食别过头。适当节食虽然重要，但每天食物提供的热量千万不能少于 1200 卡路里。否则，你身体的新陈代谢就会减慢，反而会让你更难以消耗能量。

控制好体重。所有的减肥方法都只能归结成一句话：摄入多少卡路里，你就要消耗掉更多的卡路里。把你的身体想象成一辆车，你加进去的油料，都要把它用完。车子不需要过量的油料，你的身体也是。

压力请走开。人感到压力最主要的原因之一就是：担心。但是，担心也可以分为两类：积极的担心和消极的担心。什么是积极的担心？如果你担心误了飞机，自然会快手快脚地整理好行李，准时抵达机场。但是，担心坠机可就属于消极的担心了。你需要消除这种无用的自我折磨。虽然你知道哪些是消极的担心之后，还不能马上赶走它，但起码这是好的开始。

多吃维生素。加利福尼亚大学的一位研究人员推荐：每天服用复合维生素片，再加上含有维生素 D 的钙补充剂。

想法要积极。这和打吗啡止痛一样有用。真诚地微笑，能让身体释放出提高情绪的物质。所以，即使你过了最坏的一天，也要用最积极的方式去想。

香烟最好停。对于保持健康来说，戒烟的确管用。长期来说，戒烟绝对能减少死亡的风险。在 50 岁戒烟，能减少一半死于吸烟引起的相关疾病的风险。在 30 岁戒烟，几乎能全部消除这种风险。戒烟，能够让你的味觉和嗅觉变得更敏锐，也不容易感冒，也会让患肺癌的风险减少一半。所以，你没借口了吧。

管理好你自己的身体，是做其他任何事的基础和前提，有了强健的身体，才是你工作和事业的保障。

※ 勇于承担责任

卡耐基说过：“如果你是对的，就要试着温和地、技巧地让对方同意你；而如果你错了，就要迅速而热诚地承认。这要比为自己争辩有效和有趣得多。”

戴尔·卡耐基住的地方，几乎是在纽约的地理中心点上。但是从他家步行一分钟，就可到达一片森林。春天的时候，黑草莓丛的野花白白一片，松鼠在林间筑巢育子，马草长得高过马头。这块没有被破坏的林地，叫作森林公园—它的确是一片森林，也许跟哥伦布发现美洲那天下午所看到的没有什么不同。他常常带雷斯到公园散步，雷斯是他的小波士顿斗牛犬，它是一只友善而不伤人的小猎狗；因为在公园里很少碰到行人，他常常不替雷斯系狗链或戴口罩。

有一天，卡耐基和他的小狗在公园遇见一位骑马的警察，他好像迫不及待地要表现他的权威。

“你为什么让你的狗跑来跑去，不给它系上链子或戴上口罩？”他斥责卡耐基，“难道你不知道这是违法的吗？”

“是的，我知道，”卡耐基回答，“不过我认为它不会在这儿咬人。”

“你不认为！法律是不管你怎么认为的。它可能在这里咬死松鼠，或咬伤小孩子。这次我不追究，但假如下回我再看到这只狗没有系上链子或套上口罩在公园里，你就必须去跟法官解释啦。”

卡耐基客客气气地答应遵办。

可是雷斯不喜欢戴口罩，卡耐基也不喜欢它那样，因此决定碰碰运气。事情起初很顺利，但接着却碰了麻烦。一天下午，他们在一座小山坡上赛跑，突然又碰到了一位警察。

卡耐基决定不等警察开口就先发制人。他说："警官先生，这下你当场逮到我了，我有罪。我没有托词，没有借口了。上星期有警察警告过我，若是再带小狗出来而不替它戴口罩就要罚我。"

警察回答："好说，好说，我晓得在没有人的时候，谁都忍不住要带这么一条小狗出来玩玩。""的确是忍不住，"卡耐基回答，"但这是违法的。"

"像这样的小狗大概不会咬伤别人吧。"警察反而为他开脱。

"不，它可能会咬死松鼠。"卡耐基说。

他告诉卡耐基："你大概把事情看得太严重了，我们这么办吧，你只要让它跑过小山，到我看不到的地方—事情就算了。"

卡耐基感叹地想，那位警察也是一个人，他要的是一种重要人物的感觉；因此当他责怪自己的时候，唯一能增强他自尊心的方法，就是以宽容的态度表现慈悲。

卡耐基处理这种事的方法是，不和他发生正面交锋，承认他绝对没错，自己绝对错了，并爽快地、坦白地、热诚地承认这点。因为站在他那边说话，他反而为对方说话，整个事情就在和谐的气氛下结束了。

所以，如果我们知道免不了会遭受责备，何不抢先一步，自己先认罪呢？听自己谴责自己比挨人家的批评好受得多。

你如果知道有某人想要或准备责备你，就自己先把对方要责备你的话说出来，那他就拿你没办法了。十之八九他会以宽大、谅解的态度对待你，忽视你的错误。

一个人有勇气承认自己的错误，也可以获得某种程度的满足感。有助于解决这项错误所制造的问题。

当我们自己做得对时，要以温和而技巧的方式说服别人。当我们犯错时，让我们敞开心胸，勇于认错。这不仅能打开僵局，同时也会使你获得更多的朋友和尊敬。

每个人都肩负着责任，对工作、对家庭、对亲人、对朋友，正因为存在这样或那样的责任，才能对自己的行为有所约束。

在这个世界上，没有不需承担责任的工作，相反，你的职位越高、权力越大，你肩负的责任就越重。一个人无论从事怎样的职业，都应该尽可能地把自己的工作做好，因为工作就意味着责任。没有责任感的员工不会是一个优秀的员工。

在日常工作和生活中，常有这样一类人，他们头脑聪明、也很能干，但却工作平平，甚至常出纰漏。究其原因，就是缺乏责任感。相反，另一类人并无过人之处，但做事却目标明确、坚毅果断、敢作敢当、事业有成，与其共事的人也很信任他，具有良好的信誉，分析原因也很简单，对人、对事、对工作有强烈的责任感。可见，责任感的培养是一个人健康成长的必由之路，也是一个成功者的必备条件。

责任心是职场的撒手锏，是做好工作的第一要素，它比任何能力都重要。只要有责任心，80%以上的问题都能得到很的解决。

有责任心的人工作会很努力、很认真、很仔细，这样就可以确保工作少出错。因为他们有组织性，能够顾全大局，能够服从、协调配合把工作做好，这样就可减少许多工作矛盾，并能发挥团队的作用；他们能够在执行工作前做好周密计划与充分准备，从而把工作做得井井有条；他们为人可靠，能够说到做到，有始有终，承诺过的东西就一定会负责到底；值得信赖，减少你的监督与担忧，让你们的协作进入良性物质循环；他们不会一遇到问题就打退堂鼓，而是会想尽一切办法去解决问题，想方设法去提高效率、保证品质、减少浪费；实在想不出办法、解决不了问题时，他们才会上报寻求协助，绝对不会一碰到问题就找上司并把问题推给上司，且傻等上司的指示；有责任心的人会把圆满完成工作当成自己的义务，并为了完成工作做一切努力，包括努力学习新知识、总结工作经验。他们一切的行为都是为了一个目标一能更有效地完成工作。

在工作中，责任心是每个员工必不可少的，无论其职位高低，能力大小。有责任心的人，对自己的工作会表现出积极、认真、严谨的态度，而工作态度决定着开展工作的方式方法，决定着投入工作精力大小，决定着工作效果的好坏。没有责任心或责任心不强的人，即使他的能力极其出众，也不会将其用在工作中，不会尽心尽责地发挥，人浮于事，很难出色地完成工作。

在同事中间出现一些不愉快总是难免的，可工作是需要同事之间相互配合才能完成的，因此，如何主动地化解矛盾是职业人必须掌握的。如果能通过自己的豁达使同事之间的矛盾化干戈为玉帛，就有可能赢得工作伙伴，甚至朋友。

当工作中由于缺乏另一个人的配合导致工作不能保质保量完成，而这个人曾因与你有过节故意这样做的时候，你要勇于承担责任，毕竟问题出在你这里。如果上司不明察暗访，非要找到问题的症结的话，你就把责任完全承担下来，一来是你对工作富有责任心的一种见证，二来也为你的同事提供了一个检讨自己的机会。如果你因此事而受罚，而其他同事又都不明白真相，那个不主动配合的同事会更加内疚，从而最终可能会向你赔礼道歉。你也因此化解了与他的矛盾。

责任心是职业道德的核心。一个合格的企业成员无疑是应该具备必要的业务能力的，但只有具备强烈责任心的人，才能在工作中充分发挥自身的才能，出色地完成本职工作。

责任心，能让你表现得更加卓越，在事业和生活中取得骄人的成绩。作为企业的一名员工，你就有责任在任何时候为企业的利益负责。责任没有大小之分，一点小小的责任也能给企业带来巨大的损失。对于企业来说，正是因为有了责任感，员工们才能尽职尽责地做好各项工作，才保证了企业的荣誉，保证了企业的竞争力。只有那些勇于承担责任的人，才可能被赋予更多的职责，在企业中担当重任，也才有资格获得更多的报酬、更大的荣誉。

勇于承担责任，不要畏缩，不要隐瞒。这样，小处说，是于人于己都有利的，大处说，也为社会安定和谐尽到了自己的一份微薄之力。

※ 工作中的黄金定律

卡耐基在其人际关系学中，详尽深刻地为我们分析了人与人交流时的心理状态，以及根据这种心理状态，我们应该如何应对，如何取悦于他人。在工作中，尤其是在办公室内，有很多处事法则是你必须掌握的，这些“黄金定律”，会助你在职场中更加游刃有余。

黄金定律之一：永远排在倒数第二位置上。

俗话说，“枪打出头鸟”，但却又不能总是落后，所以，一个舒服的状态就是知道在自己之后，还有一个排在最末位置上的同事，而且要为所有在他面前出现的错误、疏忽负责任，实在是一件令人安慰的事，只要那个人不是你。你只要保住你倒数第二的位置就够了。假如你身处最末一位的层级，赶紧实施紧急救助，要让自己总保持这样的状态。因为你可能输的不只是工作成绩，还有你的工作信心。如果你已经在外面，请谨慎不要再踏进去。

做策划，开办公会，你总是抢着发言，样样都当成生命中最重要的事情来做，到最后烦你的不但是那些同事，还包括你的上司也会瞧不起你。

黄金定律之二：该闭嘴时就闭嘴。

有时候，办公室里与同事聊天是一种团结同事最直接的方法，你会突然发现自己身处颇为微妙的境界。当两个或更多的彼此看不顺眼的人几乎就要起言语冲突时，你刚好就在“现场”。对未经训练的耳朵来说，他们似乎是在争论有关工作上的小事。但是，你知道这只是表面的现象，根本原因在于这两个人彼此讨厌对方。你一定要克服你想插嘴的渴望，紧紧地闭上你的唇。基本上，无论你说什么都将是错的，不是因为你缺乏解决方案或是社交技巧，而是因为没有人会在这时候喜欢裁判员。事实上，当裁判员挡“路”时，还会被揍呢。在这个多变的人际关系“化学世界”中，请等到酸碱完全中和，回到正常时，再有所“动作”。

小张在你面前说，小王和上司关系暧昧，小王在你面前说，小张经常乱用人际关系，而你把这些都在无意中告诉了他们，这样就天下大乱了。因为你的行为让所有的人都见“君”如见虎。

黄金定律之三：避免完成别人的句子。

我们了解这样的冲动，你想要向别人展示你是如何的与他们的思路契合。但是，假如你真的与他们的思路相契合，那么你就该知道，他们多喜欢听自己说话。从在沐浴时唱歌，到在你的答录机上留下一长串的讯息，再到在一个会议中，把同样一件事情用不同的方法讲五遍，人们似乎永远都不会厌倦自己。假如你够聪明，你就该让他们一偿“夙愿”。假如你需要让别人知道你仍然醒着，只要不时简单地发出“嗯”或“对”就可以了。你将会被称赞是个不只会听人说话，而且还了解别人的人，就算你压根儿就不是。避开麻烦、困难和不必要的工作，以及窘境，别像个喜好挑战的参赛者一样来过活。

黄金定律之四：发明一个容易解决的难题。

你天生具有实现自我价值的冲动。但你很懒惰。因此，你最好的赌注是去发明一个容易解决的难题，并且把给解决，而不是在那寒冷残酷的世界中，寻找一个真正而且难以驾驭的难题。老总要做一个数据的调查报告，你却早早就做好了却一直没机会用，忽然这时候用上了，立刻你就成了老总心中的救命稻草。

什么事是你恰巧碰上，或是无意间已经尝试过了的呢？也许就是在你已经准备好的一份电脑文件上，再做点小变动就可以解决的；以这种方式，你将会在投入最小努力的同时，也建立起善于应变、自觉、自发的名声。在巧妙地填上你所建立的“空格”后，你将被视为一个上进的特别人物。在人生这家连锁商店的经营中，你将会被视为成功的连锁店加盟商。

黄金定律之五：别兴风作浪。

除非你正在海滨，或是在一场球赛当中，否则，你千万要把“兴风作浪”给忘了。在海滨时，你可以冲浪；在球赛中，你可以加入啦啦队的行列；但是在办公室，你将会被淹没在其中。虽然总是会有意外，但是并不需要冒着被呛水的危险去“游泳”。

在工作中你喜欢搞一些恶作剧来吓吓前台的杰瑞，你喜欢挑拨萨姆和上司吵架，你喜欢耍同事们以此为乐，你喜欢传播办公室的绯闻，你喜欢让每天生活新鲜刺激……可是，你有想过别人对你的看法吗？虽然总是会有意外，但是并不需要冒着被呛水的危险去“游泳”。世上是没有不透风的墙的。要记住，让一个人对你保持好的印象很难，但改变印象却很容易。兴风作浪之人总是会给人留下坏名声的，说不定老板也会听到。

黄金定律之六：让别人认为有别的工作在等你。

在上司与同事的眼中，不会有比自愿离职更有身价的表现了。那就为什么是你必须要总是看起来像要离职，或者是至少正在考虑的样子。你成为前任雇员的可能性，将提供给你更多的加薪、晋升以及受尊重的机会，这是再怎么努力工作也永远比不上的。自在的在上班的对谈当中，洒下你正在寻找工作的暗示："约翰，你知道吗，直到几天前，我才了解我的价值。"当某个同事经过你的桌子时，至少要有一次，突然"砰"地把电话给挂掉。身为某个似乎要往更大更好事物移动的人（可以是任何事物），你将会受到同事们前所未有的崇拜。

当你的这类努力刚巧在会议上达到最高境界时，如果更高阶主管忽然愿意提供你同样高境界的工作机会，我想，你不必感到特别惊讶。

黄金定律之七：永远忙碌的心态。

你天天上班，一进办公室就开始忙碌，打开电脑，满桌的文件，手忙脚乱，皮特、赛莲娜，包括和你相处不好的比尔都看见了。一份工作你可以分几次来做，但每天你都有事情做是最好的工作行为，效率可以决定一切，也可以毁灭一切。

在上司与同事的眼中，永远的忙碌是最有说服力的。你的忙碌，虽然你也许觉得是假的。但却给所有的人危机感，时间长了大家都会形成一种印象：你是个好职员。你在公司人眼中的重要性，将提供给你更多的加薪、晋升以及受尊重的机会，这是再怎么努力工作也永远比不上的。

黄金定律之八：避免被别人利用。

萨姆看着夏洛特生气，萨姆在你面前想寻求同情，你就意气用事，以夏洛特为敌。这样本不关你的事情，却自己惹的一身不是，和夏洛特的关系也变得紧张起来。别傻了，这样做没人说你勇敢和智慧。

黄金定律之九：相信自己。

如果做不到这一点，你就无法成为一个好的职员或者好的领导。一个相信自己的人，才会在走路时神采飞扬，让老板看上去你有无穷的精力；一个相信自己的人，才会在待人接物时落落大方，所有的老板都认为落落大方的人才能代表公司的形象。这一切能帮助老板培养对你的信心，必要时委你以重任。

黄金定律之十：与人为善。

“你怎么对待别人，别人就会怎么对待你。”这就教育我们，要待人如待己。其实，对周围最有益的生物是生存得最好的生物。在你困难的时候，你的善行会衍生出另一个善行。记住，即使俗语说职场如战场，但请你在别人遇到困境时，热情地伸出援手。在职场上，尽可能地做一个与人为善的好人，这样，当你在工作上不小心出现纰漏，或当你面临加薪或升职的关键时刻，可尽可能减少别人放冷箭的危险。

黄金定律之十一：勤劳。

“如果一个人不努力，他是无法从人生中得到好处的。”不管你是在做一份接线员的工作，还是身担总监的大任，在职场上取胜的黄金定律之一便是要有责任心，凡事尽力而为，并且要任劳任怨。在工作上，永远不要试图去敷衍自己的老板。也许你想，只要在办公室努力工作就行，但实际上这种小聪明玩不了多长时间，你到底在工作上用了多少心思，老板心里一清二楚。有人曾经访问过许多在事业上功成名就的人，他们一个共同的特点便是，在工作上投入的时间及精力，远远要比工作本身所要求的多。

黄金定律之十二：坚持。

想真正地做成一件事情，需要你有锲而不舍的精神。不管我们想在哪个领域做成一件事情，如果你已经认准了目标，那就一定坚持不懈地做下去。一位女性，用了五年的时间，将自己的训练班扩展成了一所私立学校。她自己的心得便是：坚持，罗马帝国不是一天建成的。只要你一天天用心地去做，总有一天，量变会发生质变。

黄金定律之十三：遇到挫折别灰心丧气。

对待挫折，现在白领们已经总结出了一条新的思路，愚公实在是太笨，为什么非要累死累活地把那座大山移走呢？搬到山那边去住不是更容易、更省事吗？现代版“愚公移山”故事形象地告诉了我们，若遇上眼下实在克服不了的困难或者挫折，就稍微转换一下努力的方向。说不定，正是由于你今日经受的这些迂回曲折，而把你带往人生中一个更好的地方去呢。

黄金定律之十四：不要惧怕竞争。

在职场上，遇到竞争对手是再正常不过的事情。对待竞争对手，我们要采取一种和风细雨的态度。即使他当众对你无礼，你也要抱之以友善的话语或者是笑容，你这种宽容大度的表现，会使同事们为你的职场形象加分。

黄金定律之十五：别轻易跳槽。

在一个单位工作几年后，你已积攒起自己的工作资历和一定的人事关系，这个时候，千万别轻言跳槽。因为在现实生活中，存在着许多越跳越糟糕的例子。除非是有威胁到你生存的事情发生，或者是对面前突然出现的大奶酪已经做了反复的确认和考察，当你没有百分之九十的把握或者必要性时，千万别轻易跳槽。

总之，在工作中，与同事和上司接触讲究许多原则和规律，你只有掌握了这些“黄金定律”，才有可能在同事中树立良好形象，给上司留下好的印象。

※ 掌握点经济学知识

掌握一些必要的经济学知识，对你的工作或是创业，都是非常有帮助的；同时，经济学知识有助于你管理好自己的财产，并合理分配和支出。

卡耐基作为美国著名的教育家、演讲口才艺术家和著名的文化企业家，他在经济领域的成功不仅在于出色地经营了自己的企业和人生，而且在于他能将经商术完美地传授于他人，培养了一批又一批成功的企业家。在欧美的工商界，言必谈卡耐基，许多人以参加过卡耐基训练班为荣，借以表明自己所受的无可挑剔的经商智慧教育。更有一些企业，组织管理人员和员工集体参加卡耐基训练班，并以此作为上岗的合格标志。

卡耐基对于经商术的研究可谓到了登峰造极的地步，所以，在个人日常生活中，他也十分提倡掌握一点经济学知识，这不仅仅对于经商大有裨益，同时也有助于你生活得更加安心愉快。

经济学是经济学家提供给社会大众的一种改进生活、认识世界的武器。或许你并不想做一名经济学家。但即使如此，你仍然应该学点经济学。

首先，学习经济学有助于你做出更好的个人决策。在你的一生中，你需要做出各种各样的经济决策。比如说，在即将完成高中学业的时候，你需要决定是否去上大学或上什么样的大学？在大学毕业的时候，你需要决定是继续在国内读研究生，还是出国留学，或者去工作？在工作之后，你要决定如何花费你的收入：多少用于现在的消费？多少用于储蓄？如何投资你的储蓄？是买股票还是存在银行？或许有一天你成了一个企业的老板或经理，此时，你需要决定你的企业应该生产什么产品？卖什么样的价格？在什么媒体上做广告？招收什么样的人员？提拔谁当你的助手？如此等等，不一而举。为什么决策是重要的？因为你的资源是有限的—你的时间有限，收入也有限。如果你参加工作，就可能没有时间上大学；如果你把钱用于买房子，就可能没有钱再来买汽车。所以你必须在各种竞争性的需求之间分配你有限的资源。进一步，更为麻烦的是，你的决策常常是在不确定的情况下做出的。比如说，当你选择学无线电专业的时候，你并不确定当你毕业的时候，这个专业的就业前景如何。为了避免决策的失误，你需要一些理论的指导。经济学是有关个人选择的科学。学习经济学有助于你做出更好的决策。明白了这一点，你就明白了为什么经济学是西方大学里听众最多的选修课。

其次，学习经济学有助于你理解你生活于其间的世界是如何运转的。你的生活状况不仅取决于你自己的决策，而且依赖于其他人的决策，以及周围环境的变化。理解你周围的世界如何运行，自然有助于改进你的决策。你可能为生活中的许多事情感到惊奇。比如说，当你想买一台电视机的时候，只要支付必要的价格，就可以把它从商场搬回家；当你在大街上走的饥肠辘辘的时候，走进一家饭馆就可以指挥别人给你上菜，而无须回家自己做饭。而事实上，你事前并没有告诉电视机的生产厂家为你生产一台电视机，也没有通知饭馆的老板为你准备饭菜。那么，是什么因素使你得到你想要的东西？经济学是有关人们之间的决策如何相互作用的科学。学了经济学，你就可以明白市场这只“看不见的手”如何使自利的个人为大家服务。你也可以明白，为什么垄断行业的服务那么差，而收费却那么高；为什么今年北京的出租车提价了，司机反而不高兴；为什么一个流行歌手演出一晚上可以赚好几万，而一个建筑个人一个月也只能赚几百元；为什么利率一上升股票价格就下跌……

再次，学习经济学有助于你理解政府政策的优与劣。每个社会都离不开政府。学习了经济学，你会明白我们为什么需要政府，什么是政府应该干的，什么是政府不应该干的。我们需要政府，是因为在存在诸如外部性、公共产品这样的场合，依靠市场不能达到资源的有效配置。比如说，如果没有政府的干预，自私自利的企业家也许会使你喝太多的污水；如果没有政府，私人部门也许不会提供你诸如路灯这样的公共产品。特别地，我们需要政府来提供市场交易所需要的规则和秩序这样一类公共产品，需要政府保护我们的个人财产和人身安全。但政府对市场的过多干预常常导致供给不足、价格扭曲、资源浪费、垄断横行。政府的政策选择不仅影响整个社会的资源配置效率，而且影响包括你在内的每个公民的福利。所以当你希望政府制定某种政策的时候，你必须谨慎考虑这种政策的不利后果。经济学常识有助于你思考这样的问题。比如说，如果你是一个打工仔，你也许会认为政府应该制定一个“最低工资法”保护你的利益，或者向富人多征税来补贴你，而经济学原理会告诉你，这样做的后果也许是你根本就找不到工作。再比如，作为消费者，你也许会认为政府应该对商品的价格做出限制，而经济学会告诉你，这样做的后果是你也许再也买不到这种商品。普通人总希望吃免费午餐，经济学家告诉你世界上没有免费的午餐。

最后，学习经济学可以改进你的思考方式。经济学是一门科学。科学是什么？科学是一种思考问题的方式。如同天文学通过观测天体现象来归纳天体运行规律一样，经济学家通过观测现实经济现象归纳经济规律。经济学家有自己的语言和思维方式。诸如需求、供给、弹性、消费者剩余、机会成本、比较优势、外部性、信息不对称、均衡等等，是经济学的基本语言。掌握了这些经济学语言，你就可以更好地思考你周围的世界是如何运行的。外行人常常批评经济学家看问题过于简单，而他们忘了，科学的力量就在于把复杂的现象简单化。经济学就像一张指路图，它舍去了现实中的许多细节，却使你更清楚自己要去的地方。你没有必要成为一位经济学家，但知道经济学是如何思考问题是有益的，至少，你不大容易被蹩脚的经济学家和夸夸其谈的政治家所蒙蔽。无论你今后干什么，你不会后悔自己学过经济学。

如果你已经决定学点经济学，接下来要做出的一个决策是选择哪本书入门？当你在决定是否购买一本书之前，你还必须考虑的是：你能从这本书中得到什么收益？这种收益是否能补偿你为此付出的成本？收益可能是不确定的，但就成本而言，你必须记住的一点就是，读书的时间成本远远大于买书的货币成本。所以，你应该买最好的书，而不是最便宜的书。但是，非常遗憾，许多人常常忘记了这一点。

当然，选择好书并不是一件容易的事，因为图书市场充斥着众多的经济学图书，质量参差不齐。每位作者都会声称自己的书最好，而作为初学者，你不大可能有能力判断哪本好，哪本不好。这就是经济学家讲的信息不对称：买的人不如卖的精。

在这种情况下，最安全的办法当然是选择最权威的经济学家写的书。为什么要选择最权威的经济学家写的书？原因不仅是最权威的经济学家炉火纯青，对理论的把握最准确，能深入浅出地写出“正经”来；而且因为最权威的经济学家最注重自己的名声，他们既没有必要用出一本新书的办法增加自己的知名度，也不敢为了赚取版税而滥竽充数地出书。这就如同麦当劳不敢卖过时的汉堡包一样。他们的声誉就是质量的信号，他们的名字就是一种品牌。

掌握一点经济学知识，你将在人生路上受用终生。

※ 让想要的变成需要的

卡耐基教育我们，让想要的变成需要的，意在改变你的惯性思维，想要的东西，如果不变成需要的，那么它将永远被当作梦想储存在你的大脑记忆库里，只有心动马上行动，把想要的变成需要的，而且是即刻需要的，才会激发你行动的斗志，去为需要的东西奋斗，从而最终获得成功。

在任何一个领域里，不努力去行动的人，就不会获得成功。就连凶猛的老虎要想捕捉一只弱小的兔子，也必须全力以赴地去行动，不行动、不努力，就捕捉不到兔子。

“说一尺不如行一寸。”任何希望，任何计划最终必然要落实到行动上。只有行动才能缩短自己与目标之间的距离，只有行动才能把理想变为现实。做好每件事，既要心动，更要行动，只会感动羡慕和永久性地“想要”，不去流汗行动，成功就是一句空话。哲人说：“想得好是聪明，计划得好更聪明，做得好是最聪明又最好。”

做得好就是行动。我们从许多杰出的成功者身上都可以找到某些成功的偶然性，但因为他们每个人能做得好，又体现了成功的必然性。如果他们没有付出比常人多几千倍、几万倍的行动，是不可能取得一个又一个成功的。爱迪生 75 岁时，每天准时到实验室里签到上班。有个记者问他：“你打算什么时候退休？”爱迪生装出一副十分为难的样子说：“糟糕，这个问题我活到现在还没来得及考虑呢！”他活了 84 岁，一生的发明有 1100 多项，对自己成功的原因，他曾这么说：“有些人以为我所以在许多事情上有成就是因为我有什么‘天才’，这是不正确的。无论哪个头脑清楚的人，如果他肯努力行动，都能像我一样有成就。”爱迪生的名言是：“天才是百分之一的灵感，百分之九十九的汗水。”

汗水就是行动，行动就是努力。

世界著名的大提琴手巴布罗·卡沙斯在取得举世公认的艺术家头衔之后，依然每天坚持练琴六小时，养成了“行动再行动”的良好习惯。有人问他为什么仍然还要练琴，他的回答很简单：“我觉得我仍在进步。”一个成功者想继续成功就得这么去做，因为世上的事物没有绝对的成功，只有不断的努力，才能有不断地进步。成功是没有终点的，就像旅程中的一个个过程，必须一站一站往前走，一旦停在原地，不再去努力，不再全力付诸行动，成功的列车就会把你甩得远远的。

传说有个技艺高超的匠人，曾给老板建造过不少质量好、风格别致的房屋。他退休时，老板舍不得他走，问他是否愿意在退休前再最后建造一幢房屋。老匠人答应了。可不久谁都发现老匠人的心已经不在工作上，手艺也变得拙劣了。老匠人完工后，老板把大门钥匙交给了他，并说：“现在这是你的房子，是我送给你的礼物。”这对老匠人是莫大的震惊和羞愧。如果他当时知道是在给自己建造房屋，他会干得完全不一样。而现在，他将不得不住在自己马马虎虎建造起来的房子里。我们有些人何尝不是这样？漫不经心地做事，马马虎虎地工作，不愿付诸行动，不愿竭尽全力，结局和这位老匠人一样，是自己糟践自己。

人人都想成功，为什么有些人总是错过成功的机会？原因是行动被拖延偷走了。拖延是个专偷行动的“贼”，它在偷窃你的行动时，常常给你构筑一个“舒适区”，让你早上躺在床上不想起来，起床后什么也不想干，能拖到明天的事今天不做，能推给别人的事自己不干，不懂的事不想懂，不会做的事不想学。它让你的思想行动停留在这个“舒适区”里，对任何舒适以外的思想行动，都觉得不舒服，不习惯。这个“贼”能偷走人的行动，同时也能偷走人的希望，人的健康，人的成功，它带给人的不良习惯和后果是积重难返的。有的学生遇上难题没有及时问老师，后来问题越来越多，成绩越来越差；有的商人因没能及时做出关键性的决定而痛遭失败；有的病人延误了看病的时间，给生命带来无法挽救的悲剧。

拖延这个“贼”虽然能偷走行动，但是积极的行动也能制服这个“贼”。最好是在这个“贼”没有把你偷走之前，就采取行动逮住它。当你准备做一件事时，这个“贼”会对你说：“明天再干吧！”这时，你要马上提醒自己：“今天能做的事，决不能拖到明天。因为这个明天遥遥无期，会变成明天的明天，永远不会来临。”

当你面临困难和挫折时，这个“贼”会找出许多理由让你停下来。这时，你要马上提醒自己：“成功不会等待任何人，我如果犹豫不决，她就会许配给别人，永远弃我而去。”

当别人埋头苦干时，这个“贼”会引诱你袖手旁观，吹毛求疵。这时，你要提醒自己：“立即行动，马上动手，决不用评说别人来掩饰自己的无所作为。”

奥格·曼狄诺是美国一位成功的作家，他常常告诫自己：“我要采取行动，我要采取行动……从今以后，我要一遍又一遍、每一小时、每一天都要重复这句话，一直等到这句话成为像我的呼吸习惯一样，而跟在它后面的行动，要像我眨眼睛那种本能一样。有了这句话，我就能够实现我成功的每一个行动，有了这句话，我就能够制约我的精神，迎接失败者躲避的每一次挑战。”

一个人想奔向自己的目标，追求自己的成功，现在就立即行动。“立即行动”，是自我激励的警句，是自我发动的信号，它能使你勇敢地驱走拖延这个“贼”，帮你抓住宝贵的时间去做你所不想做而又必须做的事。

世上没有任何事情比下决心、立即行动更为重要，更有效果。因为人的一生，可以有所作为的时机只有一次，那就是现在。如果你想要，就把它变成“需要”的，立即行动起来，去追求梦想。

※ 抓住人心的艺术

人人都希望自己能受到别人的欢迎，抓住别人的心，但要做到这一点，并不是很容易的。卡耐基总结自己的经验，为我们提出了他的见解。

卡耐基指出，如果我们只是要在别人面前表现自己，使别人对我们感兴趣的话，我们将永远不会有许多真实而诚挚的朋友。朋友，真正的朋友，不是以这种方法来交往的。

卡耐基认为，打动人心的最佳方式是，跟他谈论他最珍贵的事物。当你这么做时，不但会受到欢迎，也会使生命获得扩展。

只要曾经拜访过罗斯福的人，都会惊讶于他的博学。不论你是个小牛仔、政治家或外交官，他都能针对你的特长而谈。其实这个道理很简单，当罗斯福知道访客的特殊兴趣后，他会预先研读这方面的资料以作为话题。

因为罗斯福知道，抓住人心的最佳方法，就是谈论对方所感兴趣的事情。

纽约银行业巨子杜威诺已先生说道：“我仔细研究过有关人际关系的丛书，发现必须改变策略，我决定去找出这个人的兴趣，想办法激起他的热诚。”

所以，如果你希望别人喜欢你，就要抓住其中的诀窍：

了解对方的的兴趣，针对他所喜欢的话题与他聊天。

卡耐基指出，你遇到的每个人，都认为他在某些方面比你优秀；而一个绝对可以赢得他欢心的方法是，以不着痕迹的方法让他明白，他是个重要人物。

人类行为有一条重要的原则，如果你遵循，就会为自己带来快乐，如果你违反了，就会陷入无止境的挫折中，这条法则就是：“尊重他人，满足对方的自我成就感。”如杜威教授曾说的，人们最迫切的愿望，就是希望自己能受到重视。

卡耐基曾一再强调，就是这股力量促使人类创造了文明。

哲学家们经过千年的沉思，悟出人类行为的奥妙，其实这不是一项多么新的发明，古圣先贤、中外哲人一再教导我们的就是：己所不欲，勿施于人。己所欲者，勿施于人。

你希望周围的人喜欢你，你希望自己的观点被人采纳，你渴望听到真正的赞美，你希望别人重视你……

那么让我们自己先来遵守这条诫令：你希望别人怎么待你，你先怎么对待别人。

不要想等你做了大官，干了大事业后才开始奉行这条法则，只要你随时随地遵循，就会为你带来神奇的效果。

实际上，每个人都有他的优点，都有值得为他人所学习的长处，承认对方的重要性，并表达由衷的赞美，就能够化解许多冲突与紧张。

如果你想每天得到快乐，绝不能责怪你夫人的治家本能，也不能拿她和你母亲作不利的比较。相反，你要经常赞美她把家治理得井井有条，而且要公开表示你很幸运娶了一个既有内在美又有外在美的女人，甚至当牛排像羊皮、面包像黑炭时，也不要抱怨，只说这些东西做得没有她平常的那么好，她就会在厨房里拼命努力，以便达到你所期望的程度。

当然，不要突然开始这么做—否则她会怀疑的。

你可以从今天晚上或明天晚上开始，买一束花或一盒糖，多说些关心的话，多对她温柔地微笑……如果每对夫妻都能这么做的话，世间还会有这么多的离婚发生吗？

所以，如果你希望别人喜欢你，那么另一个诀窍是：尊重别人，让对方认为自己是个重要的人物，满足他的成就感。

哈佛大学校长查尔斯·伊里特博士之所能成为一个杰出的大学校长，也是因为他无限地对别人尊重、感兴趣。一天，一个名叫克兰顿的大学生到校长室中申请一笔学生贷款，被获准了，克兰顿万分感激地向伊里特道谢。正要退出时，伊里特说：“有时间吗？请再坐一会儿。”接着，学生十分惊奇地听到校长说：“你在自己的房间里亲手做饭吃，是吗？我上大学时也做过。我做过牛肉狮子头，你做过没有？要是煮得很烂，这可是一道很好吃的菜呢！”接下去，他又详细地告诉学生怎样挑选牛肉，怎样用文火焖煮，怎样切碎，然后放冷了再吃。

“你吃的东西必须有足够的分量。”校长最后说。

了不起的哈佛大学校长！有谁会不喜欢这样的人呢？

任何人，屠夫、面包师、国王，都喜欢那些欣赏和关心他们的人。第一次世界大战结束的时候，德国的威廉皇帝为了保全自己的生命而逃往荷兰，人民对他恨之入骨，不少人想把他碎尸万段，或者活活烧死，可是却有一个小男孩写了一封简单而诚挚的信给这位德皇。这个小男孩说：“不管别人怎么样，我永远只喜欢威廉当我的皇帝。”这封信把德皇深深地打动了，他邀请小男孩同他的母亲一起去见他。不久，德皇甚至同小男孩的母亲结婚了。这是一件富有传奇色彩的真实的事情。我们从中不是可以悟出一个道理吗？人是需要别人对他感兴趣的。

努力学会为别人效力，做那些不惜花时间、精力和诚心诚意为别人设想的事情，这样才能获得真正的朋友。

舒曼·海恩克夫人对卡耐基说过类似的话。即使饥饿和伤心，即使生活中充满这么多的悲剧，曾使她有一度差点杀死自己和她的婴孩—即使这么不幸，她一直唱下去，终于成为有史以来最卓越的华格纳歌唱者。她坦白地说，她成功的秘诀之一是，对别人无限地感兴趣。

如果我们要交朋友，就要以高兴和热诚的心情去迎接别人。当别人打电话给你的时候，也可利用同样的心理学。说话的声音，要显出你多么高兴他打电话给你。纽约电话公司开了一门课，训练他们的接线生在说“请问您要拨几号”的时候，口气显出“早安，我很高兴为您服务。”我们明天接电话的时候，别忘了这点。

对别人显示你的兴趣，不但可以让你交到许多朋友，更可以为你的公司增加客户的信任感。在纽约，一家北美国家银行出版的刊物中，登出一位存户梅得兰·罗丝黛的信。

我真希望您知道我是多么欣赏您的行员。每一个人都是如此的有礼、热心。在排了长时间的队之后，有位行员亲切地跟你打招呼，真是令人感到愉快。

“去年我母亲住了五个月的院。我经常碰到一位行员玛依·派翠西萝，她很关心我母亲，还问了她的近况。”

罗丝黛是否会继续和这家银行往来，实在是不用怀疑了。

查尔斯·华特尔，属于纽约市一家大银行，奉命写一篇有关某一公司的机密报告。他知道某一个人拥有他非常需要的资料。于是，华特尔先生去见那个人，他是一家大工业公司的董事长。当华特尔先生被迎进董事长的办公室时，一个年轻的妇人从门边探头出来，告诉董事长，她这天没有什么邮票可给他。

“我在为我那 12 岁的儿子搜集邮票，”董事长对华特尔解释。

华特尔先生说明他的来意，开始提出问题。董事长的说法含糊，概括，模棱两可。他不想把心里的话说出来，无论怎样好言相劝都没有效果。这次见面的时间很短，没有实际效果。

“坦白说，我当时不知道怎么办，”华特尔先生说，他把这件事在卡耐基班上提出来。

接着，我想起他的秘书对他说的话—邮票，12 岁的儿子……我也想起我们银行的国外部门搜集邮票的事—从来自世界各地的信件上取下来的邮票。

“第二天早上，我再去找他，传话进去，我有一些邮票要送给他的孩子。我是否很热诚地被带进去呢？是的。他满脸带着笑意，客气得很。‘我的乔治将会喜欢这些，’他不停地说，一面抚弄着那些邮票。‘瞧这张！这是一张无价之宝。’我们花了1个小时谈论邮票，瞧瞧他儿子的照片，然后他又花了一个多小时，把我所想要知道的资料全都告诉我—我甚至都没提议他那么做，他把他所知道的，全都告诉了我，然后叫他的下属进来，问他们一些问题。他还打电话给他的一些同行，把一些事实、数字、报告和信件，全部告诉我。以一位新闻记者的话语来说，我大有所获。”

要表示你的关切，这跟其他人际关系一样，必须是诚挚的。这不仅使得付出关切的人有些成果，接收这种关切的人也是一样。它是条双向道，当事人双方都会受益。

卡耐基指出，如果你要别人喜欢你，或是培养真正的友情，还是既要帮助别人又是帮助自己，就把这条原则记在心里。

“对别人表现出诚挚的关切。”

一个人的面部表情，比穿着更重要。笑容能照亮所有看到它的人，像穿过乌云的太阳，带给人们温暖。

一种不真诚的狞笑骗不了任何人。我们知道那种笑是机械式的，最让人讨厌的。卡耐基所说的是一种真正的微笑，一种令人心情温暖的微笑，一种出自内心的微笑，这种微笑才能在市场上卖得好价钱。密西根大学的心理学家詹姆士·麦克奈尔教授谈到他对笑的看法时说：有笑容的人在管理、教导、推销上较会有功效，更可以培养快乐的下一代。笑容比皱眉更能传达你的心意。这就是在教学上要以鼓励代替处罚的原因所在了。一个纽约大百货公司的人事经理告诉卡耐基，他宁愿雇用一名有可爱笑容而没有念完中学的女孩，也不愿雇用一个摆着扑克面孔的哲学博士。

笑的影响是很大的，即使它本身无法看到。遍布美国的电话公司有个项目叫“声音的威力”，在这个项目里，电话公司建议你，在接电话时要保持笑容，而你的“笑容”是由声音来传达的。

如果你不喜欢微笑，那怎么办呢？有两种方法：第一，强迫你自己微笑。如果你是单独一个人，强迫你自己吹口哨，或哼一曲，表现出你似乎已经很快乐，这就容易使你快乐了。下面是已故的哈佛大学威廉·詹姆斯教授的说法：

行动似乎是跟随在感觉后面，但实际上行动和感觉是并肩而行的。行动是在意志的直接控制下，而我们能够间接地控制不在意志直接控制下的感觉。

“因此，如果我们不愉快的话，要变得愉快的主动方式是，愉快地笑起来，而且言行都好像是已经愉快起来……”

你的笑容就是你好意的信使。你的笑容能照亮所有看到它的人。对那些整天都看到皱眉头、愁容满面、视若无睹的人来说，你的笑容就像穿过乌云的太阳；尤其对那些受到上司、客户、老师、父母或子女的压力的人，一个笑容能帮助她们了解一切都是有希望的，也就是世界是有欢乐的。

另外，卡耐基强调记住别人名字的重要性。记住对方的名字，并把它叫出来，等于给对方一个很巧妙的赞美。而若是把他的名字忘了，或写错了，就会处于非常不利的地位。

同他谈论他最珍视的事物、对他人显示出你的兴趣和诚挚，并努力记住他人的名字，是卡耐基告诉我们的抓住人性的要诀，试一下去这样做，看看你的人际关系会不会有突飞猛进的变化。

第十章　修身养性，完美人生

经过上面九章的介绍，相信你对如何应对人生中的困难和挑战、如何维系人与人之间的关系、如何处理生活中遇到的问题等等，都有了一个大致的了解。而在这一章，卡耐基将要告诉你塑造完美人生的方法。

人生苦短，保持相对正常的生活，并非一件难事，相信我们中的大多数，都能做得到。不过，若要使生活尽善尽美，却不是一般人能做到的。而修身养性，是塑造完美人生所必须要做的。

※　自尊自重

人活在这个滚滚红尘里，最重要的是要学会如何做人。但是，要做一个人，还必须要有自尊与自重。使自己拥有一颗坦荡又充实的灵魂，足以用来承受这命运里的种种风风雨雨的打击。也对得起自己为人一世，更对得起父母赐予我们的生命与养育之情。

卡耐基告诉我们：一个人活在世上一生，第一重要的，就是如何做好一个有自尊自重的人；如何做好一个人，比做成功某件事、交好某个人要重要得多。当然，并不是说做人与做事是分开的独立的。

做人与做事的关系，也不能完全地表现什么。一个人做事成功并不代表他（她）做人也必是成功的。一个人无论是事业或是学问，不管做得如何成功，都不能说明什么，这个人有可能做人也做得很成功很好，但是也有可能做得很差很坏。我们不能根据他成功与否去判断所有事，而是要看他是怎么做事的，做事的态度又是如何的。

一个人，不能受制于外在的因素；外在的因素，也不应该成为人生的主要目标。因为外在因素不是我们所可以支配的，一个人所能支配的唯有对这外在因素的态度；简单地说，也就是如何做人。

一个人活着，最重要的不是幸福或是不幸；而是，无论幸福还是不幸，都要保持一个人做人的正直与尊严，也就是自尊自重。事业与爱情也是相当重要的，但是也远比不上做人重要。因为，如果一个人做人失败了，那么他（她）的人生总体上都是失败的。做人最关键不是在社会上占据了什么位置，过着什么样的生活，而是，你自己究竟是一个怎么样的人。

一个自尊自重的人与一个不自重的人；一个有诚信的人与一个没诚信的人交谈任何事情，是应该附和，还是显示自我？在这种情况下，应该形成一种气氛，使那些不讲诚信和不自尊自重的人遭到蔑视与孤立，用你的诚信明确地告诉对方，你是一个没有尊严的人，你是个不讲诚信的小人，是一个失败的人。

一个自尊自重的人，不会轻易去侮辱其他人的。因为当你侮辱了某个人的同时，你也等于侮辱了自己。所以有一点请注意，在人的一生中，活的有尊严有人格胜过于一切。

自尊自重是人生美德。莎士比亚曾经说过：“没有自尊心的人即等于自卑。”自尊是自重的标准，自重是自尊的条件，要自尊，先必须自重，能看重自己，才能摆正自尊的位置。自尊自重能改造天下，自卑者被天下改造。人们应自尊自重。尊重自己的生活和价值。

大人物之所以高大，最主要的原因是有些人内心的自卑感，是你总觉得自己不如人或是你跪着，仰慕他人的光环，却忽略了自己的生活和价值，忽略了自尊自重。做人处事要首先自尊自重，尊重自己的生活和价值。人与人之间是相互平等的，都应自由平等地体现各自的生活和价值，尊重自己的生活和价值。在现实生活中只有尊重自己的生活和价值，才能生活幸福美满。跪拜大人物对自己的生活毫不益处，相反会影响你的生活。所以人们要自尊自重，只要自己瞧得起自己，自强不息，锲而不舍，精进如斯，名人榜上必有名。让我们携起手来自尊自重自己的价值吧。

※ 培养和谐的个性

卡耐基告诉我们，对年轻人来说，最重要的工作就是战胜自己，战胜那个被教育、环境所误导的、不和谐的自我。如果做到了这点，他们就拥有了一个完善的个性。

现在的时代是讲求个性的时代，这是“人”的觉醒、时代的进步。但个性不能走极端，不是随心所欲，不是一味地自我中心。有人说，艺术的极端是痴，思想的极端是疯。可见极端是要不得的。

这里所说的个性，是指一个人性格的主侧面。个性有好也有坏。低劣个性祸国殃民，发扬优良的个性，抑制恶劣的个性，是个人之幸、社会之幸。

作为单个人，每种优良的个性都是值得尊重的，但个性的张扬也不是永无止境的。人处在社会中，并非生活在真空中，因此人和人打交道就不能只考虑自己的个性。

一个社会需要和谐，要和谐就不能只考虑自己而不管其他。一个团体，大到国家、政党，小到单位、家庭，要想顺利发展和谋求幸福，既要尊重个性的活力，又要顾及团体的利益和他人的需求。

优良的个性理应得到尊重，人需要充实自己、不断发展。另一方面，规则也必须有、必须不断改进。从古到今，真正意义上的改革和革命，法律的一次次修改，不正是在改进和发展社会规则吗？社会的现代化，需要人的现代化。没有人的素质提高、没有人的个性优化，哪来社会的全面进步？只有物质的现代化，没有人的素质的全面提高，不是完善的社会进步和真正意义上的现代化。人的发展和社会的发展应该是相辅相成的。社会和谐发展的真正目的，不正是为了改善人们的物质条件、完善快乐的个性，为了创造人的幸福生活吗？

人世间绝对的自由是没有的，人人都追求绝对自由，最终也就没了自由，比如人人都不顾红绿灯的约束、人人都不考虑其他的车辆，结果只能是人人都失去了可贵的自由，现场一片混乱。可见，在现实社会中个人的生存总要遵循一定的规则。

一个有活力的整体不是一团泥，而应是一袋豆，既要遵守团体规则的约束，又应适当保持相对独立的自我。谁都需要自我空间，这是人的天性使然。这样的团队才是我们共同期待的。

或者说，一个有活力的社会应该像一支训练有素的球队，他们活跃在球场上，既有团体合作精神，又尽最大力量发挥个性，表面看去很凌乱，实则活而有序。遵循一定的规则，又合作又讲个性，这样的球队才能精神高昂，活力四射，团队蓬勃向上，个人心情舒畅、个性飞扬，在发展团体的同时，也实现了自我。

一个家庭何尝不是如此呢？也是既要和谐，也要个性的。促成家庭和谐的因素自然有许多：比如生理因素、物质因素、文化因素、道德因素、情趣因素、心理因素，等等，自然也少不了个性因素。家庭不能抹杀每个成员的本性和个性，应该给每个人留出一定的个人空间，但也应该有一定的共同规则。

与朋友、同事、领导相处何尝不是如此呢？也是要亲密有间的，也要尊重对方的感觉。距离产生美，为了长久保持友好的关系，反倒需要自觉保持一定的距离，不能过分侵占别人的空间。有时候不即不离关系反而更好，天天腻在一起、粘在一起、不分彼此，保不了哪一天总会有逆反的时候。

总而言之，人有权追求自己的风格，有权张扬自己的个性，有权追求属于自己的幸福。但人是社会的人，虽然仍旧保留着相当的动物性，但人的社会性毕竟是人的本质特性。张扬个性应该以尊重他人、不妨碍社会为前提。我们都是普通人，在遵从法律、尊重核心价值和公共道德的同时，应该百花齐放，每个人都应活出自己的个性，释放自己独特的光彩。每个人都有自己的想法，都有权伸展个性，只要不妨碍他人，不必压制和强求统一。另一方面，个性自由是个历史的、发展的过程，为了自己，也为了社会、单位与家庭的和谐，我们又该遵循“和而不同”的原则，追求自由应现实、应适度。

一个成熟的社会、家庭或公民，都应该要和谐、不求统一，要成功、不求完美的。我们应该在发挥自己活力、张扬自己个性的同时，尊重、宽容和悦纳他人，努力做到并存与互容，以求互不妨碍、多样统一，只有这样才能实现良性互动、和平共处，才能最终达到和谐共赢。

※ 终生求学

卡耐基告诉我们，求学是为了探求真理，一个人从娘胎来到人世间，相伴而生的还有无数个“未知”、数不清的“疑问”。探求真理是人的本能。终生求学，活到老，学到老，才会永远紧跟这个社会的发展潮流，不会被社会淘汰。

求学是为了自身发展的需要。人具有生物和社会两重性，人之所以为人，主要在于其社会性。人首先要自立于社会，其次还要服务于社会，而且人服务于社会最终也要通过自身的发展来实现。求学无疑会加快人的社会化进程，促进人的社会化程度。说得直白一点，求学归根到底是为了自己、为了自己发展的需要。

求学是学习的佳境。当今社会已步入一个学习化的崭新时代，终生学习的理念已深入人心。“不进则退”的观念已经不合时宜，“慢进则退”正在成为现实；不学习就要落后，就要被时代所淘汰。在这样的时代大背景下，求学理所应当成为学习的最佳境界，而且“活到老、学到老”，学无止境。

发达国家社会的发展实现了对传统教育观念的超越。十九世纪以来，终生教育的问题已被许多学者认识。1965 年保罗·郎格朗在提交教科文组织的报告中提出终生教育思想。当时这种全新的教育思想因其反映了教育与社会动态发展相协调的趋势而在世界上广为流传，成为众多国家教育发展的指导。

人处于社会发展的中心，是推动社会前进的动力。人在一生中出于自己生存发展的需要，出于外部环境的压力，出于对人的生活质量、人的尊严和生命价值的追求，自我意识不断地觉醒，终生进行学习。这是人在社会生存的最佳的选择。人是社会的主体，人也是学习活动的主体。

学习贯穿于人从生命开始到结束的全过程。人在一生中都需要发展，因而人总在自觉地或不自觉地进行有意识的或无意的学习。人处在一个动态发展的社会环境中，信息技术的发展使社会变迁的速度更快，社会对人在社会中生存所具有的整体素质要求在变动之中。人的一生是一个逐步成长的过程。

终生学习的目标，是个体发展的目标和社会发展的目标两大方面。在雅克·德洛尔（1996）向联合国教科文组织提交的报告中对教育目标的认识是，“教育的任务是毫无例外地使所有的人的创造才能和创造潜力都能结出丰硕的果实……这一长期而艰巨的目标的实现，将为寻求一个更加美好、更加公正的世界做出重大贡献。”

学习目标和教育目标是一个问题的两个方面，然而，教育目标是以教育者为主体的对于受教育者的发展需求，而学习目标因人在学习中主体地位的确定，更尊重个体的个别性，注重个体潜能的不断发挥，以提高个体生存的质量，优化个体生命的过程，最终在建设更为美好、公正的社会的同时，实现人的生命的价值。有了每个个体充分地成长，也就有了社会整体的进步。确切地说，终生学习的目标是个体发展目标和社会发展目标的协调与统整。

终生求学，是个体发展和社会发展目标的重要途径，所以，从现在开始，坚持不懈地学习吧。

※ 学会轻松阅读

你可曾为阅读过程的痛苦而苦恼？可曾因此就厌恶读书和学习？如果你有的话，那么卡耐基将告诉你，应怎样学会轻松阅读。

轻松阅读，最主要的是要对阅读书籍树立正确的态度。阅读，能够帮你更好地生活。

阅读书本能带来修养，知识甚至财富。但是书本不意味着生活。生活是一个更为复杂的概念。这就是为什么一个人在接受高等教育后走上社会仍无所适从，因为他没有学会阅读书本以外的事物。他没有意识到身边有那么多事物可以阅读，值得阅读。

“三百六十行，行行出状元。”并不是每个人都拥有普希金的大脑，莫泊桑的洞察力，泰戈尔的情思。但我们最起码要让自己意识到自己是人，我们要善于生活。“人吃饭是为了活着，人活着不是为了吃饭。”我们不应该为了生存而舍弃生活的其他部分。身边有那么多事物，不是用来让我们忽略的。每一个事物都有它的意义，学会阅读它，才对生活有正确的态度，真正了解生活，实现生活的价值。对每一件事物，都保留一个正确的态度，也就能够做到轻松阅读、愉快阅读了。

每一季盛夏残冬，每一个清晨黄昏，每一次晴初霜旦，每一阵鸟语花香，都是自然的无私给予，都是自然的点滴暗示。无限的奥秘都蕴含其中，只有懂阅读并且轻松阅读的人才能不枉自然的一番煞费苦心，才配拥有自然的智慧之精华。我们只有学会阅读才能主宰生活，在生活中得到想要的，而不是匍匐在生活的脚下唯唯诺诺，舔食那一点可怜的残羹剩饭。

请学会阅读，轻松阅读，去做生活的强者，做一个真正会生活的人。轻松阅读，你的生活会更加富有色彩和情趣，你的思想会更加富有创意和个性。学学神农尝百草的精神吧，你所看到的，所听到的，所闻到的，所想到的，通通不要轻易放过，请怀着轻松的心态细细咀嚼，慢慢品味。让这一切拓宽你的视野，陶冶你的情操，实现你的人生价值吧！

※ 学会正确地交流

在每一个人的职业生涯当中，与人交流能力常常成为各项能力之首，往往决定一个人的职业命运。“人们花费 10% ～ 85% 的工作时间在与人沟通、写、读、听、说。”而这正恰恰反映了，交流的重要性。

卡耐基认为，与人交流的前提是这个人对自己的自信。自信是成功的必要条件。而正是自信心的强与弱决定了一个人与他人交流时的一系列反映。如果他对自己报以很强的自信心的话，他在决断事物时，会很镇定。同时在与人交流时也会表现出主动与果断。

自信的产生取决于他对事物的判断、表达以及对自身的了解。自信是发自内心的自我肯定与相信。自信无论在人际交往，事业工作上都非常重要。只要自己相信自己，他人才会相信你。

坐在前面能建立信心。把它当作一个规则试试看，从现在开始就尽量往前坐。当然，坐前面会比较显眼，但要记住，有关成功的一切都是显眼的。而大部分占据后排座的人，都希望自己不会“太显眼”。而他们怕受人注目的原因就是缺乏信心。就如同课堂上坐于后排的学生怕老师提问一样，也表明了他们对自己自信心的不足。

而表达自信的关键是与人交流时的微笑与对眼神的关注。一个人的眼神可以透露出许多有关他的信息。某人不正视你的时候，你会直觉地问自己：“你想要隐藏什么呢？他怕什么呢？他会对我不利吗？”

不正视别人通常意味着：在你旁边我感到很自卑；我感到不如你；我怕你。躲避别人的眼神意味着：我有罪恶感；我做了或想到什么我不希望你知道的事；我怕一接触你的眼神，你就会看穿我。这都是一些不好的信息。

正视别人等于告诉你：我很诚实，而且光明正大。我相信我告诉你的话是真的，毫不心虚。

而微笑则是他对对方的肯定与自我信心的表达。它发生于分秒之间，却能被永生不忘。没有人因富足而不需要它，也没有人因贫穷而不受它的好处。它为家庭带来欢乐，为事业培育关爱，也在朋友间互通情谊。它使劳累者获得休息，使沮丧者重获光明，使哀伤的人得到抚慰，也使陷入烦恼的人得到解脱。

一个微笑能让对方对你产生强烈的印象与肯定。微笑是种“武器”。它能让对方对你产生好感也让对方对你产生些许畏惧。当尼克松与周恩来握手之时，被周自信的微笑所震撼。也被毛主席的微笑所折服。

微笑也是在播撒爱的种子。播种就会有微笑。那么播种微笑呢？

你微笑面对生活，生活就会向你微笑。

美国密歇根大学心理教授詹姆士对人的微笑注解：“面带微笑的人，通常对处理事务，教导学生或销售行为，都显得更有效率，也更能培育快乐的孩子。笑容比皱眉头所传达的信息要多得多”。

对于自信最重要的表达行为就是主动了。“最好的防御是进攻。”当你以主动的方式与对方交流时，给对方所产生的印象要比被动点名更为有效。

战胜怯懦最有效的方式是面对众人演说。这不仅仅对信心的提高有帮助，也是让自己增强主动力最有效的方式。

卡耐基认为，有很多思路敏锐、天资高的人，却无法发挥他们的长处参与讨论。并不是他们不想参与，而只是因为他们缺少信心。在会议中沉默寡言的人都认为：“我的意见可能没有价值，如果说出来，别人可能会觉得很愚蠢，我最好什么也不说。而且，其他人可能都比我懂得多，我并不想让你们知道我是这么无知。”这些人常常会对自己许下很迷茫的诺言：“等下一次再发言。”可是他们很清楚自己是无法实现这个诺言的。每次这些沉默寡言的人不发言时，他就又中了一次缺少信心的毒素了，他会愈来愈丧失自信。从积极的角度来看，如果尽量发言，就会增加信心，下次也更容易发言。

职场中与人交流的技巧有很多，而这些小小的技巧也正是一个人自信的反映，所以增强自信就是对于一个人职业生涯最有效的帮助。

※ 更好地发挥学校教育的优势

学校是培养人才的专门场所，人才是德、智、体、美、劳全面发展的高素质的人，既然学校培养的是人才，所以会重视培养人的德育和人格。

在一个人的生命中，学校教育具有非常重要的作用，如果不重视学校教育，后果是非常严重的。学校教育的重要性和优势表现在：学校教育是教育的主题形式，不但如此，它还是家庭和社会教育的导向和枢纽，脱离了学校教育，家庭教育就不会完善，因为学校不仅是传授知识给学生，同时也指引了家庭教育。

学校是个整体，他比家庭更具有社会性，而家庭却是个个体，一个人从小不光是生活在一个家庭中，还是生活在一个社会中。如果个体生活在家庭中不注重学校教育，不注重社会性，那后果将会非常严重。

再从学校教育中的教材的内容看，例如，政治、语文、历史、地理可以陶冶学生的心灵，塑造高贵优雅的品质；数学、物理、化学、生物可以进行科学思维的训练；美术、音乐可以利用特有的旋律、线条、色彩培养学生的审美能力；体育课可锻炼学生的坚强意志，培养学生竞争、拼搏、进取的精神。在各科教学过程中渗透有关的知识可以使学生处处都感受到真、善、美的教育，提高自身的心理素质。这就是教育的主体。并且，学校教育已经从教给学生知识过渡到教会学生如何学习，因为知识是不断完善更新的，只有学会如何学习才能获得更多的知识，在这个社会中更具有竞争力，这是家庭教育远远做不到的。

再来看家庭教育，现在的家庭独生子女较多，使家长对孩子的成败带有“下赌注”的感觉，对孩子的培养表现出过高的期望，过分的关心，过多的呵护；这一代代孩子普遍出现无情、无能、无责任感的现象，我们不能否认家庭教育的重要性，可毕竟不是每个家长都具有较高的素质，他们很可能灌输给孩子错误的思想，而老师才是教育的专家，学校才是教育的专门场所，他们知道该如何教育学生。

学校教育具有职能的专门性，作用的主导性，组织的严密性，内容的全面性，活动的有效性，形式的稳定性。学校教育是教育主体形式。所以，重视学校教育，充分发挥学校教育的优势，来为一个人的发展服务，能够为其一生的成功打下基础。

※ 充满爱心和积极向上的精神

卡耐基说过：“为别人做好事不是一种责任，而是一种幸福，因为这能增加你自己的健康和快乐。多为别人着想，不仅能使你不再为自己忧虑，也能帮助你结交很多的朋友。”

20世纪美国最杰出的无神论者西多·得来特把所有的宗教都看成是神话，认为人生只是一个傻瓜说出的故事，没有任何意义。但是他却遵循着他眼中的“傻瓜”—耶稣所讲的一个道理：帮助他人。德莱特说：“如果美国人想在漫长的人生中享受快乐，就不能只想到自己，而应为他人着想。”

西雅图的卢勃博士已经很多年没下床走一步路了，但西雅图一家报社的记者斯尔特郭斯却高度评价他是最无私的人。

一位常年卧床的人是怎样化解自己的烦恼，成了一个无私的人呢？答案就是：他一直遵循着“充满爱心”的信念，并努力去实践它。

他收集了全国各地瘫痪病人的通讯地址，给他们发出了一封封充满鼓励、洋溢着爱心的信件，激励他们勇敢地与病魔做斗争。他把这些病人联合起来，组成了一个瘫痪者联谊俱乐部，鼓励大家互相写信，互相鼓励。

他每年要在床上发出1400封信，给成千上万的病人带来了欢乐的笑声。

卢勃博士与其他瘫痪在床的病人最大的不同之处在于，他深切体会到了真正的快乐，这种快乐是在帮助他人的过程中获得的。而这种快乐的源泉，即是卢勃的充满爱心。

萧伯纳说过：“一个以自我为中心的人，一天到晚都在抱怨别人不能使他开心。”充满爱心，乐于助人，为他人带来笑声，也才会真正地为你自己带来笑声。

希克力出生在法国南部一个叫马尔蒂夫的小镇，这里气候干旱，河流稀少，还发生过一起严重的化工厂毒气泄漏事故。希克力的母亲就死于这次事故。更可怕的是小镇上流行一种罕见的肺病，接踵死去的人越来越多，而医生一直也没有查清这到底是一种什么肺病和该怎样进行治疗。

1982年春天，希克力的父亲也不幸患上了这种可怕的肺病，经常拼命咳嗽，心虚气短。那年希克力16岁，他不想再失去父亲。然而，医生们几乎都是众口一词，以现在的医疗手段，对此奇怪的肺病束手无策。

一位医生告诉希克力，这种肺病的致病原因也许是空气中有太多的有害物质。如果让病人生活在空气新鲜的大森林里，改善呼吸环境，或许还会有一线生机。希克力望着家门前光秃秃的土地，突然灵机一动：“我为什么不自己种植一些树呢？等这些树长大了，也许父亲的病就真的好起来了。”

虽然父亲反对，但希克力还是暗暗下定决心，一定要在家门前种植出一片茂密的树林出来。从此，他开始了他的种树行动。

马尔蒂夫小镇的很多人建议希克力放弃这个“愚蠢”的想法，然而，希克力依然我行我素，于是人们背地里嘲笑他，叫他“怪人”和“疯子”，希克力感到从未有过的孤独。

每天早晨，希克力起床的第一件事情就是去看看树苗长高了多少，有没有枯死，遇到大风天和下冰雹，希克力就会在树苗上方搭起一个帐篷，保护树苗免遭灾害天气的摧残。一年之内，他最初栽下的100多株树苗有43株成活。它们都生长得非常健康，枝头泛着点点绿色。

高中毕业后的希克力没有去大学读书，他坚持留在马尔蒂夫小镇照顾父亲。他像当年的父亲一样，在小镇当了一名卡车司机，每当有空的时候他就默默栽培和护理那些树木。一年又一年过去了，希克力种植的树苗越来越多，许多树苗已渐渐长高长粗壮，成了真正意义上的树木。希克力经常搀扶着父亲去散发着草木清香的树林里散步，老人的脸上也渐渐有了红润，咳嗽比以前少多了，体质大为增强。正当希克力沉浸在成功的喜悦中时，1998年秋天，他又遭受了两次沉重的打击，他的妻子在一次车祸中不幸身亡，而他的树林发生了一次严重的病虫害，树木成片枯死。希克力没有被击倒，他依然顽强地抗争着。他的精神感动了一个叫苏珊娜的美丽女孩，他们结了婚，而他的树林也越来越茂盛。

希克力父亲的健康状况日益好转，成了整个小镇上所有患上那种肺病的病人中，依然生存的唯一一位。居民们被深深感动了，他们纷纷投入到种树的行动中，马尔蒂夫小镇的树林越来越多，面积扩大到了数百公顷，放眼望去，小镇四周到处是绿色的屏障。

2005年年初，经过医学专家对希克力父亲的再次诊治，发现他的肺病已经不可思议地消失了。所有的医生都无法对此做出医学上的合理解释。或许，其中一个医生的话能说明原因：“坚定不屈的信念和积极向上的精神状态，有时比任何先进的医疗手段更为奏效！”而那个名叫希克力的种树男子也感动了全法国的人民，他被评为“2004 年法国最健康和最孝顺的男人”。

希克力积极向上的性格，不仅挽救了父亲的生命，还感染了附近的居民投入到种树的行列中。事实证明，没有什么是不可能做到的，只要你拥有积极向上的性格和坚定的信念，任何困难都不能阻挡你前进的脚步。

※ 正确地使用我们自己

人的身体是一个运转相对平衡的有机体，在没有外界干扰和内部各器官、各组织正常的情况下，这个平衡的有机体将会保持平衡状态运行下去。但是，如果一些外部的不良因素介入，这将会干扰到身体的平衡，这种不平衡状态积累到一定程度后，不适或疾病就会给我们发出信号。所以，卡耐基告诉我们，要正确地使用我们自己，才能保证身体健康。

传统的健康是指一个人生理功能状态良好、没有疾病或病症。这种提法是片面的，不正确的。世界卫生组织提出“健康不仅仅是躯体没有疾病，而且还要具备心理健康，社会适应良好和道德健康”。这是全面的健康标准。

那么判断健康的标准是：有较强的抵抗力和免疫力，不容易生病。一旦感染上了疾病要有较快的恢复力。性格开朗，心情愉快，精力充沛，生气勃勃，生命充满活力。

怎样正确地使用我们自己呢？

首先，注意保持个人卫生，环境卫生，穿着要舒适。

第二，要有全面均衡的营养膳食，以提供人体所需要的各种物质、能量。

人是活的生物机体，总在不断地进行新陈代谢，各种细胞都在不断更新，也就是说原有体内维持生命的各种营养物质在不断地消耗，需要不断地补充，才能保持身体健康。如果营养补充不足，体质肯定不好，甚至会出现各种各样的病态。

有人认为现在生活条件很好，吃的也不错，营养足够了。但是我可以肯定地说，你是吃不全你需要的全部营养的，甚至会吃出病来。因为人需要的营养是全面均衡的，缺少了不行，过剩了也不行。当前许多所谓“富贵病”如糖尿病、肥胖症，高血脂、高血压等都与饮食不合理有密切关系。人们还有一个误区，就是认为吃高热量的食品，营养价值就高。其实不然，吃全面均衡的营养物质才能健康。

第三，适当运动。运动可以促进血液循环、增进食欲、增强代谢，也有助于人体对食物中营养素的吸收和利用。“生命在于运动”，运动就可以健康长寿。所以公园等地运动的人很多。但不能忽略了营养物质的补充。俗话说：“没有无源之水，无本之木”，如果只有运动消耗体力，没有足够的营养补充，摄入与支出不平衡，天长日久，免疫功能低下，就会出现各种疾病。运动要适量，运动过量也对身体有伤害。我们 70 岁左右年龄的人，都是从旧社会过来的，在我们的青少年时代，中国人的平均寿命才 40 多岁。那个年代，劳动人民劳动强度大，肌体消耗过量，营养补充不足，人体透支时间久了，“积劳成疾”就早早地离开人世。当然生病还有其他多种因素，但是起决定因素的是内因，正气不足是主要的。祖国医学早有记载：“邪之所凑，其气必虚”“阴平阳秘，精神乃治，精神内守，病安从来”。

第四，要有平和、快乐的心态，这是心理健康的重要标志。心理健康就可以延缓衰老，增强免疫力，流行病学早就报道说，癌症的发病率与战争有直接关系。很多国家战争年代癌症发病率都高，我国“文革”时期也有很多老干部死于癌症，这都与心态不平衡有关。因为癌细胞每人身上都有，当你身体强壮时癌细胞处于沉睡状态，临床也常见到带癌生存多年者。当你免疫功能低下进，癌细胞就活跃，可以侵害人体各个器官，发生癌变。所以人生在世，不要斤斤计较，过分攀比。要知足常乐，自得其乐。

第五，要有适当的休息和充足的睡眠。睡眠可以使人体进行自我调理和消除疲劳，提高自身免疫功能，不要过于紧张，要注意劳逸结合。

第六，定期检查身体。早期发现疾病隐患，早期治疗。

第七，戒掉不良嗜好。如，吸烟、酗酒。

第八，要控制用药。“是药三分毒”，服药会加重肝脏的负担，尤其是安眠药。但是老年人多少都有一些疾病，要尽可能由用药物治疗转为非药物治疗。

※ 享受旅行的乐趣

如果不能很好地享受旅游的乐趣，那么最好还是别去旅游。

卡耐基告诉我们，旅行的乐趣是无限的，就在于你如何去挖掘。如果你不认为旅行给你带来乐趣，那么，旅行所用的时间，还不如去做些别的让你愉悦的事。

比如说，如果你喜欢出国追求时尚，观看不同风格的建筑、村落和田野，并对这些景物评头品足，大加贬抑，那你最好还是在家闲着好了。

再比如，如果你只是想打破生活的秩序，逃离一段时间，辛辛苦苦跑到外边，却无所事事，那么旅行对你来说根本没有多大的意义。同样，如果只想抽闷烟的话，也没有必要去旅游。

有些人可能没走多远就享受到了旅行的乐趣，而另一些人绕世界一周也兴致黯然。

要旅行的时候，最好用心去看，去品味。虽然都是旅行，但其实差异很大。而有的人却混沌地混日子，就像靠烟酒来麻醉自己的一样。我们每个人都知道，我们是通过各种感官来认知这个世界的，视觉的作用尤其重要，所以旅行时一定要多看。

其次，有旅行时，随身携带上纸和笔，将那些打动你的景物或事情随时记录下来，当然，你所要记录的不仅是事实确凿，还要记录你当时的感想。如果你擅长绘画，就会发现画一些树木、植物、花朵、鸟兽的素描是非常有情趣的事情。如果你与艺术无缘的话，也可以随便勾勒几张自己喜欢的草图留存。

总之一句话，就是多尝试。这样的旅行回来的时候，你就可以通过多种方式展示一下你的成果，而不仅仅是滔滔不绝地讲述你所看到、听到和了解到的。

有位传道者曾说过："不要忘记做善事和交流。"做善事的一种方式就是同别人分享你所学到的东西。

另一建议是，旅行时最好不要看书。虽然我觉得人们旅行时看书并不是为了向别人彰显他的勤奋好学，但我的确碰到过这样的人。我曾接触过几个男女青年，他们周围总是摆着一堆书，就是在他们的房间里，也是堆得满满的，其实他们根本不看，只是为了充个门面。

其他的建议是：如果体力还可以的话，最好多走走，不要坐车。步行有很多的好处。比如说，如果你遇到什么感兴趣的事情，就可以随时停下来。

还有一些需要注意的地方：许多的旅行者在游历一个国家的时候，只喜欢观看表面的繁华。他们去看高山、大河、湖泊、瀑布、洞穴、温泉、大城市和大村庄，却很少光顾一些小地方。他们往往不注意当地的风土人情。其实，与其将更多的精力放在研究基督教的庙宇和那些人文建筑上，倒不如多研究研究实际的人文事件。

再者，旅行中千万别忘了做善事和交流。不要觉得这样做和旅行有什么冲突，其实这关系到你个人的安全和幸福。有些年轻人在旅行中总是遇到麻烦，而其他人则不会。你会发现他们区别在于后者非常愿意助人为乐和与大家交流，而前者则相反，无论到哪儿都有麻烦。

※ 寻求良心的回归

一个人的道德好坏，有否良心以及有多少良心，直接决定这个人的思想境界和思想高度，这也在一定程度上影响着一个人从事其他事情的成败。

卡耐基认为，良心与道德，是发展文化，构成人类文明，特别是精神文明的重要内容。

道德如粮食，人非吃不可；道德如清水，人非喝不可；道德如空气，人非吸不可。

俗语云：知识是精神的粮食。而古代希腊的伟大哲学家苏格拉底曾说："道德就是知识。"可见，良心和道德在久远的时代已如此重要了。在苏格拉底看来，良心等同于知识，缺乏良心就等同于缺乏知识，这一观点在古代已被普遍接受了。可想而知，在当时如此落后的封建的社会，良心已被授予高尚之冠，被普罗大众所崇拜。所以，当今人们更不可忽视良心的存在。

自古到今，一个能称之为优秀的人大都是"德才兼备"的，这可看出，"德"无时无刻不被当作评论一个人人格的标准。在当今努力创建社会主义和谐社会的进程中，国家强调所谓人才必须是“四有”的，即“有道德，有知识，有纪律，有诚信”。因此，要想成为现代型人才，仅仅“有知识”是不够的，“有道德”才是重要的。在相近社会中，人无道德而难立，人无道德而难成才。所以，道德是贯穿古今的，人不可无良心、无道德。

道德的体现不仅仅着眼于大事上，更多是着眼于小事上。在道路上，把你的垃圾藏身于它的“家”里；让你敞开的衣服纽扣紧紧“相吻”；把你的粗言秽语嚼烂在口中……有句话说：“道德，有时只是一张纸的厚度。”这足以说明，只要我们注意一下自己做得不够好的细节，我们就算是一个有道德的人了。比如，在公共场合请你小声说话，如果你在打电话，用对方听得到你说话的声音就行了。你有说话的权利。却没有强迫别人也听你说话的资格。再比如，在公交车上看到需要座位的乘客，请主动让座。我们这一点也许做得比较好，但是也有很多人对身边走过的老人视而不见。比如在出行时红灯停，绿灯行。遵守交通规则，这是所有人都应该知道的。再比如，不要随手乱扔垃圾。为我们的社会环境出一份力。比如，你在服务行业消费。请别忘记对那些为你服务过的人说一声：谢谢。比如，不要随地吐痰；比如，不要在盲道上停车；比如，在春游野餐后把你自己的垃圾收好……

“有良心、有道德”就是这样。在工作或学习中，尽量多一些关怀，少一些嘲讽；多一些相互帮助，少一些钩心斗角；多一些光明磊落，少一些蜜语欺骗……“有良心、有道德”就是这样。在社会上，多一些理解，少一些埋怨；多一些责任，少一些逃避；多一些踏实，少一些做作……“有良心、有道德”就是这样。

良心和道德作为社会意识形态之一，是人们共同生活及其行为的准则和规范。它是衡量人们对错的尺度，它是称量人们人格的天平，它是约束人们行为的准绳。因此，做一个有道德的人是自我的要求，是生活的要求，是社会的要求，是国家的要求，是历史的要求。做一个有道德的人是适应建设社会主义和谐社会的历史潮流，是立足于社会的稳固的基石。